［増補新装版］

東アジアの王権と思想

渡辺 浩

東京大学出版会

Confucianism and After:
Political Thoughts in Early Modern East Asia
[Expanded Revised Edition]
WATANABE, Hiroshi
University of Tokyo Press, 2016
ISBN978-4-13-030162-6

はしがき

もはや永遠に還ることのない過去の時間の中で、かつて本当に生きていた男女たち、そして、時には現代に生きる我々と同様の問題に直面して悩んでいた男女たち——その人々の、政治にかかわる理論・思索・考え・思い・感情・気分等を理解し、了解し、そして、彼等とともに自分も考えてみたいと、これまで私は思い、試みてきた。その結果の一部をまとめたのが、この本である。(1)

時代と地域は、十二世紀、宋代の中国から、明治時代の日本に及ぶ。

それは、あまりに茫漠とした時空の広がりかもしれない。そして、目次等を一覧されれば、内容もまた、まことにとりとめもないと感じられるかもしれない。徳川時代の儀式や行列、中国の読書人、朝鮮の両班、琉球国、そして様々の儒学、あるいは国学、さらには歴史の「進歩」の観念、「文明開化」……(そして三島由紀夫の小説)。しかし、管見では、これらの問題群は密接に関連し、連鎖しているのである。おそらく、本書を読了された読者諸兄姉は、それを了解されることであろう。

しかし、それにしても何故「東アジア」なのか。そして、「王権と思想」とはいかなる意味か。この点に関し、ここで、少し説明させていただきたい。

まず、「東アジア」について。

周知のように、「アジア」や「東洋」は、ヨーロッパの地から東方を眺めて漠然とひとくくりにし、時に、そこに「ヨーロッパ的なもの」の陰画を投射した幻像にすぎない。地理学的な根拠は無く、そう呼ばれた側に、元来そのようなまとまりの意識があったわけでもない。ともに世界の中心に君臨していると確信しているオスマン帝国のスルタンと中国の皇帝が[2]、ヨーロッパごときとの対比において自分達を同類だと感じるようなことが、どうしてありえようか。「アジアもアフリカもヨーロッパが発明したのである。」(バーナード・ルイス氏[3])。

しかし、既に三〇〇年近く前、大坂の医者寺島良安は、彼の著した一種の百科事典『和漢三才図会』(正徳三・一七一三年の序がある)において、「異国」および日本と、「外夷」とを区別して、こう述べている[4]。

外夷は横文字を用ひ中華の文字を識らず。而して物を食むにも亦た、箸を用ゐずして手をつかふ。攫み食ふなり。

「異国」とは、「震旦(もろこし)」「朝鮮」「琉球」「蝦夷」「韃靼」「交趾(かうち 安南)」等をいう。日本とこれらの「異国」は、その「外」の国々とは異なる共通の特色を有している、何よりも漢字を知り食事に箸を使う、というわけである。いわば、漢字文化圏、箸文化圏の意識である。もっとも、実のところ、ここにいう「異国」と日本列島の住人の全てが、漢字と箸を用いていたわけではない。しかし、既にこの時代にも、このような意識はあった。そのような意識成立の基盤として、人と物の往来、言語・風俗・文化・制度そして思想の流通が、この範囲においてはかなり濃密にあった。それは、現代日本語でいう「東アジア」に、おおむね合致する。

そして、おそらく古代から現在に至るまで、この東アジアの住人たちの歴史は、相互交流を無視しては語れない。日本の思想史についても、同様である。とりわけ中国・朝鮮との関連を無視し、比較を怠っていては、理解の深化に重大な限界があろう。

その限界は、前近代の理解にのみかかわるわけではない。例えば、現代の日本で「公共性」について考え、論じるとき、ヨーロッパ語の public, publique, öffentlich 等と、漢字（中国語）の「公」と、そして日本語の「おほやけ」という三者間の意味上の大きな差異と、[5] 現代日本語におけるこの三者の意味の混用の実態の自覚がなければ、無意識に奇怪な議論をすることにもなろう。また、例えば、「自由」について考え、論じるとき、（サンスクリットにおける svayaṃ にまで遡らないとしても）せめて、現在東アジアで通用しているその語が、「解脱して何ものにもとらわれぬ境地」を意味する中国の仏教語に由来し、[6] 徳川時代の日本では、「思いのままになる」ことを広く指す日常語となり（それは、「積極的自由」とも「消極的自由」とも異なり、[7] いわば「如意」一般を意味する）、現代日本語の「金に不自由しない」「目が不自由」といった表現に連続していることを自覚しなければ、いつの間にか freedom

や liberty とは違うものを論ずることにもなりえよう。

一見、西洋渡来の政治的概念が圧倒的な通用力を有するかに見える現代日本においてさえ、まさにそれらを使いこなすためにも、多分、東アジアの政治思想史の探究は必要なのである。

勿論、東アジア諸地域の思想史の探究は、仮に日本思想の了解に何の益がなくとも、それ自体として興味津々たるものである。ただ、元来、日本の思想史を研究対象とする筆者は、以上のような事情で東アジア全体に関心を拡大していったのである。

次に、「王権と思想」について。

この語は、本書が、世襲王権の在った時代に重点を置き、その時代の政治思想、即ち政治にかかわる思想を主な対象としていることを暗示している。

ここで、「思想」とは、「思想家」「哲学者」の構築した理論体系だけではなく、人の考え、思い、感じること全てを指す。つまり、ここでは、ベンジャミン・シュウォーツ氏と同じく、思想史 intellectual history を「単に概念化された領域のみではなく、知性、感情、想像力、そしてあらゆる感覚の在りよう、つまり意識の在りようの全体を含む」ものと考えているのである。(8)

しかし、それで政治思想ということになるのだろうか……。その手段の幅とその結果の重大さからしてまことに恐しく、また、(うまくいけば、社会的動物である人間の共存生活を可能にし、その意味で人が人らしく生きるための根拠形成に寄与するという意味で)まことに高貴な、あの政治という営為との関連において思想を探究するとき、そのような広い定義でいいのだろうか。いい、と私は考える。何故なら、政治社会は、「暴力装置」をも含めて、実は、広義の「思想」に於いて成立するものであるから。「堅い」（？）「権力機構」や「暴力装置」に、もっともらしい「理論」や「言説」がからみついてそれを飾り立てる、それをめぐって「思想家」たちが議論をくりひろげる——そのような心象は、現実的でないから。

例えば、周知のように、デイヴィッド・ヒュームはこう述べている。

多数者が少数者に統治されることの容易さ、そして、人々が自らの感情と情念を支配者のそれらのために放棄する是非を問わない従順——哲学的な眼をもって人の世を考える者にとって、これほど驚くべきことは他にない。この驚異がいかなる手段によって実現したのかと問うならば、力 force は常に被統治者の側に在る以上、統治者は意見 opinion 以外に頼るものはないことが、見いだされる。したがって、政府の基礎とは意見だけである。そしてこの格率は、最も自由、最も民衆的な政府と同じく、最も専制的な、最も軍事的な諸政府にも適合するのである。(9)

その通りである。広義の「意見」こそ、政治体制の「思想」というべきものであろう。テロルが、とりわけ権力によるテロルが、人々の精神をしびれさせ、「意見」を凍結してしまうことが無いというのではない。しかし、「暴力装置」自身の支柱は暴力ではない。組織的な暴力は、意識と言語によって可能となる。そして、信従だけでなく、忍従も屈従も、必ず意識を媒介する。その意味で、人々の様々な「心性」や意識・潜在意識そして無意識において、政治社会は存立するのである。「思想家」たちの議論も、それらを前提として発せられる。もしもそう考えるならば、政治思想史は、単に「思想家」たちの体系的理論をたどるだけには、留まり難いのである。

「王権と思想」という語で、筆者が示唆しようとしたのは、このような関心である。

私が日本政治思想史の研究者となることを志した時、指導教官になって下さった丸山眞男先生は、次のような趣旨の注意をされた(10)。

ドイツ語しか知らない者はドイツ語を知らないという言葉がある。同様に、日本語しか知らない者は日本語を知らず、日本しか知らない者は日本を知らない。したがって、日本を研究しようと思うなら、まず外国語を学ぶことが必要である。さしあたり、英語・ドイツ語・フランス語・中国語・朝鮮語を。そして、できれば、蘭学を研究するためにオランダ語を、キリシタンを研究するためにポルトガル語を。

私は未だにこの教えの一部にしか従いえていない。しかし、ともかくもこのような種々の比較を試みた論文を書きえたのも、先生の御指導の下に研究者生活を始めたという幸運のおかげである。私はそのことを強く自覚している。今は亡き先生に、真っ先に感謝の言葉を捧げたい。

また、私は、東京大学政治理論研究会を始めとする諸研究会、日本政治学会・政治思想学会・中国社会文化学会を始めとする諸学会、国内外の諸共同研究とシンポジウム、そして、東京大学を始めとする国内外各所での授業、さらに個人的な談話において、実に多くの先生たちと、講義を聴講し演習に参加してくれた学生諸氏を含む多数の友人たちとによって教えられ、刺戟を受けてきた。本文の註において個別にお名前を挙げえたのは、その内のほんの少数にすぎない。この場を借りて、深い感謝の意を表する。

なお、本書は、東京大学出版会編集部の竹中英俊氏と斉藤美潮さんのお勧めがあって始めて、刊行のはこびとなったものである。特に斉藤さんは、尋常でない忍耐力と心遣いで、私の作業を見守り、助け、そして編集の実務に懇切にあたって下さった。心からお礼申し上げる。本当にありがとう。

最後に、論文の作成に止まらず、そもそも私が現に生き、生活しえていることを含めた一切について感謝している特別な人がいる。それは私の配偶者である。彼女には、直接にお礼を言うこととする。

一九九七年初夏

筆　者

(1)　本書の内容は、序章を除き、全て一度は活字になっている。しかし、今次の刊行にあたり、現在の自分からみて最小限必要であると思われる部分につき、補訂を加えた。その程度については、各節に註記した。但し、論文の趣旨自体の変更は一切無い。

(2)　鈴木董氏は、こう指摘している。「ムスリム意識に支えられた、イスラム世界の世界帝国というべき性格すら帯びるに至ったオスマン帝国は、その理念とそれを支える人々のアイデンティティーのあり方において、東アジアの一地域国家として意識され、未だ十分には自覚化されていないナショナリズムというべきアイデンティティーの意識によって支えられ、事実上の国民国家というべき政治体となりつつあった徳川日本とは、非常に異なっていた。オスマン帝国のイスラム世界の世界秩序における位置は、むしろ、東アジア儒教世界における最後の世界帝国というべき存在であった清帝国のそれに、ほぼ照応するものであった。」『オスマン帝国の権力とエリート』（東京大学出版会、一九九三年）、六二―六三頁。また、イスラーム世界は、ヨーロッパを永い間あたかもヴィクトリア期イングランドが中央アフリカを見るがごとき“amused disdain”をもって眺めていたと、指摘されている。Bernard Lewis, *Islam and the West* (Oxford: Oxford University Press, 1993), 13-14.

（3）*Ibid.*, 3.

（4）遠藤鎮雄校訂『日本庶民生活史料集成第二八巻　和漢三才図会（一）』（三一書房、一九八〇年）、二六九頁。

（5）厳密には、public, publique と öffentlich との間にも、差異があるようである。成瀬治「「市民的公共性」の理念」（『シリーズ世界史への問い四　社会的結合』岩波書店、一九八九年）。

（6）中村元『仏教語大辞典』（東京書籍、一九八一年）、五五九頁。

（7）アイザイア・バーリン Isaiah Berlin「二つの自由概念」（同『自由論』小川晃一・小池銈・福田歓一・生松敬三訳、みすず書房、一九七一年）。

（8）Benjamin I. Schwartz, *China and Other Matters* (Cambridge: Harvard University Press, 1996), 37.

（9）David Hume, *Political Essays*, ed. Knud Haakonssen (Cambridge:Cambridge University Press, 1994), 16.「政府の第一原理について」、『市民の国について』上、岩波文庫、一九八二年。

（10）丸山先生は、御自身の私的な談話が公表されることを嫌われた。それは、歪曲や誤解の定着を恐れられただけではなく、公表の可能性への配慮が、自由な談論に制限を加えることを憂慮されたためであろう。確かに、個人的会話が一方的に公表されることは、概して不快である。さらに、例えば座談の席に置かれたテープレコーダーは、そのなめらかな回転によって、時に人々の口を重くさせる。しかし、もはや先生の自由が阻害されることはありえない。しかも、この明快な発言の内容は、今なお、とりわけ日本の日本研究者にとっておそらく示唆的である。それ故、敢えて御紹介する次第である。

東アジアの王権と思想　増補新装版　目次

凡　例

（一）本書に収めた論文等の初出、および本書に収めるにあたっての改訂等の様態と程度については、各稿の本文末尾に註記した。但し、初出の際と、趣旨に変更はない。
（二）漢字は、現代中国の簡体字も含め、引用に際して、原則として通用の字体に改めた。
（三）古典中国語（いわゆる漢文）の文章は、引用に際して、原則として書き下し、一々「原漢文」などとは註記しなかった。その他の外国語の文章は、引用に際して、現代日本語に翻訳した。現代日本語の翻訳が別に公刊されている場合、なるべくそれをも註記したが、その翻訳には必ずしも拠っていない。
（四）引用文中の……は、特に断らない限り、引用者による省略を意味する。
（五）引用文中の傍点は、特に断らない限り、引用者による。
（六）引用文中の（　）は、特に断らない限り、原文のままである。引用文中の〔　〕は、引用者による。
（七）引用に際して、振仮名を省略したり、稀に理解の便のために付した場合がある。

序　いくつかの日本史用語について

本書では、日本語による日本史叙述において現在広く通用しているいくつかの用語を、用いていない。同じ対象が、別の語で表現されている。それらは、時に、読者の眼に奇異に映るかもしれない。しかし、決して奇をてらったわけではない。通用の語が、歴史認識の深化を妨げると思うからである。以下、そうした語の例を挙げ、それらを避ける理由を述べる。

一　「幕　府」

ある日本史年表は、慶長八年（一六〇三）二月の項に、「家康、征夷大将軍となり、江戸に幕府を開く」と記している[1]。「征夷大将軍」となった、というのはいい。しかし、「幕府を開く」とは、いかなる意味だろうか。

第一に、それが、武家が「征夷大将軍」になるとその政権は「幕府」を開設したと意識し、そう自称したという意味であるなら、周知のようにそれは事実でない。家康も彼の後継者も、「幕府」などとは称さなかった。法度・御触書等でもその語は用いられていない。鎌倉や室町の武家政権も同様である。[2]徳川家宣の側近、新井白石が『読史余論』冒頭で、「武家は、源頼朝幕府を開て、父子三代天下兵馬の権を司とれり。……尊氏光明院を北朝の主となして、みづから幕府を開く。」と書いたのは、極めて珍しい例である。[3]

第二に、「征夷大将軍」を戴く政権は、「幕府」と普通呼ばれたという意味であるなら、それも事実ではない。勿論、近衛大将の唐名として古くから「幕府」の語はあり、「柳営」「幕下」「大樹」等の語とともに、征夷大将軍やその屋敷を「幕府」と呼んだ例は、少なくとも『吾妻鏡』以来、ある。[4]そのため江戸時代でも、やや気取った表現として早くから用いた例がないわけではない。例えば、林羅山は徳川家康を「幕府」と呼び（『羅山林先生文集』巻第三二）[5]、徳川宗春は、「幕府祇候の身となり、恩愛渥く蒙りし上、はからずも嫡家の正統を受続ぎ」と述べ（『温知政要』序、享保十六年）[6]、伊藤梅宇は、「只今幕府に官仕し玉ふ室新助公もと賀州の御儒者なり。四十二三年以前、公義へ御もらひにて、只今幕府にいます。」と記し（『見聞談叢』、元文三年序）[7]、高橋玉斎は（水戸の『大日本史』について）「宗堯公に至りて、幕府に進呈す。」と書いている（『大日本史賛藪』後叙、延享三年）[8]。しかし、これらは稀な例外にすぎない。少なくとも寛政の頃以前の江戸時代の文書に「幕府」の語が現れるのは珍しい。明らかにそれは、当時の人々が容易に想起する名辞ではなかった。例えば尾藤二洲は、「当今事体」を漢文において如何に表現するかを論じ、江戸の政府の適切な呼称として「大朝」「府朝」「大府」「征夷府」「王府」は挙げているが、「幕府」は挙げていない（『称謂私言』、寛政十二年序）[9]。完成された形態の大部の節用集、須原屋茂兵衛刊『大日本永代節用無尽蔵』(天保二年旧刻、嘉永二年再刻)に「幕下」「大樹」「大将軍」(また「禁中」「禁裏」)はあるが、[10]「幕府」はない。

近年、英語による日本史研究においてBakufuと表記する例が散見される。しかし、それは歴史的用法に忠実に見えて、実はそうではないのである。

もっとも、歴史用語は、常に当時の用語そのままでなければならない、とはいえない。将軍を、歴史家が常に「公方様」と呼ぶ必要はないであろう。しかし、「幕府」については、おそらくはさらに、ある政治思想史的問題が伏在している。

現在のように「幕府」という語が一般化したきっかけは、明らかに、後期水戸学にある。寛政三年(一七九一)、藤田幽谷は「幕府、皇室を尊べば、則ち諸侯、幕府を崇び、諸侯、幕府を崇べば、則ち卿・大夫、諸侯を敬す。夫れ然る後、上下相ひ保ち、万邦協和す。」と主張した(「正名論」)。[11]そして、その弟子会沢正志斎、その子藤田東湖等は、しきりに「幕府」の語を用いた。とりわけ、東湖の『弘道館記述義』(弘化四・一八四七年、再稿完成)が、江戸時代末期に、「尊王攘夷」の語とともに「幕府」という名称が流行語となる直接の原因になったと思われる。

では、何故、後期水戸学者はこの語を用いたのだろうか。「正名論」の示すように、徳川政権があくまで京都から任命された「将軍」の政府であることを強調するためである。[12]そして、その正統性根拠を(一般に「皇国」の自己意識が強まる中で)明確化し、体制を再強化するためである。「幕府」とはそれを意図した、正に為にする政治用語だった。水戸学者たちがしきりにこの語を用い始めた時、奇異に感じた人々もいたであろう。『弘道館記述義』が「尊王攘夷」の項で「しかるに無識の徒、或は幕府を指して「朝廷」と曰ひ、甚しきはすなはち「王」を以てこれを称す。」と非難している[13]ような状況が、一方にあったからである。「幕府」の語は、徳川側が用いればやや謙遜した自己弁護の意味合いを持つ。そして反徳川側からすれば、当時普通の「御公儀」「公辺」等を敢えて使わず、所詮京都の権威の下にあるべきものと位置付けた、やや軽くみる意味合いを含んでいる。光格天皇が、(「関東」と言わず)「下は執柄・幕府の文武両道の補佐を以て、在位安穏なること、既に二十有余年に及べり」(即位は安永八・一七七九年)と称した(「賀茂石清水両社臨時祭御再興の宸翰御趣意書」[14])時も、京都側の権威の向上に努めた彼の気持ちがこもっていたのかもしれない。

そして、江戸時代末期のあの政治状況の中で、「幕府」の語はみるみる流行し、普及していった[15]。「公儀御役人」を「幕臣」「幕吏」等と呼べば、時に不遜に、時に小気味よく響いたことであろう。やがて、「王政復古の大号令」は、「自今摂関・幕府等廃絶[16]」と宣言した。そして明治以降、学校教育の助けを得て「幕府」の語は完全に定着した。無論、それは、天皇が「日本」の歴史を通じて唯一の正統な主権者であり、徳川氏も、せいぜい天皇から「大政」を「委任」されて統治者たりえていたのだという(江戸時代の始めには無かった)歴史像と結合していた。

このような意味で、「幕府」とは、皇国史観の一象徴にほかならない。

それは、江戸時代の中で、江戸と京都の関係が大きく変化したという事実を見えにくくする。そして、水戸学的な江戸・京都の関係解釈を特権化する。さらには、古代以来、「天皇」家が（「武家」との関係においても）変転に変転を遂げ、そのことによってようやく生き延びてきたという事実を忘れがちにさせる。それ故、特に「幕府」の含意や語感が必要であるとき以外、その語とその派生語（「幕末」「幕政」「幕臣」「幕吏」「幕議」「幕閣」等）は用いないこととする（本書収録論文で、かってそれらの語を用いた個所は全て書き改めた）。

　では、何と呼べばよいだろうか。「徳川政権」等も考えられる。しかし、当時最も普通の呼称を使うのが、自然であろう。それは、「公儀」である。この「公」は、無論、西洋語の public 等とは違う（中国語の「公」とも違う[17]）。したがって、「公権力」「国家公権」「領土公権」を含意するなどと、簡単にいうことはできない。「公儀」や「公方」の語の成立と普及の歴史については、その点を明確に意識した少なくとも中世以来の慎重な再吟味を要しよう[18]。しかし、江戸時代の人々は、単に現代日本語の一般名詞、「政府」の意味で――無論、現代語より敬意はこもっているが――用いているように、往々見える。現に、「官」の字で、それはしばしば言い換えられる。そこで、ロシアの「官府」も、「こうぎ」である（桂川甫周『北槎聞略』[19]）。清朝中国の「官船」も「こうぎのふね」である（中川忠英編『清俗紀聞』[20]）。

　江戸時代に現実に中央の政府として機能を果たしていた組織は、原則として「公儀」と呼ぶのが、少なくとも「幕府」よりは、適当であろう。

二「朝　廷」

藤田東湖が嘆いたように、江戸時代には公儀が、往々「朝廷」と呼ばれている。現に「天下」を統治している君主の政庁をそう呼ぶのは、不自然ではなかった。

比較的知られている、『赤穂義人録』『国喪正議』における室鳩巣[21]、その文集における荻生徂徠[22]、『経済録』における太宰春台[23]ばかりではない。湯浅常山は（熊沢蕃山につき）「東都ノ朝廷ニ封事ヲ奏シテ海内ノ政事ヲ更始セントス」と記し（「備前国故執政大夫熊沢先生行状」[24]）、松浦静山は、（徳川綱吉を指して）「此時朝廷御子無きを以て」と書いている（『甲子夜話』巻四七）[25]。また、南川維遷は「当今ハ封建ノ制ナルユヘ、朝庭ノ大法モアレドモ、又ソノ国々ノ律有テ」（『金渓雑話』[26]）と、和学者高田與清は「学者」を批判して「朝庭《おほやけ》の政《まつりごと》事をこれかれと論ずる者もあり」（『積徳叢談』[27]）と、述べている。高田與清の振仮名の示すように、「おほやけ」「お上」「公儀」とほぼ同義で、「朝廷（庭）」は使われるのである。高野長英が「蛮社の獄」の顚末を記して、「官《カミ》の逆鱗」「朝廷を誹謗」等と書いたのも（「わすれがたみ」[28]）、同様である。

なお、漢文の素養のある人々は、「公儀」では外国人には通じないとは考えた。日本独特の語だからである。そこで、レザノフに長崎退去を命じた公儀の「申渡」は、自ら「朝廷の意かくの如し」と述べた[29]（文化二年）。そして佐久間象山は、ハリスとの折衝案に、くりかえし「吾朝廷」という語を用いた[30]（安政五年）。彼等はそれが京都に対して僭越であるなどとは考えなかった。

「朝廷」といえば、当然京都にあり、江戸にあったのは「幕府」だったという通念が、実は水戸学的であり、「近代的」なのである。水戸学に同情的でもない歴史家が「近世の朝幕関係」を論じたりするのは、いささか奇妙ではあるまいか。

では、何と呼ぶのが適当だろうか。江戸時代に最も普通の「禁裏」「禁中」であろう。「朝廷と幕府」ではなく、「公儀と禁裏」と表現する時、現在の通念とはやや違う図柄が浮かび上ってくるはずである。

三　「天　皇」

十三世紀初期から十八世紀末までの日本には、ある意味で、天皇は存在しない。順徳天皇（在位　承元四・一二一〇年―承久三・一二二一年）以来、天保十一年（一八四〇）に光格天皇（在位　安永八・一七七九年―文化一四・一八一七年）の諡号が復活するまで、「天皇」の号は、生前も死後も正式には用いられなかったからである。彼等は、在位中は「禁裏（様）」「禁中（様）」「天子（様）」「当今」「主上」等と、退位後は「仙洞」「新院」「本院」等と、そして、没後は例えば「後水尾院」「桜町院」「桃園院」と呼ばれた。前掲『大日本永代節用無尽蔵』（嘉永二年再刻）の「本朝年代要覧」も、光格・仁孝以前は（古代とそれ以降の順徳等少数の「天皇」を除き）、「何々院」と忠実に記載している。江戸時代人は、「後水尾天皇」などとは、言わなかったのである。

それは、中井竹山（『草茅危言』[31]）や、山県太華（『国史纂論』[32]）からすれば、名分を不明確にする嘆かわしい事態だった[33]。確かに、一方で、在位中は「公方様」「天下様」「将軍様」等と、退位後は「大御所様」等と、そして歿後は例えば「台徳院殿」「大猷院殿」「常憲院殿」と厳めしく呼ばれる存在が、江戸にいたことを思えば、江戸と京都との関係はまことに不明瞭であったろう。しかし、それこそが当時の国家構造の現実だった。それを、全ての「院」たちに遡って「某々天皇」と呼び換えたのは、一九二五年のことであるという(34)。それは、当時の国定の歴史観からすれば適切な措置であったろう。しかし、現在の歴史叙述が、その措置に随順する必要があるだろうか。随順して、日本史上の興味津々たる現象を曖昧化する必要があるだろうか。

本書では、光格以前については、「院」を用いる。そして、「天皇」でなく、「禁裏（様）」と呼ぶこととする。

四　「藩」

周知のように、「藩」の語は、江戸時代においては公式の用語ではなく、明治二年（一八六九）の「版籍奉還」からその二年後の「廃藩置県」までの間、公式の名称であったにすぎない。一般化したのは、十八世紀半ば以降である。

先駆的には、例えば木下順庵が「宗藩甲府君。好学楽善」（「賜五経四子記」）、「肥州細川公。西国大藩也」（「静女赤心図」(35)）と書き、その弟子新井白石が、徳川綱豊（後の家宣）の屋敷を「藩邸」と呼び(36)、書簡でも「賢藩へさし上候ひし迄にて」等と書き(37)、そして『藩翰譜』を著した例がある。しかし、一方で、伊藤東涯は「本鎮」「鎮兵」「江州膳所ノ鎮ニ仕へ……」等と書いている(38)。享保頃でも「藩」が一般的だったわけではない。

しかし、それが一種の衒学的な流行語となったきっかけは、東涯の同時代人、人気学者荻生徂徠が愛用したことであろう。彼は「貴藩」「弊藩」「吾藩」「親藩」「外藩」「大藩」「一藩」「藩大夫」「藩有司」「藩門」「長藩」「常藩」等と、頻繁にその文集で書いている（『徂徠集』）。門人、服部南郭も、これに倣っている（『南郭先生文集』）。その後、徐々にこの語の漢学臭も薄れていったのである。(39)

それは、単に言葉の問題ではなかったであろう。「御家中」と「藩」は違う。「誰々家来誰々」と「何々藩誰々」は違う。「誰々様の下より出奔」するのと「脱藩」するのは違う。その背後には、江戸時代の間に武士たちが、いわば、「主君に仕える武者」から、「藩に勤める役人」へと変身したという事実、その組織の在り方も、いわば個人的忠誠関係の束から、一種の「株」となった「家」々の連合体へと変質したという事実が、あった。(40)その新しい状況に対応して、新しい語が必要となり、たまたま（例えば「鎮」ではなく）「藩」が採用されていったのであろう。

だとすれば、江戸時代中期以降ならともかく、その初期について「何々藩」などというのは、誤解を招きやすい時代錯誤的表現だということになる。

本書では、「藩」の語は、その点を注意して用いることにする。また、「幕藩体制」の語は、「幕」も「藩」も問題含みである以上、用いないことにする。

江戸時代の政治体制は、端的に「徳川政治体制」と呼ぶ。

（1）　歴史学研究会編『日本史年表』（増補版、一九九三年）、一五八頁。

（2）　例えば、建武三年八月十八日付「室町家御内書案」に、「爰幕府左兵衛督尊氏、幷左馬頭直義」とあるが、それは、単に当時尊氏が「征東将軍」だったことによる。『古事類苑』官位部三五「鎌倉将軍」。

（3）　村岡典嗣校訂『読史余論』（岩波文庫、一九三六年）、一四頁。また、同二三頁には、「〔足利義満〕武家の礼式を定て、永く幕府の例となる。」という記述もある。

（4）　服部南郭は、「源大将軍頼朝」を「幕府」と呼んだことがある。「二源論」、日野龍夫編『近世儒家文集集成第七巻　南郭先生文集』（ぺりかん社、一九八五年）、七九頁。また、『東照宮御実紀』巻五（『新訂増補国史大系』第三八巻、吉川弘文館、七三―七四頁）にも、「幕府に勅使を遣はされて宣下せらるゝ事は鎌倉右大将家にもとひす。……それも応仁よりこのかたは。幕府また乱逆のちまたとなりぬれば。礼儀の沙汰もなし。」という記述がある。

（5）　「対幕府問」（京都史蹟会編『羅山先生文集』巻一、平安考古学会、一九一八年）、三四一―三四三頁。

（6）　奈良本辰也校注『日本思想大系38　近世政道論』（岩波書店、一九七六年）、一五六頁。

（7）　亀井伸明校訂『見聞談叢』（岩波文庫、一九四〇年）、五四頁。

（8）　松本三之介ほか校注『日本思想大系48　近世史論集』（岩波書店、一九七四年）、二四三頁。

（9）　関儀一郎編『日本儒林叢書』第八巻（鳳出版、一九七一年）、一―二頁。

（10）　一七丁表、一〇四丁表、二四二丁裏。なお、高井蘭山増輯・中村経年補輯『改訂増補江戸大節用海内蔵』（宝永元年元版、天保四年増補、文久三年補刻、須原屋茂兵衛ほか刊）は、「幕下」につき「幕府とも云。大将軍の称。幕府士は諸士也」と説明している（一九七丁裏）。

（11）　菊池謙二郎編『幽谷全集』（吉田弥平刊、一九三五年）、二二九頁。

(12) この点については、本書6「「泰平」と「皇国」」を参照。
(13) 今井宇三郎ほか編『日本思想大系53 水戸学』(岩波書店、一九七三年)、二九八頁。
(14) 森末義彰ほか編『歴代詔勅集』(目黒書店、一九三八年)、七一七頁。
(15) 三谷博氏は、その著『明治維新とナショナリズム――幕末の外交と政治変動』(山川出版社、一九九七年)において、「日本の近世国家」を論じ終えて日米和親条約以降の政治史をたどり始める時点で、次のような示唆的な註を付している。「以下では、徳川「公儀」に替えて、「幕府」という名を用いる。それは、この時期に「朝廷」が京都の天皇政府の独占的呼称となり、これに対応して徳川政権を「幕府」と呼び、「朝廷」の下位に立つ「覇府」という意味を託す習慣ができたからである。」(三四九頁)。
(16) 註(14)前掲書、七五六頁。
(17) 溝口雄三『中国の公と私』(研文出版、一九九五年)。
(18) 「公方」については、新田一郎「日本中世の国制と天皇――理解へのひとつの視座」(『思想』八二九号、一九九三年七月)が、よい参考になる。
(19) 亀井高孝校訂『北槎聞略――大黒屋光太夫ロシア漂流記』(岩波書店、一九九〇年)、三四頁。その他、同四〇、四五、五〇、五二、六一、一八八、一九四頁でも、「官」に「こうぎ」と仮名を振っている。いずれも、ロシア政府の意味である。
(20) 『清俗紀聞』二(平凡社、一九六一年)、九一頁。中川忠英は、長崎奉行だった。
(21) 「某不自揆窃為朝廷謀」(『国喪正議』、東京大学総合図書館蔵写本、丁付け無し)。「赤穂諸士。朝廷致之於法。」「今赤穂諸士。不聴朝廷之赦義央。……義諸士者。独以為非朝廷耶。」『赤穂義人録』序(石井紫郎校注『日本思想大系27 近世武家思想』岩波書店、一九七四年)、三四三頁。

(22) 例えば、「当今之時。朝廷以兵賦差諸侯。而諸侯之士。無大小悉属諸隊伍。」「朝廷迺以其先世嘗有功鼎革際立其疏属子弟以奉其祀。」平石直昭編『近世儒家文集集成第三巻　徂徠集』(ぺりかん社、一九八五年)、一一一頁。

(23) 「詮方無クシテ県官ト書ス。県官モ天子ヲ称スルニ用ル字ナレドモ、実ハ今世ニ公義ト云ガ如シ。大君ト云ヨリモ、較汎キ詞也。或ハ国家ト称シ奉リ、或ハ朝廷ト称シ奉ル所モ有リ。」「当代ノ朝廷ヲ称スルニハ、国朝トモ、本朝トモ、我朝トモ云。」『経済録』「凡例」(頼惟勤校注『日本思想大系37　徂徠学派』岩波書店、一九七二年)、一一、一三頁。『赤穂義人録』『経済録』の例は、註(13)前掲書「補注」四六六頁にも、指摘されている。

(24) 谷口澄夫ほか編『増訂蕃山全集』第七冊(名著出版、一九八〇年)、三一〇頁。

(25) 中村幸彦校訂『甲子夜話』3(平凡社、一九七七年)、二五四頁。

(26) 森銑三ほか編『随筆百花苑』第五巻(中央公論社、一九八三年)、一九二頁。

(27) 日本経済叢書刊行会編『通俗経済文庫』第二巻(日本経済叢書刊行会、一九一六年)、三〇四頁。

(28) 佐藤昌介ほか編『日本思想大系55　渡辺崋山・高野長英・佐久間象山・横井小楠・橋本左内』(岩波書店、一九七一年)、一七四、一七五頁。

(29) 『通航一覧』第七冊(清文堂出版、一九六七年)、一九三頁。

(30) 「ハリスとの折衝案に関する幕府宛上書稿」註(28)前掲書、二九七―二九八頁。

(31) 滝本誠一編『日本経済大典』第二三巻(啓明社、一九二九年)、三三四―三三六頁。神惟孝は、この点で竹山を評して「御諡号御院号ノコトハ、竹山ノ論ヲマタズ、心有モノハ千人同口ノ論ナリ」と述べている。『草茅危言摘議』、『日本経済大典』第三八巻(一九三〇年)、五〇一頁。

(32) 岡田屋嘉七・和泉屋金右衛門刊、弘化三年、巻之四、九丁裏。

(33)「天皇」に関する以上の叙述については、帝国学士院編『帝室制度史』第六巻（帝国学士院、一九四五年）、第四章第四節、児玉幸多編『日本史小百科八 天皇』（近藤出版社、一九七八年）、八二—八三頁、藤田覚『幕末の天皇』（講談社、一九九四年）、一二九—一三五頁参照。特に藤田氏は、中井竹山にも触れ、この事態とその変革の意味を的確に指摘している。

(34) 山田英雄「諡号」、『国史大辞典』第六巻（吉川弘文館、一九八五年）、七二八頁。但し、この件は、諸書に記載されているものの、『官報』『法令全書』の該当年に記載がなく、史料的根拠が管見では不明である。

(35) 木下一雄校訳『錦里文集』（国書刊行会、一九八二年）、五六一、五七六頁。

(36) 羽仁五郎校訂『折たく柴の記』（岩波文庫、一九四九年）、七四、八三頁。

(37) 市島謙吉編『新井白石全集』第五（吉川半七刊、一九〇六年）、二二六頁。

(38) 三宅正彦編『近世儒家文集集成第四巻 紹述先生文集』（ぺりかん社、一九八八年）、六二、九九、一四六、一二三頁。

(39) 前掲『大日本永代節用無尽蔵』は、「藩」を収録し、「城下を云」と説明している。

(40) ちなみに、別の観点からではあるが、朝尾直弘氏は、十七世紀前半を論じて次のように指摘している。「これまで、大名のことを細川氏とか島津氏とかいって、細川藩とか島津藩とかは、かならずしも表現してこなかった。この段階までは、それ自体として独立の意義をもった藩政、あるいは藩経済、藩家臣団といった単位概念が成立していなかったからである。個々の大名とその家臣団、個々の大名の家政、個々の大名の政治はあった。しかし、藩という地域的な政治的統一体の政治なり、経済は、まだ成立していなかったのである。」『日本の歴史第一七巻 鎖国』（小学館、一九七五年）、三五〇頁。

I　政治体制の思想

1　「御威光」と象徴

——徳川政治体制の一側面——

一　はじめに

嘉永六年（一八五三）冬、「微賤」の出ながら前年遂に勘定奉行にまで成り上った川路聖謨は、ロシア使節応待のため、長崎へ向け、江戸を出立した。大勢の供を従えた行列が中山道本庄宿にさしかかると、関東取締出役が案内に出た。関東取締出役（通称八州廻り）は、公儀直轄領（「御料」）代官所の手附・手代の中から選ばれ、御料私領を問わず広く関東を巡回して犯罪取締にあたった役人である。川路は旅日記に、やや得意気に、こう記している。

八州廻り、追々出て案内いたす。百姓共、百姓らがいかなる貴人かとおもう八州廻り、土下座して奴僕の如くなるに、大いに驚くけしき也。御勘定奉行の旅行は、御威光、遠国奉行などとは夥しき相違也。(1)

「御公儀」の高官、全御料を支配する「御勘定奉行」の威信は高い。川路の行列が姫路城下に至ると、

「見物の老若夥し。〔姫路藩の〕家老・番頭《ばんがしら》・奏者番というもの、路上に平伏せり」[2]という。八州廻りが土下座するのも当然である。しかし、本庄の百姓達にしてみれば、八州廻りは、日頃「いかなる貴人かとおもう」畏服の対象である。その対象が自ら「奴僕の如く」路傍に平伏するのを目の当りにする時、「御勘定奉行」の威信はいよいよ高く、自分達百姓の位置はいよいよ低かったことであろう。

しかしその勘定奉行も、実は禄高五〇〇石の一旗本でしかなかった。身分からいえばその上に多数の旗本がおり、一万石から一〇〇万石に至る諸大名がいた。さらに、別格の御三家・御三卿がいた。上位の役人として若年寄・寺社奉行等がおり、さらに最高の行政官たる老中（そして大老）がいた。彼等は、それぞれの身分格式役柄に応じて上位者に平伏し、時に土下座もした。そして彼等全ての形作る平伏とそれを受ける者の長い長い系列の頂点に、将軍がいた。そのことに思いを馳せたならば、百姓達にとって将軍は、まことに気の遠くなるほどに遥かなる高みに在ったことであろう。

しかも、天下最大の都市、江戸の中心、深い堀と高い石垣に囲まれ、多数の番士の詰める六十六の厳めしい門に守られた巨大な城に、将軍は居た。その城を、数知れぬ大名旗本の屋敷が――それぞれの格に応じた門構え、広さ、大きさをもって――囲繞していた。一つの大名屋敷でさえ、例えば「夫より本郷の町家を六、七丁ばかりも過ぎ、加賀の屋敷まへを通る。流石大名の渠魁ほどありて、門壁の結構人目を驚すばかりなり。勿論高大なる事、是又屋敷中に山々をこめをくほどの事なり。門前のひろき、豁然として来るもの自然と崇とくをもふなり」（清河八郎『西遊草』）という印象を与えた[3]。この大都市の面積の約七割が武家地だった[4]。将軍は時に満三歳の幼児であり（家継）、時に言語障害に悩む病弱の中年男（家重）だったが、確かに、「立派な宮殿のなかにいて四万の親衛兵にとりかこまれているトルコ皇帝を、ただの人間と見なすためには、よほど澄みきった理性をもつ必要」（パスカル『パンセ』）[5]があったことであろう。

戦国の最終結着として、ほとんど剝き出しの暴力によって成立した徳川の支配に、元来、理論的正統性は薄い。一般に強者即ち勝者が支配するのが当然と考えられていれば、それを真剣に追求する理由も実はなかった。そしてその支配が安定して持続している限り、敢えて自らその根拠を問い詰め、公定するのは、むしろ「危険」ですらあろう。例えば、徳川時代の「体制教学」は儒教だったとされることがある。ある意味で正しいであろう。しかし、その対象領域は「天下」と表現されたにもかかわらず、将軍の統治が、「天命」の委託と公称されていたわけではない。現に中国皇帝と違い、将軍は祭天の儀式など行なわない。また、百姓町人が武士に服従したのは、武士達は皆「徳」を有する、そして有徳者になびき従うのは当然である、と信じたからでもあるまい。「教養カリスマ」を保証する科挙制度もない当時、二本差しの侍達の軍事政治組織を、そのまま有徳なる文明の担い手達の集合とはみなしにくい。藩校を有していた藩でさえ、天明末年（一七八八）でも、なお三分の一以下だった[6]。また、禁裏は確かに権威付けの装置の一つだった。しかし、公方様の命令は即ち禁裏様の命令と心得よという論法が、普通用いられた形迹もない。禁裏と公儀の関係を説明するために学者の案出した禁裏による大政委任という説明は[7]、江戸末期に向けて次第に拡がりはしたが、通常、禁裏を持ち出すことによって忠誠・服従が調達されていたわけではない。当時の「体制イデオロギー」が何であったか、いつまでも議論の絶えない一因はそもそもこのような事情にあろう。しかし、体制全体の論理的弁証はいかに曖昧、薄弱であろうと、現に身分格式の序列は、あらゆる場面でまことに目に明らかな「事実」として演出されていた。大名は常に大名らしく、武士は武士らしく、そして百姓は百姓らしく在ったし、在らねばならなかった。将軍、勘定奉行、八州廻り、百姓の序列を誤認する余地はなかった。王様は決して衆目の前に裸では現れず、大城に住まう将軍の下、全秩序は一見自明な安定性を有した。その時、人と人との間の身分の差を異常、不自然と感じるのは、かえって難しかったであろう。その時多くの人々は、将軍は将軍だから、大名は大名だから、天下・各国を支配し、武士は武士だから民の上に在り、そして百姓は百姓だから年貢を納める、と当然視したのであろう。それはトートロジーである。しかし、それに気付き、トートロジーと見破るのは容易ではなかった。それは、一つには、身分格式を印象付ける象徴的事物と儀礼・儀式・祭典等の種々の象徴的行為が、永い「泰平」の内に異常なまでに発達し、上位者を見えざる光背で包んでいたからである。都市・建築物・家具・従者・荷物・衣裳等の全てが舞台装置・大道具・小道具となって威信の系列を表象し、それを自他に公示し、相互に確認する儀式が至る所で念入りに執行されていたからである。理屈より心に、知性より諸感覚と感性に訴える諸象徴が、不断に機能し、体制維持の一助となっていたのである。(9)

儒者堀景山は、こう指摘している。

……武家はその武力を以て天下を取り得たるものなれば、ひたすら武威を張り輝やかし下臣をおどし、推しつけへしつけ帰服させて、国家を治むるにも只もの上の威光と格式との両つを恃みとして政をしたるものなれば……[10]

本来暴力の支配であるため、以後も威光と格式を統治の拠としているというのである。明治になって、安政四年生れの植木枝盛もこう述べている。

夫れ幕府の如き者は其の依拠する所元来天下の正理にあらず実は甚だ大なる無理仕掛を以って存在するものなれば……一は兵力を以って人民を脅迫し一は詐術を以って人民を欺罔し……百方至らざることなし而して其の殊に主とする所は最も力を極めて出来る丈け政府を荘厳にし人民をして之を仰げば弥高しと思はしめ之を望めば実に逮ぶべくもあらずと感ぜしめ政府と云ふものは仲々ゑらいものだ高大無辺なものだと一図に感歎し胆冷へ魂落ちしめんとするに在りて……之を称して神秘政略とは謂ふなり[11]。

威光と格式の「神秘政略」は至る所で巧まれた。一藩の武士達の間でもそうである。例えば江戸時代末期の豊前中津藩では、一五〇〇名の藩士は一〇〇余りの格に分れ、中でも四分の一を占める上士と残りの下士の区分は顕著だった。その差異は目に見え、耳に聞え、筋肉感覚で体験された。上士の家は玄関・敷台を構えていたが、下士の家にはなかった。上士は騎馬したが、下士は常に徒歩だった。長幼と無関係に、上士の家の者は下士に「貴様」「来やれ」と言い、下士は上士に「あなた」「御いでなさい」と言った。そして最下の下士、足軽は、上士に雨中往来で行き逢えば、下駄を脱いで路傍に平伏した。何故かと問う者はなかった。上士と下士の境は「殆ど人為のものとは思はれず、天然の定則の如くにして之を怪しむ者あることなし」という（以上、福沢諭吉『旧藩情』）。[12]
村の中でも同様である。例えば大垣藩領では、頭百姓は家に庇・濡縁・破風板・釣天井を作れたが、下百姓は出来なかった。座敷口を三尺以上にも出来なかった。下百姓が頭分の宅内に履物を履き入れることも許されなかった。村内で裃を着用し、何衛門・何兵衛・何太郎・何太夫等と名乗れるのは頭百姓だけだった。[13]生活様式の些細な一面までが当人の身分を表示し、お互いの態度と心理を縛っていたのである。

そして、徳川の世の末に将軍の名代として上野東照宮に参った経験を、ある元大名はこう回顧している。それは将軍であることの不思議な感覚を垣間見させてくれる。

只今の時世と違ひ仰山なことでしたが、また威厳のすさましき者でした、黒門口から粛然して左右にお徒士目附が平伏して居ます、私は道の真中を進みゆくですが全く上様に対する礼を受けるのですから、覚えず身が戦慄する程で難有きことで御座ゐます、……雨天ですか、私だけは別ですが他は皆頭から濡れるのです。[14]

現代においても、最高権力者はしばしば特別な邸に住み、多数の秘書官・ＳＰ等に取り囲まれる。米国大統領ともなれば、公式の席に登場の際には往々 Hail to the Chief の曲が演奏され、演壇には鷲を象った紋章が輝き、核戦争指揮用の黒いアタッシュケースを携えた武官さえ影のようにつきまとう。それはまことに特別な気分のものであろう。事実、ジョンソン大統領が辞任した時、夫人はあのシンデレラのように、「突然、すべての馬車がカボチャに戻ってしま」ったと感じたという。[15]しかし、徳川将軍にとって、そして当時の少なからぬ人々にとって、このような魔法の解けることは生涯なかった。彼等の生は、誕生以来死の床に至るまで、そうした魔法の中で営まれたのである。(16)

徳川時代の身分制度や諸儀式にかかわる個々の史実は、既によく知られている。その機能も、個々にはかなり指摘されている。本稿では、ただ、将軍と公儀を中心にそれらを当時の政治体制の重要な一側面としてまとめて見直すことを試みたい。私見では、その面が次第に将軍の権力を奇妙な窮地に追いこみ、やがてその崩壊を特色付けもしたのである。

二　行　列

まず、行列の意義を考えてみたい。

武士が軍人である建前上、大名旗本等の行列は即ち行軍である。「御城下ニテ大名ノ供廻リ大勢連テ大路ヲ塞ゲ、供ヲ割バ討捨抔ト云コト、元来軍中ノ法」(17)と、荻生徂徠も指摘している。それが「泰平」故に機能転換し、実際上、主に「身分を重々しくするかざり」(本居宣長)(18)、見られるためのもの、となっていたのである。江戸末期にある大名の夜間の行列を「拝見」した回顧談がある。

神田橋を渡りお出《い》でになりますのが例の御定紋の抱茗荷《だきみょうが》の箱提燈、それがさようでございますな、九尺おきにお小人《こびと》が提《さ》げて、片側二十七、八、両側で五十上《うえ》という綺羅星のような行列が、人の丈《せい》を揃えたものか、一分一厘も上がり下がりがありません。二十七、八を一本の棒へ串《さ》したかと疑われましたくらいなんです。その行儀のよさ、しとしととお通りになるのに、咳一つしやしません。[19]明らかに、行列は夜も外観を意識し、細かな気を配っていた。訓練もしたのであろう。わざわざ行列を「拝みに行」く民衆もいた[20]（中には、実際に数珠を持って合掌する人々もいた[21]）。

しかし、武士の行列はパレードではない。ページェントでもない。あくまで厳めしい、物々しいものではあり続けた。「「下にいろ」」の声を聞くと、辺り一帯、敬意を表して沈黙する。仕事は中断され、多くの家の窓は閉められ、住民は急いで家に戻る。……旅人たちは跪き、額を地面まで下げて、殿様の「乗物」が通り過ぎてしまうのを待つ」（ルドルフ・リンダウ『スイス領事の見た幕末日本』[22]）。家督をしたばかりの若い大名には、「本供にて先を払ふをことに嬉しき事におもひ、路を妨げざる人をもみだりに払ひ、あるは供を切りたるとて打擲するを心ちよき事に思」う者も往々いた[23]。夜、路上で商っていた屋台のしるこ屋が行列を避けるのに遅れ、「びっくり仰天、荷を片付けたが間に合いません。お供先が物も言わず、椀や桶を蹴飛す投《ほう》り出す。恐れ入って片付けんとしゃがんだ時、しるこの沸騰《たぎ》っている鍋を蹴られたからたまりません。あっという間もなく……このおおやけど[24]」ということさえあった。小生麦事件発生の条件は常に存在した。行列は、人数では圧倒的な民の前で、極く少数の支配身分が日毎夜毎演ずる念の入った示威行進だったのである。藩主徳川斉昭の国入りを迎えた水戸の情景は次の通りだった。

エ、下に居ろ〳〵と云ふ声遠く響きわたりて市中は水を打たる様に静になり町家の前へ多くの人々みな手をつきて扣えて居る……[25][26]

しかも、大名等の行列は、無論画一的ではなかった。各々の格式に応じて顕著な、また微細な相違があった。それによって相互の位置関係が表示され、確認された。[27] 供連れの人数・服装を始め、立てる槍が何本で、列中のどこに位置するか、薙刀も立てるか、乗物の形式・色はどうか、着換えを入れた挟箱を何個、どの位置に伴うか、それに金紋が付いているか、長柄傘の形はどうか、馬を引くか、茶弁当を持つか、その塗りはどうか、これら全てが、行列の中央を行く主人の身分を露骨に打ち明けた。[28] 当然、その一つ一つがほとんど社会的な関心事だった。それは賛嘆の的であり、妬みと嘲りと競争心の火種だった。「大路ありく行装も、わが格よりも高く、わが家の定よりもみやびかにと、市のわらべのほめなんことをほりする〔欲する〕のみ」の大名も、少なくなかったようである（松平定信『花月草紙』[29]）。今日も種々遺る行列の編成表や絵巻も、当時は注意深い比較と鑑賞の対象だったのであろう。ちなみに、一〇〇万石の加賀侯ともなると、かえって行列に凝らなかったという。「外の大名が願ったり希望する様なことでも加州では一向構は」ず、例えば合羽籠を持たず、敢えて無恰好な乗物を用い、むしろそれを誇りとしたという。[30] そこいらで格を競う必要もないことを見せつけるひねった見栄なのである。ほとんど児戯ともいえよう。しかし格式のゲームは、一旦参加すれば下りるのは難しい。当事者は真剣だった。諸大名諸旗本の熱中の度は深まり、それによって将軍の威信はさらに高まった。第一に、彼等の格式を定め、昇級を許すのは結局将軍だったからである。[31] 第二にそうして強められた格式の意識は、その最頂点を一層貴いものとしたからである。見る側にとっても、大大名や高官の行列の威儀は、さらにその上にある将軍の権威を想像させた。オランダ商館員フィッセルは、文政三年、長崎奉行の牧狩の行列を目

撃し、六〇〇名以上からなるその編成を詳述し、次のように付言している。(32)

ここに見られるものは、あたかもこの地では最高の権力を与えられている者のように思われるが、しかし江戸では将軍の従者の一人に過ぎない男、ほとんど将軍様の上靴を運ぶ名誉に与《あずか》ることさえ覚束《おぼつか》ないような一人の男、すなわち長崎奉行の行列についての説明である。これから見て将軍すなわち公方《クボー》が公式の牧狩を行なうときには、いかにその行列の人数が多数でなければならないかを推論することができるであろう。

長崎奉行の行列――フィッセルはそれ自体を「荘厳な祭」「軍事的な儀式」と評している――の威儀は、結局、将軍の威光を遠い長崎の地において輝かすのである。

事実、将軍の（特に正式の）「御成」の行列の威厳はすさまじいものだった。時期により変化はあるが、例えばまず数日前から通りの大掃除、火の用心が命ぜられた。(33) 道筋から見通しのきく所に荷車等を置くことも許されず、(34) 箒一本取り残してあっただけで大失態だった。(35) 犬猫も（綱吉の代は別だが）つないでおくよう命ぜられた。(36) 当日は明方から道筋の町々で火を起こすことは禁止され、人々は暗い内に朝食を済ませた。道筋の二階は窓を閉じ、戸の合せには半紙を張った。(37) しんと静まりかえった町や武家屋敷の間を、ひたひたと長大な行列が通過して行ったのである。通過の瞬間、大名屋敷内では大名が道の方角に平伏した。(38) 見通しもきかぬ脇道で木戸を守り、通行を止めている者達も、通報とともに「皆几を下りて地に伏」した。(39) それはほとんど御神体の渡御に類した。

行列は支配身分の威勢を顕示し、同時に格式の序列を一層強化する。そしてさらにその進行方向によって、行列は権力の所在、政治社会の中心を万人に示した。

周知のように、毎年全国から多数の行列が江戸へ江戸へと進んで行った。それは、しばしば指摘される大名の財政窮乏・街道筋の商業化・江戸の繁栄等、経済的影響のみをもつ現象ではない。そのこと自体、政治的意義をもつ。遠い西国の外様大名も、「国元」から「御江戸」へ、長途多人数の旅行を三世紀近くの間、反復したのである。それは、どこが政治的首都であり、誰が全国の最高権力者であるかを、疑問・反論の余地なく表示する。当然、主要街道は「江都」「東都」を起点とし、全国の町の所在は日本橋からの道のりによって表わされた。政治権力は何よりもまず有名でなければならない。その「存在」を知られ、関心の焦点となっていなければならない。首都がどこか誰も意識しないようでは政治体は続かない。そして、映画テレビなどのない社会において広範な人々に視覚的印象を与える最良の方法は、見せる側が移動巡回することである(40)。全国に拡がる街道網を匆体振って進んでいく二〇〇を超える行列は、徳川による政治的統合の動く象徴であり、同時に、最も効果的な広報手段・宣伝媒体であったろう。

そして江戸市中においても、行列は中心を指し示した。千代田城であり、その中の本丸御殿である。毎月二、三回の定例日および季節の式日には諸大名諸役人の行列が続々と「御城」へ向かった。高々と「下馬」と掲示された門前の広場はつめかける行列で溢れた。江戸でのみ見られた壮観である。祝典的雰囲気の中、毎回見物人が蝟集し、物売りも出た(41)。ある元薩摩藩士は、「江戸で一番の見物は、一下馬、二相撲、三演劇と言ったもの」と回顧している。[42]

一方、全国の中心の中心である徳川将軍は原則として江戸を離れて旅に出ることはなかった。江戸末期に京へ赴いたのは、彼が既に揺るぎなき中心でなくなったことの自己告白である。鷹狩り船遊び等を除き、将軍が城を、そして江戸を離れたのは、ほとんど自らの先祖の廟の参詣のためだった。市中では上野寛永寺、芝増上寺、市外では日光東照宮である。特に秀忠・家光・家綱・吉宗・家治・家慶の行なった[43]日光への参詣、いわゆる「御社参」は、大名を先導・供として率いた巨大な行列を構成した。数年がかりの準備の後、安永五年（一七七六）四月、九日間を要して挙行された家治の御社参では、御三家始め二〇家の大名が従い、動員された人足二三万人、雑兵六二万人、馬三〇万五千頭に達した。[44]「大勢の御供、江戸より日光迄人馬一続きに相成」ったという。[45][46]

天下の中心、将軍が自ら旅して赴かねばならない相手はこの世にはなかった。ただ彼は政治体の中心を縦に貫く時間軸を神聖なる始点に向かって遡る象徴的な旅には出たのである。（天照大御神ならぬ）東照大権現となった家康の居る日光、そこへ進んでいくその子孫たる将軍、それぞれの格に応じた行列を率いてそれに従うやはり世襲の（その先祖の多くはかつて家康に仕えた）諸大名――「御威光」に耀く日光御社参の大行列は、正に当時の「建国神話」の儀式的再現であり、その聖なる「国体」の正確な具象化であろう。[47]

三　殿中儀礼

大名の江戸から所領への移動は「帰国の御暇を賜わる」等と表現された。任地への赴任ではない。国元から江戸へ参ることの方が、大名の主任務だった。武家諸法度（天和三年、享保以降も襲用）も、「文武忠孝」「礼義」を説いた第一条に続き、第二条で「参勤交替」を定めている。(48)ではその「勤」は具体的には何であろうか。地方統治の報告などではない。その義務はなかった。老中等の役付でない限り、ただ定例日および臨時の指定日に登城し、将軍に謁見——御目見《おめみえ》——を賜わって丁重なる臣従の儀礼に服すること、それが仕事だった。(49)参勤はしばしば参覲（覲＝まみえること）とも書かれる。大名とは、何よりも参上し御目見する存在だったのである。本節では江戸城本丸御殿におけるこの儀礼に注目してみたい。

総登城の定例日は、まず毎月一日、十五日、二十八日の「お三日《さんじつ》」である（但し、特に二十八日は登城のない月も多い）。民間では仕事を休み、特別な食事をする「安息日」（フィッセルの説明(50)）だった。あとの多くは季節とともに廻り来る節句である。正月、上巳（三月三日）、端午（五月五日）、嘉祥（六月十六日）、七夕（七月七日）、八朔（八月一日）、重陽（九月九日）、玄猪（十月の最初の亥の日）等である。この内八朔は、天正十八年（一五九〇）、家康が関東へ移封され、江戸に入った日として祝われ、「いわば徳川氏の建国記念日」(51)（村井益男氏）だった。しかしそれは同時に、元来足利政権・公家・民間でも祝われた節句である。(52)即ち、全体に総登城日は民間の祭日と別でない。大名達は天下の諸行事の範型をなすものとして、主君への御挨拶に赴いたのである。

大名などの行列は、まず大手門、内桜田門等の門前の橋の手前、下馬所にさしかかる。(53) 多くの供はその場に残され、乗物は少数の家来のみを従えて（その人数に格による差のあったことは無論である）、大手三の御門の前、下乗橋に至る。ほとんどの大名はここで乗物を降りる。あとは徒歩である。供の数も一段と減る（一〇万石以上の大名で、侍三人、草履取一人、挟箱持一人）。この小行列はその後、繰り返し曲がりながら、中の御門、中雀門を通過し、坂と石段を登っていく。曲折する登りと多数の城門は本来軍事目的であろう。しかしその空間の仕組みは、日光東照宮等の参道とも類似する。曲折を繰り返しつつ奥へ進入し、上昇していくほど、人数は限られ、空間は一段と尊厳と権威の度を強めるのである。

登りきった所で前に見えるのが大きな唐破風を備えた本丸御殿玄関である。それは御殿全体の東南角にあたる。玄関の背後の、複雑に密着して連結する豪華な書院造りの大建築群、それが本丸御殿である。建坪は実に一万坪を超える。(54) 徳川時代を通じ五回炎上焼失したが、その度に概ね原状通り再建された。(55) 玄関を含み、正式な儀式等の行なわれる表《おもて》、将軍が日常居住する中奥《なかおく》、そして大奥という基本構造は一貫し、中の間取りもほぼ同じである。間取り自体に重要な意味があったからである。但し、御殿の間取りを示す（特に表・中奥を）上から眺めた図面は、一見複雑怪奇な迷宮である。無数の四角い部屋と廊下がゴタゴタと隣接し、迷路のように連結し、その原理は左右対称でもなく、並行でもなく、雁行ともみえない（以下、御殿空間の性質の分析は、主に井上充夫『日本建築の空間』V章に依る。鹿島研究所出版会、一九六九年)。いくつかの中庭はあるが、全体の構成が見通しの中で顕現する前庭や広場もない。ヴェルサイユ宮殿は勿論、隣国清朝の北京紫禁城と比べても、その対照は著しい。紫禁城には、広大な広場をいくつも挟みつつ、天安門・端門・午門・太和門・太和殿・中和殿・保和殿・乾清宮・交泰殿・坤寧宮等が中央の南北軸に整然と立ち並び、その左右にも直線的に諸宮殿が配置されているのである。そうした空間構成を範型とする李氏朝鮮の使節が、「宮室は精巧であるが、高壮にして威儀の観はない。楹柱はいずれも角柱で円からず、庭場は狭苦しく、中下官が拝礼するときに列を成すことさえできない。はなはだ奇怪なことである」と訝ったのも無理はない(56)。しかし、本丸御殿にも、構成原理が内在していないわけではなかった。井上充夫氏の指摘を借りれば、それは見通しにおいて最もよく観照される「幾何学的空間」ではなく、その内部に入りこんで移動していくことによって継時的に観照されるべき「行動的空間」なのである。むしろ見通せないことに特色を持ち、中を歩いて屈折し、その度に新しい光景を見出し、あたかも絵巻物をくり広げていくように体験すべき空間、全体を一気に見渡し、見通すのではなく、各部分を次々と見ていくべき空間なのである(57)。事実、御殿東側一帯に配置された役人の控室・諸作業用の部屋を除けば、表・中奥は、東南角の玄関からいくつもの正式の座敷を経て、丁度対極の西北隅、大奥御錠口手前の将軍の居所にまで至る一つの長大な羊腸たる連鎖空間をなしている。玄関を入るとまず正面は遠侍の間である。その前を西へ進むと凹の形に屈曲して四之間・三之間・二之間・下段・中段そして上段と並ぶ大広間がある。殿中最大のホールである。全畳数は五〇〇に近い(58)。大広間上段横を過ぎ、さらに西へ進んで北に折れれば松の大廊下が延びている。それと中庭を挟んで並行するのが南北に細長い柳之間である。どちらを経ても次に御《お》白《しろ》書院に達する。二番目に大きなホールである。その先には、菊之間・雁《がん》之間・山吹之間・羽目之間等が並び、第三のホール御《お》黒《くろ》書院に至る。そこまでが表である。中奥に入った所には老中・若年寄の御用部屋が並んでいる。さらにその奥へ奥へと進入するとやがて将軍の居所、御座之間に至る。但し、時代とともに御座之間も公式の度を強め、将軍はその西北へ西北へとよりこじんまりとした、より非公式な居室を設けていわば後ずさっていった。御休息之間、その奥の御小座敷、さらに楓之間、さらに雙雀亭（茶室）といった具合である。[59] そこはもう奥中の奥、大奥入口のすぐ手前である。

登城した大名等は、この長大な空間のどこかに指定座席を持っていた。それはその大名の身分格式・将軍との関係を精密に人工空間上に投影した宮中席次である。市販の武鑑も石高などとともにこれを表示し、その大名が「何者」であるかを明晰に告げた。[60] それ故、御殿は何度炎上しようと構造や間取りは変えられてはならなかったのである。[61] まず大広間である。これは最大の、最も公式の場だが、将軍からは最も遠い。いわば丁重だが疎々しい。外様大大名の部屋である。次の柳之間は、外様小大名である。大広間より公式性は薄れ、しかも将軍からはなお遠い。外様は文字通り外なのである。そして柳之間より奥は全て譜代・旗本の部屋である。御白書院に付属する帝鑑之間は比較的大きな譜代大名、その奥の菊之間、雁之間はそれぞれ大旗本、小譜代大名である。そしてさらに奥まった御黒書院に付属する溜之間には、老中経験者や、井伊・保科等特別の行政上の実績や縁故のある譜代大名が座を持つ。そしてそこから中奥に踏み込んだ所に、将軍の現役の股肱の臣、老中・若年寄の用部屋があるわけである。なお松の大廊下横の部屋はやや別格の観を呈する。御三家、そして最大の外様大名前田家の座である。そこは西の脇であり、将軍からも遠い。旧家にとっては古くからの使用人が「内」であり、格のある親類の方が「外」でありうるのに似て、御三家は敬されつつも遠慮のある間柄だったと解してよいのかもしれない。

こうして本丸御殿は、登城した大名旗本を、玄関から始まる屈曲した空間内に厳密に割り付けた。それぞれの間に入れれば、その中でさらに座の決まっていたのも無論である。大名旗本は、所定の部屋の所定の畳の上に正座し、別室で行なわれる儀式の開始の合図を待った。

儀式のハイライトは常に御目見である。周知のように御目見の許されること自体、大いなる特権だった。旗本と御家人を分つ最大の指標は「御目見以上」か「以下」かである。「以上」は他から「殿様」と呼ばれ、「以下」は「旦那様」だった。将軍との謁見可能性が人を分類したのである(62)。但し、御目見は実のところ将軍にまみえることでないばかりか、必ずしも将軍が接見することですらなかった。一旗本はこう回顧している。

当日出頭すると本丸菊の間というへ、奥坊主が案内する。恐る恐る出て、待つ間ほどなく上段の間の襖が開きます。……同時にシーシーと制止声が聞ゆる。将軍はおいでになるかどうかさようの事はわかりゃァせぬ。ぴたりお辞儀をしているばかり。……菊の間というは菊花のお襖子《ふすま》で真に神々しい。それへシーシーと声蹕《せいひつ》の声がかかると、ちり毛元がザバザバとしたもんです。その実将軍はまったくおいでになるのやら、ならないのやら、わかりゃァしませんのさ(63)。

旧大名（浅野長勲。もと広島藩主松平茂勲）の回顧はこうである。彼は大広間詰だった。

……大広間を出て、柳の間を通り、松の廊下を通って、白書院へ出る。……白書院には上段、下段の二つ間があり、もう一つ先に間がある。上段の所に将軍が簾を半身垂れて着坐しておられる。国主〔国持大名〕になると、上段の次の間の中程ぐらいで謁する。将軍を拝し見ることは出来ません。平身低頭するだけです。……だから大広間以外の柳の間ぐらいの外様大名が謁見する時には、将軍は始終着坐しておられない、といわれておるくらいです[64]。

明らかにこれは通常の意味の面会、会見ではない。彼等は本当の所、会ってはいない。ただ、身分格式に従って御目見という厳粛な儀式をしていたのである。それ自体に意味があったのである。それ故、中段・下段等のいずれの間の、何枚目の畳に平伏するか[65]を始め、全て厳密な定めがあり、逸脱は許されなかった。それぞれの定位置で、定まった所作を、定まった衣裳で、定まった順に演じなければならなかった。当然、新人には稽古が必要だった。「お辞誼の稽古だけに、三日位かかることがある。足の運びかたから始めて、畳何枚へだてて、どこへ手をつき、どのように礼をして、帰りは後じさりして、どのくらいの処で向き直り、真直ぐに下がるなどと、なかなか面倒」だったという[66]。当日は御目付がじっと監視した。「畳の縁《へり》へ手がついたり、障子へ脇差が障ったりすると、直ぐに御目付が駈けて来て、下城《げじょう》差留ということにな」った[67]。将軍も楽ではなかった。相手に応じ、座布団を敷くか否かも定まっていた。御目見の多い日は、敷いたり取ったり、忙しかったという[68]。

正月、八朔等の祝日には、さらに種々の行事が加わった。例えば正月には、将軍から兎肉の吸物が供され、諸大名は馬と太刀を献上した。しかし、それも通常の実質を欠いていた。兎の吸物に汁はなく、大名はただ懐紙に実を包んで引き下った。馬とは馬の代金という建前で小判だった。そして実は太刀すら太刀ではなかった。ただ献上のためだけの凝った仕上げの総木製飾り太刀だったのである(69)。

会見でない会見における刀でない刀の贈呈、それが全国からはるばる参上してきた大名達の晴れの「勤」であった。政治体制の頂上集団を構成する高官達の厳粛なる主任務だった。明らかにそれに実用的な意味はない。見事に純粋化された儀式、ただ将軍への臣従を丁重に確認する象徴としての行為なのである。当然、相手方たる将軍の仕事も同様だった。十一代将軍家斉は、先祖の仏参・定例の接見等全て欠かさなかった一年をふりかえり、「我も今年は皆勤せり」と語ったという(70)。芝居めいた儀礼こそが実質上の国王と貴族達の勤めである政治体制、少なくとも一面においてそれは儀礼国家と呼びうるかもしれない(71)。

儀礼という行為には、実用的目的はなくとも効果はある。大名達は江戸に上り、そして登城し、着席し、平伏するまで、濃厚な象徴的空間の中で、その「位置」を執拗に思い知らされる。国元では頂点にあり、ミニチュア的規模で類似の儀礼を受ける地方大名も、「上ニハ方伯ノ恐レアリ、下ニハ同列諸候ノ交リアリ、或正朔会賀大小ノ諸候皆殿中ニ会シ、森列威儀ヲナストキハ、各位列等列ヲ弁ジ、下遇ノ人ト雖ドモ踰越スベカラザルコトヲ知」らされる（神惟孝『草茅危言摘議』(72)）。無論、同時に例の格式競争も深まる。恭しい平伏を厳粛極まる雰囲気の中で生涯繰り返せば、遥か上段に着座する将軍の威光も深く心理に刻みこまれよう。福地桜痴は、諸大名が心中不満を抱きながらも徳川に叛旗を挙げなかった原因の第一として、「二百七十余年の久しきに因襲せる厳重なる慣例・格式・作法・礼儀等にて形而下を撿束し、遂に形而上に及ぼし、天下の諸侯を籠絡したること」を挙げている。[73] かつて徳川氏の臣だった彼のこの言葉は、ある真実を衝いているのではあるまいか。

四「御威光」の支配

無数の儀礼と象徴に支えられて途方もない高みに在った将軍は、逆に言えば、支配組織全体を畏怖すべき輝きで包む「御威光」の窮極の光源だった。彼のかかわるもの全ては、ミダス王の指に触れられたように、「御威光」を帯びて厳めしく輝いた。

例えば茶である。将軍の茶を毎年宇治へ取りに行って帰る「御茶壺」は、「下にいろ下にいろ」の制止声とともに進んだ。道筋では大名・家老がお出迎えし、川留めが開ければ先頭を切った。[74] 献上用の鱈も、「ヨイタラオタラヂヤ、ヨイタラオタラヂヤ」という掛声の下、昼夜兼行で運ばれ、行き逢う者は土下座だった。[75] 畳も将軍用となれば只事ではなかった。馬の背で行く「御畳」の材料に対しても、路傍の人々は土下座したのである。[76] 葵の御紋の威光である。「葵の紋のついた提灯さえあればいかなる山野を深夜独行するとも狐狼盗難に出あうことはない」[77] との俗信もあったという。[78]「水戸黄門」のドラマを愛好する現代日本人がそれを笑うわけにもいくまい。

将軍のかかわるとき、「御威光」は無論人間にも反照した。家斉が長孫を何度も抱き上げた際、「御襁褓の時より御威光を添させ給ふ深き御旨なるべしと、人々ひそかに申合」ったという。[79] 当然、大奥勤めの女に「御手」が付けば、親も「我娘ながら御光《（ママ）》が輝《さ》すように、拝まないばかりだった」[80]。そして身体の接触はなくとも、将軍に役職を命ぜられれば、将軍からの距離に応じた「御威光」が乗り移った。いわゆる「御役威」である。例えば老中の多くは、一〇万石以下の小大名に過ぎない。しかし、一旦擢任されればその扱いはがらりと変わった。「御威光」を直接に背負う最高官だからである。行列の槍が一本の家格であっても二本が許され[81]、登城すれば各門で制止声がかかり、他の通行は止められた。「門衛の侍は、ありのこと〴〵下座台に下りてつくばひ」[82]、「御門ノ内外、寂々粛々トシテ、皆ツ、シミテ、息ヲセズニオルヨフ」[83]だった。殿中でも御三家並に「坊主が先立ちをして、しィしィ制止をして（警蹕の声なり）ある」[84]いた。町奉行の行列と出会えば、町奉行は乗物を降りて平伏し、老中はただ戸をトントンと叩いた[85]。況んや大老（もしいれば）の権威はすさまじいものだった。登城すれば「御老中一同揃って、まずその前に並んで挨拶をしますに、御前《ごぜん》へ出たと同じでお辞儀を最敬礼にし」た。大老の方は「稍々半分ぐらいのお辞儀挨拶」だった[86]。江戸時代末期、老中安藤対馬守が大老井伊掃部頭に出会った時、実に老中が乗物を出て平伏し、大老の通り過ぎるまでそのままだったという目撃談がある[87]。大老以下それぞれが理屈による説明よりは儀礼に支えられた「御役威」を有し、支配組織とは即ち「御威光」の下の「御役威」の体系だった[88]。全支配組織が「御威光を笠に着」ていたのである。

なお、老中そして大老さえ下役に対して平身低頭することがあった。将軍の「御機嫌」を、将軍との取次役である御側衆に「伺う」時である[89]。この場合、御側衆が「御威光」を直接体現するからである。諸大名が同様に振舞ったこと、無論である。将軍の代理である「御上使」が屋敷を訪れれば、その扱いは丁重を極めた。門から玄関まで藩の重役達が両側に土下座し、上使は会釈もなく中央を進んだ。主人は敷台、門内あるいは門外にまで出迎えて案内に立ち、次の間に平伏した。(90) 小旗本でも「御朱印〔状〕」を携えて出張すれば、宿にはその地の大名から使者が出た。使者は一間《ひとま》を隔てて平伏した。勿論、「御朱印〔三方に載せて床の間に置いたという〕」に対して敬礼をいたし、将軍家御機嫌を伺う」ためである。(91) そして将軍だけは、誰にも上座を譲らなかった。いわば「御上使」にあたる勅使を迎えた将軍宣下の式でも、彼は終始大広間上段に着座した。儀式は次のように進行する。(92) まず大広間の前庭、白洲に進み出た告使が一〇間以上もの彼方の将軍に向かい、(93)「御昇進御昇進」と叫ぶ。次に副使が宣旨を覧箱に入れて玄関横の車寄御縁に持参し、壬生官務（小槻氏、事務書類を取扱う）に渡す、官務からは高家が受け取って大広間上段に選び、将軍の前に置く。将軍はこれを取り出して見、済めば若年寄が持って納戸構に納める。その後、高家が覧箱を取って西側御縁に持ち出し、奏者番が砂金二包を入れて壬生官務に戻す。こうした要領である。この間、勅使は中段之間左の方に正座している。国体論者の気には入るまいが、江戸城内の正式な儀礼からみる限り、将軍は疑いなく「御威光」の体制の最頂点に在った。(94)

その輝きが諸大名諸士庶民の心理を威圧した。徳川の世の末、一藩士は「三百年来天下列藩只管《ひたすら》御威光の二字に恐縮致居、此僻徹頭徹尾充分染込居候」と反撥を込めて語っている。(95) 支配秩序とは即ち威光の秩序であるとは、何ら秘密でなかった。公儀自身、「御威光」の秩序の保持には極めて神経質だった。新任の役人が血判して差し出す起請文には、「御威光を以て諸役人に対し私の奢又は非分申掛く間敷事」とある。(96) 大奥女中も、「御威光をかり、私のをこりいた」さないことを誓う。(97) 天明七年、京都所司代に任ぜられた大名も、「道中も各別御威光有ㇾ之様にも及ㇾ承候。右に付、万端便利宜敷事と存、随意之振廻有ㇾ之間敷事候」と家来を戒めている。(98) 逆に、一般に家来としては、主君の威光を一層輝かすよう努力することが忠義だった。「主君を持て奉公仕る武士は……とにもかくにも主君の御威光のてりかゞやくごとく致し度との願ひの外は無之ごとく覚悟仕る義肝要也」と『武道初心集』は教えている。(99) 大老酒井忠清が権勢を振るって「下馬将軍」とさえ呼ばれた時、池田光政は「今の時節は上の御威光かるく御座候へば、執権まゝのやうに末々まで存い《ママ》申候。此段恨の本に被ㇾ成候」と憂えている。何事も大老次第では「御威光うすく乱の本」だからである。(100) また、幼児将軍家継の老中土屋政直は、「我等共軽く候ては上の御威光も無」いと考え、老中の「威勢」を一段と高めるよう主張した。これに対し、側用人間部詮房は、「只今各様に威光付候はゞ……御成長の節に罷成、各様へ一度付申威勢御取返し被ㇾ成事上にも難ㇾ被ㇾ成候」と難色を示している。(101) さらに天明八年、焼失した御所再建のための地ならしに際し、老中松平定信は、協力する庶人に充分な鳥目をつかわすよう掛りの奉行に指示している。理由は、「堂上方初下々至迄一統難ㇾ有可ㇾ存儀、関東之御仁恵立候得ば、御威光も別而広大」となる点にあった。(102) 「御威光」は京都に対しても印象付けられねばならなかったのである。

「御威光」の支配は無論、広く町人百姓との接触に際し、入念に演出された。例えば裁判の場である。裁判は言葉を媒介になされる。しかし「御威光」を保つのは主に言葉ではなかった。凝った舞台装置がふんだんに動員され、物を言った。福沢諭吉の回顧によれば、こうである。

……旧幕府時代の御番所〔町奉行所の通称〕即ち法庭《ママ》は、其表門の装ひ巍々として玄関の構へ甚だ洪大なり。人民の訴る者又願ふ者は徒跣して門に入る。門内左右の一方に極めて狭隘なる小戸ありて常に閉す。即ち戹戸《くゞりど》なり。此戹戸を開て鞠躬して内に入れば、監戸の小吏直に復た之を閉す。其閉すや故らに劇しくして響雷の如し。入る者驚吃せざるはなし。戸内の暗くして細き道を行くこと数十歩にして、忽ち豁然たる広庭あり。恰も別乾坤の如し。即ち法庭なり。此法庭の砂利に平伏して公訴し又歎願すれば、官吏は遥か高座に坐して之を聴き又これを叱するの法なり。固より専制政府の常態にして、今日其得失を論ずるは無益の事なれども、外面の装置を以て人の胆を奪ふの法は、実に妙巧を極めたるものと云ふ可し。(103)

無論、今日の裁判所も似た技巧を用いないわけではない。最高裁は三宅坂に城砦の如く聳え、裁判官は遥か壇上の大椅子にだぶだぶの特別な服を着て座し、彼等の入退場には起立が命ぜられる。しかし、彼等は「国民」の定めた「法」を体現しているのであり、その権威は結局「国民」に帰着するという論理がそこにはある。しかし公儀の役人にその理屈はありえない。そもそも「法」は時に秘密だった。刑事裁判の基本法典「公事方御定書」は、「奉行中之外不可有他見者也」(寛保二年)、「其掛御役人之外不可有他見者也」(寛政二年)と、くりかえし厳秘たることを規定している。法制史家平松義郎氏によれば、それは「幕府威信の保持、庶民威嚇の徹底」のためである。「……施政に対して「百姓共、高を括る」のをひたすら恐れるのである。これは予想外に刑罰が軽いとか重いとかいう問題ではなく、幕府仕置の不可測性・その強調による庶民の権力への畏怖・帰依を狙ったのである」(104)。畏怖せしめること、即ち「御威光」の維持強化、それが公儀の裁判の、そして統治の基本戦略だった。

オランダ商館員フィッセルによれば、それは有効だった。「真実が、最大限の明白さをもって明るみにさらされなかった例はほとんどない。それには裁判官の厳しい態度が大いに役立っており、一方また審問においてもすべて威厳ある作法に従って取り扱われるのである。裁判官は、奉行所、すなわち庁舎の後方から現われて、そこには武器、貼札およびその他身分の差違を示す標となるもの以外には、気分転換の足しになるような物は何も見当らない一つの部屋の中に座を占めるのであるが、それは犯人に与える印象をさらに一層強めているのである(105)」というのが、彼の裁判評である。しかし、本当の所、事態はそう良好でもなかった。勿体振った「御威光」の支配の影には、実は奇妙なディレンマが伏在していた。

五　瓦解へ

公儀の囚人に対し、「牢問」は比較的行なわれたが、「拷問」はあまり行なわれなかったという(106)。「牢問」とは、笞打・石抱等である。それでも白状しなかったときの手段が、両手を後手に縛り、体を宙につり上げる釣責《つるしぜめ》、即ち「拷問」である。それは「公事方御定書」(第八三条)にも要件の定められた、いわば正式の拷問である。法制史家石井良助氏によれば、「拷問」の実施はなるべく避けられ、文化—天保の約三〇年間、江戸小伝馬町の牢屋では行なわれなかったという。別に人道的配慮ではない。「牢問」が執拗に繰り返されながら、なお「拷問」のなされない例があるというのである。石井氏の解釈はこうである。第一に、取調にあたる役人の面目である。役人は巧みな脅しすかしによって白状させるのが「巧者」とされた。「牢問」に頼り、まして「拷問」に訴えるのは自分の非「巧者」ぶりを示すことになり、嫌ったというのである。そして第二は、「御威光」である。「拷問」までしながらもしも白状しなかったならば、かえって「御威光」に傷がつくというのである。事実、嘉永元年、寺社奉行は老中への伺において、「牢問」を一五回、一八回、三五回（!）行なった囚人達について、「其上猶拷問申付候とも、同様申陳じ、際限なく吟味相決せず候ては、一体之御体裁にも拘《かかわ》り、牢内外囚人共之取締にも差響き申すべきやに付……」と述べたという。「御威光」の秩序の維持のためには、「御威光」の試される機会は避けられねばならなかったのである。

「御威光」は儀礼・象徴によって保たれる。しかし本来それはただの空威張ではない。圧倒的な実力のイメージがそれを根底で支えている。ほとんど剝き出しの暴力によって創始された徳川の支配は、一旦発動されたならば即座に何者をも踏みつぶす恐るべき実力のイメージを背後に持つ。将軍の権力も威信も、本来戦国の闘争の勝者、覇者としてのそれである。それ故、もとよりの家来は誰であり、許されたかつての敵は誰であるかが、二世紀半後の殿中席次にすら明示されていたのである。儒者堀景山は、「我朝の武家は武威を護する為に、治世になつてもやはり一向に軍中の心を以て政をしたるもの也、少でも武威が落つれば、人に天下をつい取られ、うかと安い心もなく、平生に気をくばり用心したるもの也」と嘆いている（『不尽言』）[107]。そして、福地桜痴は、諸大名が「幕府」に叛かなかった四大理由の一つとして、「幕府の実権・実力は非常に強盛なりと信じ、他の諸侯は皆幕府の命令を奉ずるを以て、もし我にして一朝咎《とが》を幕府に得る時は、忽ちに滅亡の難に罹《かか》るべしと恐れたること」を挙げている[108]。武装集団徳川氏の畏怖すべき実力のイメージ、それが、厳めしい「御威光」の輝きを裏で支えた。

それは有効に機能し、「御静謐」は来る年も来る年も続いた。しかし、同時にそれは、徳川の政府がその有する（はずの）実力を白日のもとに見せつけ、疑問の余地なく実証する機会を失ったことを意味する。島原以後は大きな武装叛乱もなく、大名が歯向かうこともなく、無論、外国との戦争もなく、徳川氏にとって幸か不幸か、大量の血を流す前に概ね事は済んでいき、秩序は維持されていた。[109]「暴力装置」は実際の発動によってよりも、イメージによって機能し続け、「御武威」は物理的証明なき「御威光」として充分に作用し続けたのである。しかし、それはそうして輝きを加えれば加えるほど、反面でひどく傷つき易いものとなっていった。作り上げられた絶対性のイメージは、常に相対的なる現実の中では容易に壊れうるからである。これが、「拷問」を含む一切の「冒険」の回避、即ち事なかれが統治の基本的スタイルとなった一因であろう。それは単に退嬰的なのではない。正に本来暴力の支配であるが故にイメージへの依存度が高まり、細心に意識的にイメージ維持の図られた結果であろう。前記の如く、老中松平定信は、京における「御威光」のため、僅かな労賃の多寡にまで気を配った。「鳥目少分に而は、却而誹謗之種と成候而は、付《なさざる》レ為方増《まし》と成候へば、御威光の欠に可二相成一事に付……[110]」と、彼は率直である。富強なる天下殿のイメージは細密な注意をもって保存されねばならなかったのである。

但し、囚人の「拷問」なら始めから現実との対決を避けて済ませる手もある。しかし、次第に避けようのない事態が生じてきた。「鎖国」によって永遠に追いやっていたはずの問題、西洋諸国の圧力である。文化三、四年、樺太とエトロフでレザノフの指示による襲撃事件があった時、杉田玄白は次のように感想を記した。

今更唐太・ヱトロフを乱妨されしとて、夫が怖しさに、無㆓何事㆒御免あらんは本意なく、外国へ対して御外聞不㆑宜、又我国内の諸人の思はん所も腑甲斐なき様にて、上の御威光の薄きに似たれば、為し難き事と存るなり。然ば軍兵も被㆓差向㆒、御一戦あらんより外はあるべからず。[111]

対外的対内的「御威光」からして、迅速な報復が当然と見えたのである。しかし、公儀は動かなかった。その後度重なった外国船出没にも、「御一戦」は遂になかった。そして嘉永六年、ペリーの艦隊が江戸湾に姿を現した。今度という今度は、公儀は全国の注視の前で明確な決断をせねばならなかった。水戸徳川家の斉昭は「御威光」の失墜を恐れ、翌月、こう建議した。

……打払の儀御決定に不㆓相成㆒、余り寛宥仁柔の御処置のみにては、下々は御懐合《ふところあい》不㆓相分㆒候故、奸民共御威光を不㆑恐、異心を生じ候も難㆑計、国持始め御取締にも拘り候様成行候も難㆑測……[112]

明哲である。「御威光」が揺らげば民や大名の服従も保証できない、イメージの崩壊は直ちに体制の深刻な動揺を来たすと、早くもこの時点で見抜いたのである。それでは戦端を開いて「御威光」を保ちうるのか。それが可能なのか。斉昭はその危険も承知だった。それ故彼の議論は屈折する。主戦論ともとれる建議書には付箋が添えられ、そこで彼は「戦に御決に相成、天下一統戦を覚悟致し候上にて和に相成候へば、夫程の事はなく……此度は実に御打払の思召にて御号令被㆑遊度、……和の一字は封《ふうじ》候て、海防掛り而已《のみ》のあづかりに致度事に候[113]」と苦しい策を説いたのである。結局、公儀は例によって対決を回避し、一戦も交えずに二〇〇年来の「大法」を変更した。その方がまだ「御威光」の維持にはましと判断されたのであろう。だが、それで終わりではなかった。今度は領事ハリスが、下田から次々と難題をもちかけた。最難事は江戸訪問だった。川路聖謨ら海防掛は強く反対した。それを認めてはならない、彼が江戸に入ればあちこちと動き回るのは必定、「其節に至、彼是と御差止は相成間敷候処、右の通勝手に相成候ては、更に御武威と申ものは無レ之様にて、国持大名等の心の内如何可レ有レ之哉と甚心配」だからである。[114] 問題状況は最初と同じである。国内体制維持のためには「御威光」を傷つけてはならず、政治的首都、全国の中心たる江戸の町で外国への弱みを見せてはならなかった。しかし公儀はさらに譲歩を続けた。「御武威」の保持にあれだけ細心だった公儀が、その恥辱に甘んじたのである。理由は、自ら認めた通り、「当時〔現在の意〕近海を初防禦筋等御全備ニ不相成候」〔嘉永六年十一月二日、ペリー再航に関する公儀の触[115]〕という所にあった。一戦した結果を恐れたのである。譲歩して「御威光」を傷つけた場合の体制的危機を恐怖しつつも、戦闘による「御威光」の劇的失墜を一層恐怖したのである。「今日は全国の軍備未だ相整不レ申折柄、異心を挟み悪謀を運《めぐら》し候者も有レ之、一朝洋禍の起り候事に遭遇仕候はゞ、内乱之に乗じて蜂起仕候儀は必然の勢にて、天下土崩瓦解仕候ては復た如何とも難レ仕候」と老中間部詮勝は語ったという。[116]

公儀は外国によって体制が直接軍事的に解体されることを恐れたのではあるまい。直ちに植民地化されると思ったのでもあるまい。まして清末の中国知識人のように「滅種」〔民族絶滅〕の危険を感じたはずもない。そこまでいく遥か以前に、ともかく「御威光」が失墜すれば公儀にとっては充分な破局だった。それは直ちに国内秩序の崩壊をもたらすと信じられたからである。事によると、例えば江戸城に大砲が打ちこまれ、御殿から火の手が上がるだけで、公儀にとっては充分な敗北だったのではないか。この実力のイメージに依拠する支配は、正にそれまでの成功の故に、かえってごく小さな敗北によって全てが台無しになってしまうと予感されたのではないか。ちなみに清朝は、アヘン戦争を戦って敗れ、アロー号戦争で敗れ、清仏戦争で敗れ、日清戦争で敗れ、義和団事件で大失敗し、その後なお一〇年間政権を維持した。その間既にアロー号戦争で首都が占領されている。そして彼等が外国に譲歩したのはあくまで現実の手ひどい敗北の後である。李氏朝鮮も同様である。朝鮮朝は西洋諸国の開国の要求を繰り返し頑としてはねつけた。一八六六年にはフランスの、一八七一年にはアメリカの艦隊と、ソウル間近の江華島周辺で激しく交戦し、一時要塞を占領されながらもいずれも結局退去させている。その間、摂政大院君の父の墓が（遺体を「人質」にとって脅そうという異様な意図の下に）アメリカ人らによって暴かれるという事件も経験している。しかも政府は断固として「洋夷侵犯、非戦則和、主和売国」等と全国に訴え、奮起を促したのである。[117] 両国とも軍事的窮地に陥りながらも体制は命脈を保ち、なお徹底的な抵抗が企てられたわけである。一戦も交えることなく開国・通商を次々と承認していった公儀の対応ぶりとの相違はまことに鮮かである。こうした東アジア三国の歴史は、儒教官僚の頑迷ぶりと日本の武士の軍事的リアリズムの対照を示したものと、往々説明されてきた。そうであるかもしれない。しかし、同時にこれは、体制の持つある質の相違の現れでもあったのではあるまいか。「天命」を受けた中華の天子なら、あるいは正しい文明の体現者なら、何度夷狄に力で敗れようと、その正統性は揺るがない。遠方から押しかけて来た野蛮人になぐられたからといって、君子の面目が汚されはしない。しかし、超越的な道理の支えを持たない「御武威」「御威光」の支配は、おそらくそうした強靱さを持ちえないのである。

今はしばしば「幕府」と呼ばれるようになった「御公儀」の権威と権力は、急坂をころげ落ちるように落ちこんでいった。「御老中」自ら京へ赴きながら、禁裏に要求を拒絶された。あの畏るべき威信の「御大老」の行列が白昼襲撃され、その首を浪人達に刎ねられた。将軍が二三〇年ぶりに上京し、行幸に供奉した。たった一大名を攻めながら、一蹴するどころかその反撃に辟易した。いずれも、そのほんの数年前には想像もされなかったことである。人々の恭順な服従を担保していた数々の魔法はみるみると解け、あたかも一二時の鐘が鳴ったように、馬車はカボチャへ御者はねずみへと次々に変わっていった。他の様々な原因とあいまって、こうしてあの巧緻な諸装置に支えられた大いなる「御威光」の体制は、ペリー後僅か一五年で脆くも瓦解し去ったのである。

「幕府」が和宮の「降嫁」を望んだ時、岩倉具視は、「朝廷の御威光を仮り奉り候て関東の覇権を粉飾仕り、天下の人心を圧服為レ致候覚悟」と評している(118)。新たな威光の光源が政治の舞台に登場しつつあった。そして維新後、「天朝様」の行列が堂々と江戸城に入り、彼がその主となった時、彼の一身においてイメージにおける公と武の合体が成立した。それに正確に対応して、千代田城はやがて王宮にして城、「宮城」と改称された。太陽の女神の孫、御所で女官達に囲まれていた「御内裏様」が、新たな儀礼と象徴に支えられつつ、「亜細亜」に威光を輝やかす厳めしい髭を蓄えた「大元帥陛下」として君臨する道へと、今や歩みを始めたのである。

＊　この論文は、もと『思想』七四〇号（一九八六年二月）に掲載された。今回、史料の引用を補い、表現と表記の一部を改め、その後に現れた研究の引用も含めて註記を補った。

(1)　藤井貞文ほか校注『長崎日記・下田日記』（平凡社、一九六八年）、七頁。
(2)　同書、二五頁。理解の便のため振仮名を付した。以下の引用でも、振仮名を付し、あるいは省いた場合がある。
(3)　小山松勝一郎校注『西遊草』（岩波書店、一九九三年）、四四〇頁。
(4)　内藤昌『江戸と江戸城』（鹿島出版会、一九六六年）、一三三頁の面積表による。
(5)　松浪信三郎訳『世界の大思想22　パスカル』（河出書房新社、一九七四年）、五八頁。
(6)　石川松太郎『藩校と寺子屋』（教育社、一九七八年）、二九頁。
(7)　例えば、石井良助『天皇――天皇の生成および不親政の伝統』（山川出版社、一九八二年）、二二四―二四〇頁参照。
(8)　近年にも、例えば次のような研究がある。Herman Ooms, *Tokugawa Ideology : Early Constructs, 1570-1680* (Princeton:Princeton University Press, 1985).『徳川イデオロギー』、黒住真ほか訳、ぺりかん社、一九九〇年。
(9)　このことは、徳川時代の日本では特に目立つが、勿論、特殊な現象ではない。そしてそもそも一般に政治において、儀礼・儀式・祭典や種々の象徴的事物の果たす役割は大きい。言語や暴力でなく、それらに依る政治こそ正道だという考えさえありうる。孔子は「之を道びくに政を以てし、之を斉《ひと》しくするに刑を以てすれば、民免れて恥無し。之を道びくに徳を以てし、之を斉しくするに礼を以てすれば、恥有りて、かつ格《いた》る」と述べている。『論語』為政。「政」とは「法制禁令」等の言語による指導である。それは刑罰による強制と組をなし、結果は空しい、一方、正しく美しい「礼」（往々、楽、即ち音楽と並置される）において君が自ら先んずる時、民は「観感して興起」する、そして「善」に至る、というのである（解釈の引用は朱熹『論語集注』による）。ポコック氏の指摘通り、これは government by verbal command に対する government by ritual の勧めであろう。J. G. A. Pocock, *Politics, Language and Time: Essays on Political Thought and History* (New York: Atheneum, 1973), 44. 但し、徳川の儀礼は、こうした道理と結合した「礼」の感覚を欠く点で、中国・朝鮮とは大きく異なる。

(10) 『不尽言』（滝本誠一編『日本経済大典』第一七巻、啓明社、一九二九年）、三三七頁。

(11) 「老人論」（外崎光広編『植木枝盛家族制度論集』、高知市立市民図書館、一九五七年）、一〇―一一頁。

(12) 『福沢諭吉全集』第七巻（岩波書店、一九五九年）、二六五―二六六頁。

(13) 児玉幸多「身分と家族」（『岩波講座　日本歴史10』、一九六三年）、二三九頁。

(14) 立花種恭談。戸川安宅編『旧幕府』第五巻第二号（一九〇一年三月）、四三頁。

(15) *Time*, 19 August 1974, 23.

(16) もっとも、厳密には、全ての人は他者との接触において常にある役割を演じ、儀礼に従事し、互いに魔法をかけあって生きるともいえよう。例えばアーヴィング・ゴフマン氏は現代英米の日常的な対人儀礼を分析し、「自我とは少なくとも部分的には儀式的な物、即ち適切な儀礼的配慮によって扱われねばならず、又逆に他者に対し適切な様相で表現されねばならない聖なる物である」と指摘している。Erving Goffman, *Interaction*

Ritual: Essays on Face-to-Face Behavior (New York:Doubleday, 1967), 91.『行為と演技——日常生活における自己呈示』、石黒毅訳、誠信書房、一九七四年。しかし、将軍等との間では、少なくとも極端な程度の差のあることは明らかである。

(17)『政談』(吉川幸次郎ほか校注『日本思想大系36 荻生徂徠』、岩波書店、一九七三年)、三九六頁。

(18)『秘本玉くしげ』(大久保正編『本居宣長全集』第八巻、筑摩書房、一九七二年)、三三六頁。

(19) 篠田鉱造編『幕末百話』(角川書店、一九六九年)、九三頁。

(20) 例えば、篠田鉱造編『幕末明治女百話』(角川書店、一九七一年)、三五一頁。

(21)「御巡見使拝見せんと在々より出ずるものの中には、数珠を持ちてひれふし、手を合わせて御巡見使を拝むもあり」、古川古松軒『東遊雑記——奥羽・松前巡見私記』(平凡社、一九六四年)、七八頁。「老婦の合掌し、或は念数〔珠〕かけておがみぬるは仏歟、男子の鬼子母神とおもいしや。」、川路聖謨『島根のすさみ——佐渡奉行在勤日記』(平凡社、一九七三年)、二八頁。川路が佐渡奉行となって赴任途中、寺泊附近での記事である。

(22) ルドルフ・リンダウ Rudolph Lindau『スイス領事の見た幕末日本』(新人物往来社、一九八六年)、一六二頁。

(23) 池田定常『思い出草』(森銑三ほか編『随筆百花苑』第七巻、中央公論社、一九八〇年)、二七五—二七六頁。

(24) 註(19)前掲書、九四頁。

(25) 高瀬真卿編『故老実歴水戸史談』(中外図書局、一九〇五年)、附録二頁。

(26) ちなみに、ウォルター・バジョット『イギリス憲政論』(一八六七年)によれば、大英帝国の constitution の安定の秘密は、民衆の畏敬を呼び起こし、服従を担保する威厳を持った「演劇的要素」the theatrical elements の存在にあった。王と貴族である。そして彼はこう述べている。「かれら〔民衆〕は、いわゆる社会の演劇的な見せ物に敬意を払っている。かれらの面前を華麗な行列が通り過ぎる。威儀を正したお偉方や、きらびやかな美しい婦人たちが通って行く。そしてこのような富や享楽のすばらしい景観が展開すると、かれらはそれに威圧される。すなわちかれらは、想像の世界で屈服し、かれらの前に展開する生活ぶりをながめて、とうてい対抗できないと感じるのである。……この演劇は、至るところで上演されている。……この演劇のクライマックスに立つのは、女王である。」小松春雄訳『世界の名著60　バジョット・ラスキ・マッキーヴァー』（中央公論社、一九七〇年）、二七九―二八〇頁。

(27)　引戸等のある高級な駕籠をこう呼ぶ。

(28)　主に、松平太郎『江戸時代制度の研究』（校訂版、柏書房、一九七一年）、第一章第三節「供連の制」による。

(29)　西尾実ほか校訂、岩波書店、一九三九年、七四―七五頁。

(30)　薄井龍之談。史談会編『史談会速記録』第二八〇輯（一九一六年）、三〇―三二頁。なお、加賀侯の参勤交代の行列については、忠田敏男『参勤交代道中記――加賀藩史料を読む』（平凡社、一九九三年）が詳しい。

(31)　オランダ商館員フィッセルも「功名心は日本人の性格の中でも第一の特質であり、そのためには、他のいかなる重大事も譲歩しなければならないのである。藩主たちにとっては、将軍によって、高い位に昇進させられること、すなわち彼に対し、他との身分上の違いを示す標《しるし》が正式に認められ、そしてさらにはその従者に対しても、より立派な外観を与えることになる名誉ある称号が授けられることが、最大の喜びとされているのである。」と指摘している。庄司三男ほか訳注『日本風俗備考』一（平凡社、一九七八年）、四四頁。

(32)　同書二（一九七八年）、一三一―一三二頁。

(33)　例えば、高柳真三ほか編『御触書寛保集成』（岩波書店、一九三四年）、二一五、二一六、二三五、二五二。

(34)　同編『御触書天保集成』下（岩波書店、一九四一年）、四七〇六、参照。

(35) 木村芥舟「旧幕監察の勤向」(戸川安宅編『旧幕府』第一巻第一号、一八九七年)、七一頁。
(36) 『御触書寛保集成』七九二、七九八。
(37) 註 (19) 前掲書、二四頁。註 (28) 前掲書、一一三—一一四頁。
(38) 小野清『史料徳川幕府の制度』(『徳川制度史料』一九二七年刊の校注改版、新人物往来社、一九六八年)、三一一頁。
(39) 松浦静山『甲子夜話』(巻三六) 4 (中村幸彦ほか校訂、平凡社、一九七八年)、三〇四頁。
(40) 明治初年における新興政治勢力たる天皇の全国巡幸はその好例であろう。
(41) 堀秀成「下馬のおとなひ」(『日本随筆大成』第二期第一一巻、日本随筆大成刊行会、一九二九年)、五一七頁。
(42) 本田孫右衛門談。『史談会速記録』第二六九輯 (一九一五年)、一〇頁。ちなみに寺門静軒『江戸繁昌記』序には「江都繁華の中、太平を鳴らすの具、二時の相撲、三場の演劇、五街の妓楼に過ぐるは無し」とある。朝倉治彦ほか校注、平凡社、第一冊、一九七四年、七—八頁。下馬は概ね妓楼に相当したということになろうか。
(43) 『日光市史』中巻 (日光市、一九七九年)、八二八—八二九頁。
(44) 松浦静山『甲子夜話』(巻一二) 1 (平凡社、一九七七年)、二〇一頁。但し、『日光市史』の指摘するように延べの数であろう。
(45) 『日光御供記』。『日本歴史大辞典』(河出書房) 第七巻、大島延次郎「日光社参」の項、所引。
(46) なお、御社参の小規模なものとして、将軍は家康の命日などには、城内紅葉山の東照宮に、諸大名諸役人を従えて参詣した。いわば、伊勢参宮に代わる宮中賢所の祭儀である。
(47) その限りで、御社参は大嘗祭に似る。また、ちなみにエドワード・ミュア氏は、十六世紀を中心としたヴェネチア共和国の総督の行列の象徴的意義を強調し、「総督行列を分析すれば、この共和国の位階組織がいかなるものか、一番明らかとなる。……総督行列とは即ち constitution〔国家構造、憲法〕であった」と指摘している。Edward Muir, *Civic Ritual in Renaissance Venice* (Princeton:Princeton University Press, 1981), 190.

(48) 儒者新井白石の手になる宝永の武家諸法度だけは、第二条で「国郡家中の政務、各其心力を尽」すよう定め、参勤交代規定は第四条に回っている。

(49) 元大名浅野長勲も、「江戸に於ける登城のない日、その日は別に定まったことはありません。若いうちなら学問をするとか、書見をするとか、庭を歩くとか、すべて任意です」と述べている。「大名の日常生活」、柴田宵曲編『幕末の武家』(青蛙房、一九六五年)、四五頁。

(50) 註(32)前掲書、五二―五三頁。

(51) 村井益男『江戸城――将軍家の生活』(中央公論社、一九六四年)、一四〇頁。

(52) 二木謙一『中世武家儀礼の研究』(吉川弘文館、一九八五年)、第一編第四章参照。

(53) 以下の記述は、註(38)前掲書、一七五―一八二頁および註(51)前掲書、一三四―一三五頁による。

(54) 註(51)前掲書一〇七頁によれば、弘化二年再建で、一一三七三坪。

(55) 同書、一〇五頁。

(56) 中維翰『海游録』(姜在彦訳、平凡社、一九七四年)、二〇〇頁。

(57) ちなみに、陣内秀信『東京の空間人類学』(筑摩書房、一九八五年、一九三頁)は、江戸の町について、「ヨーロッパのような高くそびえる公共の〈モニュメント〉も存在しなければ、都市自体が創り出す西欧風の〈スカイライン〉を意識することもまずなかった。町の魅力はあくまで、地上を歩き、虫瞰図的に見てこそ初めて感じられるものだったのである」と、やや通ずる指摘をしている。

(58) 註(38)前掲書付録「江戸城諸表(丙)」による。

(59) もと御小姓、御側御用取次、竹本隼人正正明の談による。『旧事諮問録』第四篇(一八九一年)、六―七頁。また註(38)前掲書、二一五頁参照。

(60) なお、儀式における席次が権力との関係で注目の的となるのはこの江戸城内やクレムリンばかりではない。例えばイヴ＝マリ・ベルセ『祭りと叛乱』(井上幸治監訳、新評論、一九八〇年)は、フランスについて「……十六世紀、十七世紀においては、儀式の席次こそ名誉の印であり、かつまた権力の証明であった」と指摘し(一〇一頁)、ルイ十四世の次の言葉を引いている。「人民は物事の根底まで見抜くことができない。普通は外面に見えるもので判断する。そしてかれらがもっともしばしば尊敬と服従の尺度としているのは上席権や席次である」(一〇二頁)。

(61) 但し、勿論それは速やかな再建を可能にするためでもあったろう。西和夫『江戸建築と本途帳』(鹿島研究所出版会、一九七四年)、五五頁、参照。

(62) ちなみに、十七―十八世紀のフランス宮廷では、国王の寝室に入る特権が重大な意義を持ったという。ノルベルト・エリアス『宮廷社会』(波田節夫ほか訳、法政大学出版局、一九八一年)、一二九―一三四頁。いかなる些事も特権と序列化の具たりうるのである。

(63) 註(19)前掲書、一四六頁。

(64) 註(49)前掲書、二二一―二二二頁。

(65) もと御右筆によれば、その先例は御右筆が調べ、御目付に渡したという。『旧事諮問録』第六編(一八九二年)、八四頁。

（66）註（49）前掲書、二一〇頁。

（67）浅野長勲。同書、二三頁。

（68）註（38）前掲書、二一七頁。

（69）徳川黎明会編『徳川礼典録』上（復刻、原書房、一九八二年）、巻一。註（38）前掲書、二八三―二八五頁、および二五八―二六〇頁。

（70）『文恭院殿御実紀』附録巻三（『新訂増補国史大系』第四九巻、一九三四年）、三〇九頁。

（71）これはクリフォード・ギアーツ氏のいうバリ島の「劇場国家」と同じことではない。例えば徳川体制の儀礼にはヌガラのような宗教的宇宙論的な裏付けはほとんど無い。Cf. Clifford Geertz, *Negara: The Theatre State in Nineteenth-Century Bali* (Princeton: Princeton University Press, 1980).『ヌガラ――十九世紀バリの劇場国家』、小泉潤二訳、みすず書房、一九九〇年。

（72）註（10）前掲『日本経済大典』第三八巻（一九三〇年）、五一四―五一五頁。参勤交代の効用を述べたものである。

（73）『幕府衰亡論』（平凡社、一九六七年）、五頁。

（74）註（19）前掲書、四一―四三、五八―六〇頁。福沢諭吉はこう指摘している。「旧幕府の時代、東海道に御茶壺の通行せしは、皆人の知る所なり。その外御用の鷹は人よりも貴く、御用の馬には往来の旅人も路を避る等、都て御用の二字を附れば石にても瓦にても恐ろしく貴きものゝように見へ、世の中の人も数千百年の古よりこれを嫌ひながら又自然に其仕来に慣れ、上下互に見苦しき風俗を成せしことなれども、畢竟是等は皆法の貴きにもあらず、品物の貴きにもあらず、唯徒に政府の威光を張り人を畏《おど》して人の自由を妨げんとする卑怯なる仕方にて、実なき虚威と云ふものなり。」『学問のすゝめ』、『福沢諭吉全集』第三巻（岩波書店、一九五九年）、三二頁。

(75) 註(49)前掲書、一八四頁。『史談会速記録』第二七三輯(一九一六年)、八—九頁。

(76) 註(28)前掲書、七一七頁。

(77) 島崎藤村『夜明け前』(岩波文庫、第二冊、一九六九年)、二九六頁。

(78) なお、おそらくは同様の意識から、将軍や大名の「御威光」は病魔をも退散させると信じる人々もいたようである。例えば、ある大名は司馬江漢宛ての書簡で、「百姓と云ふ者は、誠に愚直なる者にて、其国の領主をば、人間には非ず、神なりと思ひ居る事にて、一度拝すれば、一生涯あんおんにしてわざはひなし、故にや老婆老夫皆出てゝ、珠数を以て拝む事なり、闇君は死なざるわれを仏にするとて、嫌ふ者もあり、是は大なる量見違ひなり、上として下の百姓を憐むにしくはなし、民の父母なりと云ふ事を知りて憐むべし」と述べたという。『春波楼筆記』(朝倉治彦ほか編集『司馬江漢全集』第二巻、八坂書房、一九九三年)、四二頁。また、海保青陵は、「凡ソ百姓トイフモノハ、ナント云フテモ愿愨《リチギ》ナルモノナレバコソ、其領主ノメシ上ラレタル箸デ物ヲクヘバ、瘧疾ナドハ即坐ニオチルコト也」という。『稽古談』(塚谷晃弘ほか校注『日本思想大系44 本多利明・海保青陵』、岩波書店、一九七〇年)、二九七頁。また、越後湯沢の宿では、佐渡奉行が休憩する部屋の床の間に米を三升ほど三方に載せて置いておく慣行があったという。「それを村内に疫邪等のものあれば、かゆにして与うるに、効ありという。」、川路聖謨『島根のすさみ——佐渡奉行在勤日記』(平凡社、一九七三年)、二六頁。そして、一九四一年、当時八六歳のある老人は、津和野の「殿さま」について、「殿さまは国の守《かみ》で、拝むと妊娠の女でも産がみ〔ママ、みがカ〕やすいげなといっておりました」と語ったという。大庭良美『石見日原村聞書』(日本常民文化研究所、一九六五年)、『日本庶民生活史料集成』第一二巻(三一書房、一九七一年)、五一六頁。さらに、より積極的に、種々の厄除けのための札や絵を配布し、箸・膳・飯・衣服の切れ等を求めに応じて渡した「殿さま」もいたようである。参照、落合延孝『猫絵の殿様——領主のフォークロア』(吉川弘文館、一九九六年)。以上のような状況を、手で触れるだけで瘰癧などの病いを治癒する魔力を有すると広く信じられ、時には一年に一〇〇〇〇人を超える人々に「祝福を与えた」bénitという中世イングランドやフランスの国王の例と比較することは興味深い課題であろう。参照、Marc Bloch, *Les Rois thaumaturges: Étude sur le caractère surnaturel attribué à la puissance royale particulièrement en France et en Angleterre* (Paris:Armand Colin, 1961).

(79) 松浦静山『甲子夜話』(巻八〇) 5 (平凡社、一九七八年)、三四一―三四二頁。

(80) 註(20)前掲書、二六一頁。

(81) 註(28)前掲書、三七三頁。

(82) 堀秀成「下馬のおとなひ」。註(41)前掲書、五一六頁。

(83) 海保青陵『稽古談』。註(78)前掲『日本思想大系44 本多利明・海保青陵』、三〇九頁。

(84) 村山鎮「大奥秘記」。註(49)前掲書、五九頁。また註(38)前掲書、二二五―二二六頁。

(85) 註(75)前掲『史談会速記録』第二七三輯、八頁。

(86) 註(84)前掲「大奥秘記」、五三頁。

(87) 註(85)前掲書、七―八頁。

(88) ちなみにヨハン・ホイジンガは中世ヨーロッパに関し、「権力は、それと認められようと、数知れぬ従者たち、高価な飾りつけ、力あるもののどうどうたる立居振舞を誇示することにより、自己を明示しようとする。……ひざまずいての臣従礼、ものものしい授封の象徴物、荘重な儀式、これら現実の形態が、卓越性を明示し、これをもって、なにか本質にかかわるもの、適法のものと感じさせたのである」と指摘している。『中世の秋』、堀越孝一訳『世界の名著55 ホイジンガ』(中央公論社、一九六七年)、一〇三頁。特にキリスト教にあたるものがないという大きな相違はあるが、右の点は類似性が感じられる。

(89) 大石慎三郎『虚言申すまじく候――江戸中期の行財政改革』(筑摩書房、一九八三年)、一三四頁、註(84)前掲「大奥秘記」、五三頁。

(90) 註(75)前掲『史談会速記録』第二七三輯、一―二頁、永島今四郎ほか編『定本江戸城大奥』(人物往来社、一九六八年)、四三九―四四三頁。

(91) 桂園「御朱印道中・御目付」。註(49)前掲書、一二五頁。

(92) 註(69)前掲『徳川礼典録』中、二五五―二五九頁および註(38)前掲書、五〇〇―五〇六頁による。

(93) 註(38)前掲書、五〇七―五〇八頁はこれを天に向かって叫ぶと解するが、『徳川礼典録』や各代『徳川実紀』に「向御前」等と明確な記載があり、誤りと思われる。

(94) ちなみに、将軍の禁裏宛て書簡は同等者に対する形式をとっていたという。下橋敬長『幕末の宮廷』(平凡社、一九七九年)、四九頁。また、維新史料編纂会『概観維新史』(明治書院、一九四〇年、一五頁)は、「幕府は更に「御両敬」と称して、儀礼及び公文書の上に於いて、天皇と将軍とを殆んど対等の地位に取扱ふを例とした。例へば勅使を江戸城に迎へる際の待遇は、纔かに聖旨を宣達する時のみ将軍と同席に請じ、畢れば下座に就かしめたが如き、又朝廷に上る文書に、将軍自ら「被㆓思召㆒」「被㆑為㆑進」等の語を用ゐたが如き、名分を紊り朝威を損するを敢て憚らなかつた」と憤慨している。なお、厳密には、将軍がやや下座に回る例がある。それは家斉が世子家慶に命じてから定例化した(『文恭院殿御実紀』附録巻三、『新訂増補国史大系』第四九巻、一九三四年、三一三頁)、東照宮の「御遺訓」を小姓に読ませ、「拝聴」する際である。註(28)前掲書、一四六頁、註(90)前掲『定本江戸城大奥』、四二八―四二九頁。

(95) 福井藩士村田巳三郎の書翰。吉田常吉ほか校注『日本思想大系56 幕末政治論集』(岩波書店、一九七六年)、一二二頁。

(96) 註(28)前掲書、八九頁。表記を一部改めた。
(97) 註(69)前掲『徳川礼典録』(附録巻二六)下、八〇八頁。
(98) 松浦静山『甲子夜話続篇』(巻四三)4(平凡社、一九八〇年)、三五頁。
(99) 大道寺友山、岩波文庫、一九四三年、六三頁。
(100) 酒井忠清への建白草稿、寛文八年。奈良本辰也校注『日本思想大系38 近世政道論』(岩波書店、一九七六年)、六一頁。
(101) 室鳩巣『兼山秘策』、新井白石からの伝聞である。滝本誠一編『日本経済叢書』巻二(日本経済叢書刊行会、一九一四年)、二四二―二四三頁。
(102) 松浦静山『甲子夜話続篇』(巻三八)3(平凡社、一九八〇年)、一八三頁。
(103) 『時事小言』(『福沢諭吉全集』第五巻、岩波書店、一九五九年)、一八二―一八三頁。
(104) 「「徳川禁令考」「公事方御定書」小考(三)」『創文』一八八号(一九七九年)、二六頁。
(105) 註(31)前掲書、五三頁。
(106) この件については、石井良助『新編江戸時代漫筆』上(朝日新聞社、一九七九年)、二八三―二八七頁による。
(107) 滝本誠一編『日本経済大典』第一七巻(啓明社、一九二九年)、三三九頁。
(108) 『幕府衰亡論』(平凡社、一九六七年)、五頁。
(109) 僅かな例外は、一揆を含む「犯罪」であろう。この場合は、公開の苛酷な刑罰といういわば報復の見せつけによって、一旦傷ついた「御威光」が回復され、確かめられるという機制はあったであろう。しかしその規模は小さい。この点につき、ミシェル・フーコー『監獄の誕生――監視と処罰』(田村俶訳、新潮社、一九七七年)、

第一部を参照。なお、モンテスキュー『法の精神』第六篇第一三章は、日本の将軍の刑罰につき、「罪人を矯正することが問題ではない。君主のために仕返しをすること venger le prince が問題なのだ」とケンプフェルに拠って指摘している。しかも、そのための訊問に際してさえ、「御威光」を試すことを恐れたわけである。

ちなみに、荒野泰典氏は、十七世紀初頭の対朝鮮関係に触れて、次のように指摘している。「「庶民」も領主階級の建前のある部分を共有しており、統一政権を頂点とする領主階級は、彼らにたいしても「武威」の程を検証してみせなければならなかったのである。このことは、逆に、統一政権＝幕藩権力は「武威」が傷つけられる機会をできるだけ避けなければならないことをも意味する。統一政権は、朝鮮侵略の失敗以後特に、「武威」の射程を計り、その虚構性の破綻を回避しながら行動するようになる。それでも、幕藩権力が体面を傷つけられたと判断し、対象が射程内である場合、すなわち、対象が上述の重層的な対外関係のうちの服属＝征伐の範疇に属し、「武威」が傷つけられる可能性の少ない場合にだけ、容赦なく生の武力を用いた。……そして、それ以外の場合は、あらかじめ紛争の拡大を避けるために、関係そのものを断つようになる。」「日本型華夷秩序の形成」（『日本の社会史第一巻　列島内外の交通と国家』、岩波書店、一九八七年）、二一六頁。

(110) 註(102)前掲書、一八三頁。
(111) 『野叟独話』(沼田次郎ほか校注『日本思想大系64　洋学』上、岩波書店、一九七六年)、二九六頁。
(112) 註(95)前掲書、一一頁。
(113) 同書、一三―一四頁。
(114) 海防掛の勘定奉行・同吟味役上申書。同書、四七頁。
(115) 箭内健次編『通航一覧続輯』第四巻(清文堂出版、一九七二年)、四九五頁。
(116) 岩倉具視上書。註(95)前掲書、一七一頁。

(117)　金栄作『韓末ナショナリズムの研究』(東京大学出版会、一九七五年)、二〇—二四頁による。また、さらに詳しくは、以下を参照。姜在彦『朝鮮の攘夷と開化——近代朝鮮にとっての日本』(平凡社、一九七七年)「三E・オッペルトのこと——撥陵遠征隊の顚末」。

(118)　上書。註(95)前掲書、一七一頁。

2 制度・体制・政治思想

「上に立つ人」「上司」「上役」「横の連絡」「下命」「下部」といった言葉がある。自然な表現である。しかし、「上」「下」等は、もとより比喩である。「最高司令部」と言ったところで、本部建築の最上階に陣取っているとは限らないし、無論、「下部の突き上げ」と言ったところで、階下に集結した人々が「上の人」の尻をつついている実際の光景を必ずしも意味しない。全て、地球表面からの高低とは無関係である。それにもかかわらず、人はこれらの表現を、通常喩えとは全く意識せずに用いて、了解し合っているわけである。

さらにこのような表現もある。

秦積衰して、天下土崩瓦解す、周旦の材有りと雖も、復た其巧を陳ぶる所なし（司馬遷『史記』秦始皇本紀）

私も……瓦解の折りにあちらへ参ってから頓と出てこんのでな。……滄桑の変とは申しながら、御入国以来三百年も、あの通り将軍家の……（夏目漱石『吾輩は猫である』）

たしかに国家は人びととは独立して勝手にピラミッドのごとく人びとのまえにそびえ立っているのですが、考えてみると、それは人びとが国家に対立したと意識したときにそう見えるだけであって、ほんとうは、いつもは、人びとはピラミッドのなかにいる。（小田実『世直しの倫理と論理』上）

歴史家はまた、時に、「腐朽した体制」が「音をたてて崩壊した」などと言うが、その「ガラガラ」（?）という音を聞いた人はいない。「国家」や「体制」は、往々、その国土の上に、高く固く厚い「壁」をもって（「ピラミッドのごとく」）、そそり立っていることになっているが、その「壁」は、やはり不可視かつ不可触である。それにもかかわらず、我々はこれによって、何事かを理解する。

つまり、これらの隠喩は、実在する物《もの》ではなく、個々人の頭の中の、あるイメージ・像を拠として、成立しているわけである。個々人が、それぞれの頭の中に、ある種の階段なりピラミッドなり円錐なりを、持続的に描いているが故に、これら種々の物理的用語が、通用力を持つのである。

これは、従って、ある意味で全くの空中楼閣であって、如何に「高く聳え立つ」「大ピラミッド」も、仮にある時、その「内外」の人々が一斉に、それは存在しない、と考えるならば、確かに、その瞬間に、（「崩壊」するのでなく）消滅する。そして、王は王でなくなり、独裁者もただの老人に還元され、「突然、すべての馬車がカボチャに戻ってしまう」（大統領職離任についての、ジョンソン米前大統領夫人の感想 *Time*, 19 August 1974, 23)。普通の組織が解散すれば、正にこの現象が起きる。ローマカトリック教会のような、「ヒエラルヒー」（「上下階層関係に整序されたピラミッド型の秩序ないし組織」『広辞苑』）の語源とさえなった強固な連続性と実績を持つ大機構ともなれば、超自然的超人間的実体として、仮に全人類がある日死滅しても、廃墟の上にあたかも透明な大寺院の如くそそり立つかのようにさえ感じられるとしても、これまた、錯覚に過ぎない。「暴力装置」とて同じであり、また、爆弾は、時に、国家・体制を文字通り「粉砕」し、「風穴をあける」直接手段として想像力をかきたてるものであるとしても、やはり同様である。

　このようなイメージとは、一体何なのであろうか。一言でいえば、それは、人間の行為の仕方が強く実体化されたものであろう。何故なら、右の如きイメージは、機構あるいは（より人間的要素を強調して言えば）組織のそれであろうし、しかもそれらは、制度もしくは役割の組み合わせにほかならないであろうから（身分社会では、抽象的な役目の階段というより人間そのものの序列とみなされる傾向にあるが、同じである。身分とは出生によって配役の決められる役割であろう）。始め単なる複数の人間であったものも、その間で役割が分化し、やがて指揮・指導・支配の系統によって組み合わされた行為の型が自覚され、遂にはその人々が全員入れ代ってもその同一性を保持していると自他ともに観念されるならば、それは、個々の人間を単なる一時的質料とする人間以上に実在的なものとさえ、感じられるに至る（もっとも、人間も、生れ持って出た分子が新陳代謝して全て入れ代っても同一人たりうるのであれば、個々の人間「実在」も各素粒子を一時的質料とするパタンのことだ、と言えそうだが）。しかも、そこに指導・支配の関係を内包する以上、如何に「水平的組織」観が叫ばれようと、その安定的もしくは固定的持続は、さらに容易に物理的上下構造を持つ硬性の構築物のイメージを現実的たらしめるのである。

そこで人間が素材化に甘んじれば、昨日経理責任者として支出増大の不可を力説していた者が、今日「配置転換」となって真顔で支出増大を要求することにもなる。逆に、政治的暗殺者がその対象を眼前にして感じるとまどい（例えば末松太平『私の昭和史』一八七頁参照）は、そこでは「権力者」や「体制」ではない、ただの生ま身の人間が見えてしまうからにほかなるまい。そしてさらに進んで、一切のイメージの光背を剝奪された人間そのものしか見えなかったならば、そこには直ちに無限のアノミーと混沌が現出しよう。かつて本居宣長は「つらつら思ひめぐらせば、世中《ノ》にあらゆる事、なに物かはあやしからざる、」と言って、「人といふもの」からあらゆる意味付与を剝ぎ取った時の不思議な気味悪さを示してみせた（『玉勝間』五の巻）が、勿論それは一切の「こちたき言挙」を排した彼にとってさえ、「つらつら思ひめぐら」してのみ可能であったのだ。

制度と役割の組み合わされた体系は、何よりも共有する言語によって可能となり、多種多様な物が象徴となってそれを助ける。実際の建物自体が往々そうであるし（古の城郭・宮殿・塔・門ばかりではない、スターリン体制とスターリン式建築の「相似」に気付かぬ者があろうか）、その配置、村落・都市の構成もそうである。また、「前近代」ならずとも、「上」の者ほど、奥まった位置、大きな面積、大きな机を占有し、細かくは椅子に手もたれが付き、茶碗に蓋と茶托が付くに至るのは、執務上の実際的必要の故ばかりではあるまい。裁判官は、服装を正して見上げられる位置に鎮座するのが鉄則である。また、祭儀儀式儀礼、大嘗祭から宮廷儀礼、大名行列から「領袖」居並ぶ下での分列行進も、各人身をもって自らの「位置」を確かめあう機会となろう（ちなみに、徳川体制は、このような演出が異常に発達した興味深い例である)。

そして、物の流通がこの体系を裏打ちし、多数の人間がそれにおいて生活を営むこととなれば、利害と期待の相互拘束は、それを「自然」や「鉄壁」の如く思わせるに至る。それをしも「擬制《フィクション》」と意識し続けよといっても現実感は持ちにくい。

人は、こうして多少とも実体化された、「硬さ」「強さ」「大きさ」「(具体的個人からの分離度という意味での)透明さ」様々な、複雑な行為型を自己の内に重畳させ、それらの暗黙の、また明確なイメージを持ちつつ、互いに接触し、生き、思考する。就中、いわゆる全体社会あるいは体制としての政治社会は、通常その大半を「一枚岩的」に、あるいは「多元的」に包摂しつつ、個々人の頭の中に、畏怖・尊重・利用・受忍されるピラミッドや円錐として(但し、その具体的なかたちは千姿万態で、その尖端はさらに何物かに連なり、あるいは連ならない)、ビルトインされ、彼もしくは彼女をその「中」や「底」に「位置」付け、つまりは「統合」を成立させ、逆に「円錐」は瞬間ごとに再生産されて「実在」となる。もっとも、個々人における「円錐」には当然ズレがあり、「円錐」とは言えぬほど部分的であることも少なくなかろう。しかしそれでいて、一つの政治社会が成立し、暴力も「権力の行使」と見えている限り、それらの大半は、逆に、その時の統一した「構造」のある大円錐の具体的部分的現れとして、捉えうるであろう。それは、個々の言語使用者のシンタックスや語法は必ず不完全で「間違いだらけ」で、やはり不断の変動の内にありながら、なおかつ、その言語総体としての精緻な音韻と意味の「構造」を想定できることに似ている。個々の政治的発言も、この「円錐」において、また対して、

「位置」と「視角」をとってなされるのであり、「反体制」的なそれも例外ではない。

そして、このイメージも、人の思考と行為を導く観念として、思想と呼びうるとすれば、正にこの思想において、政治社会は成立しているといえよう（であれば、「支配階級の思想」が多分にまた「被支配階級の思想」であること、したがって「支配的な思想」であることは当然であろう）。そしてその意識された全体像が、あたかも言語における文法の如く、体系的に文字に結晶されている時、それを十全の意味で体制の正統思想と呼びえよう、勿論文法同様、大枠の中での分岐はいくらもあるとしても。であれば、（例えば徳川期の思想史等について）時に想定されているように、権力や体制がそれ自体としてまず成立し、それを後から正統化し追認するものとして、鎖への花飾りの如く、どこからか思想が持ちこまれるのではなかろう。仮にそう見えるならば、そのこと自体、その体制の思想と持ちこまれた思想の特質とズレを示しているのである。

ただ、この場合、言語とは全く異なる点が一つある。それは、その時代の生ま身の人間が、敢えて別の「文法」を創出することも可能であり、しかもそれによって逆に「円錐」の方をいつの間にか変質させ、あるいは「崩壊」させてしまうことさえありうる、ということである。

＊　本稿は、もと、『創文』一六〇号（一九七七年三月）に掲載された。今回、冒頭の一文を削除し、表記を一部改めた以外はもとのままである。但し、左に補註を付した。

補　註

本稿では、政治的支配被支配、統治被統治の関係が空間的上下関係に心象化され、しかも支配者・統治者は少数、被支配者・被統治者は多数であるのが通例である結果として、政治体がピラミッドないし円錐として思い描かれるということを、あたかも人類普遍の事実であるかのように述べている。しかし、それは確かに古今東西に広く妥当するものの、普遍的ではないのかもしれない。例えば、ムスリムにとって、上昇の比喩は権力への接近ではなく宗教的神秘的意味を持ち、出世は上昇ではなく内側への進入と、反逆は外側への離反と表現されるという(Bernard Lewis, *The Political Language of Islam*, Chicago: The University of Chicago Press, 1988, 13)。アッラーと人類との関係が上下関係の比喩を独占し、人間同士の関係は別の空間的比喩によって表現され、観念されるということのようである。

II　東アジアの諸社会と思想

3　儒学史の異同の一解釈
——「朱子学」以降の中国と日本——

一　はじめに

1　課題

宋代から清代までの中国と徳川時代の日本——いずれもしばしば近世 early modern と呼ばれる時期である——の儒学思想の歴史は、その長短の差にかかわらず、ある意味でよく似ている。周知の通り、どちらにおいても朱熹（建炎四・一一三〇年—慶元六・一二〇〇年）に代表される「道学」、広義の「朱子学」が有力な軸として存続し、他方、それへの批判も相継いだのである。いわば儒学史の基本構図が似ているのである。

しかも、批判の内容と様式も、往々近似している。例えば、存在論において「理」を現実・現象とは異次元に在る実体のように解することへの疑問である。人性論において「本然の性」と「気質の性」とを峻別することへの反撥である。そして、修養論において「道」を身近でない、疎々しいものとすることへの不満である。また、清代に盛行したいわゆる考証学は、日本儒学の代表の一つ、伊藤仁斎の「学」と同じく、抽象的思弁を嫌悪して経書に密着し、そこから本来の意義を再発見することを目指して「古学」を自称した。考証学の第一人者戴震と仁斎との思想内容の類似も周知の通りである。また、清初の陳確は、仁斎と同じく、『大学』は「孔氏の遺書」（朱熹『大学章句』冒頭）ではないと断言する。(1)また、「格物致知」から積み上げる段階的修養論など、真理ではありえないからである。また、荻生徂徠と清初の顔元も、ともに「本然の性」概念を否定し、「習」――それは、『書経』（太甲上）、『論語』（陽貨）以来、「性」と対をなす――に着目して、その理論を構成している。彼等においては「習」が悪の原因であると同時に、その克服の主たる手段なのである。(2)

しかし、二つの儒学史の相違も無論著しい。例えば、中国では一旦朱子学が確固たる支配的地位を占め、そういうものとしての朱子学への対抗が企てられたのに対し、日本では徳川時代前半に朱子学が本格的に学ばれ始めると同時に、極めて異質な新たな儒学思想が次々と登場した。しかもそのことによって、儒学全体の普及が進んだ。そして、朱子学と並行して、種々雑多な「学派」が拡散を続けていった。また、中国では陽明学が一時強烈な影響力を持ったのに対し、日本では概ね微弱だった。そして、中国では朱子学批判者の多くも、その内包を再解釈することによって「理」概念自体は活かし続けようとしたのに対し、日本では「理」なるものそれ自体に往々不信が表明された。(3)

朱子学以降の中国と日本の儒学思想史に、何故右の例示のような一面での近似と他面での対照が生じたのであろうか。さらに、その近似と対照は、より大きな歴史の文脈においていかなる思想的意義を持つのであろうか。これらの問題はまことに興味深い。しかし、史料は膨大、単純な解答は不可能、その上、紙数には限りがある。しかも、両儒学史の研究の蓄積は分厚いが、立入った相互比較は案外手薄である。したがって、本稿では問題解答の基礎造りの一助を目指し、両儒学史を共通の枠組で把え、比較していくための材料となりうるかもしれない粗い仮説群を提示することに課題を限定したい。実証の不充分はもとより重々承知の上である。

2　方　法

二つの儒学思想の比較とその解釈には、種々の方法が考えられる。

例えば、広い文化比較を行なってその中に位置付け、特に日本については文化接触の一事例として解釈する方法である。そもそも日中両文化には共通性もあったが相違もあり、それ故儒学史にも近似と対照が生じたというわけである。例えば「理」への態度の懸隔は、両文化あるいは両国人の「思考様式」「精神構造」「心性」「民族性」等々の隔たりの発現と解されることになろう。それは、「唐国の学ひ」は「方《ケタ》」に四角ばっているのに対し、「我すめらみ国の古への道」は、「丸く平か」(賀茂真淵『国意』)[4]であるとした国学者に始まり、戦前戦中の日本精神論に受けつがれ、戦後の日本文化論・日本人論の多くもが描いてきた日本人の自画像とは、適合する。この像を歴史を貫通する真実だと信じられるならば、先のような解釈の説得力は強い。しかし、「文化」「民族」等の単位を当然の前提としてその「固有」の特徴を喋々することの当否は別にしても、ここにはいくつかの難点がありそうである。例えば第一に、それぞれの文化的特徴を、当の儒学史自体を重要な材料とせずに抽出しなければならない。特に、「中国人はそう考えた、何故なら彼等はそう考える基本的傾向を持っているからだ、それは彼等がそう考えたことから判る」――このような循環論法を避けるのは相当難しい。第二に、この方法では、歴史を貫く特質に着目する結果、変化発展の説明が苦しくなる。時期によって文化特性の発現に強弱があるなどと弁ずる手もあるかもしれない。しかし、現実の歴史上の中国人（あるいは日本人）を、より多く、もしくはより少なく中国的（あるいは日本的）などと後世から遡って判定するのは、どこか倒錯的ではあるまいか。

本稿ではこの方法は採らないこととする。

二つの儒学史の比較には、思想発展の段階論の方法も考えられる。マルクス主義を含む十九世紀的な単線「進歩」観までは信じないとしても、「近代」以前の思想の歴史には何らかの一般的傾向があるとすれば、二つの儒学史の共通性と相違とを、並走する発展の遅速によって解釈することができるかもしれない。例えば中国については、明代中葉以降「観念によって現実を秩序づけるのではなく、現実の社会生活の中から現実に即した秩序観念を創造していこうという合理主義・現実主義的な思潮」が「底流」としてあり、それが陽明学、さらに考証学を産んでいったという指摘がある（溝口雄三氏[5]）。仮に、一般に朱子学以降の儒学史は右のような意味で「現実主義」化の路を歩むはずだと想定しうるならば、日本にも同様の「思潮」を見出し、共通の枠組の中で比較論を展開していくことができるかもしれない。

しかし、そのような「はず」の想定はなかなか難しい。「観念によって現実を秩序づけ」ようとし、現実がどうあれ自己の信ずる正義の実現を断乎として志す理想主義が、当然に「古い」わけではない。既成の「現実」に「即」そうとする態度が当然に優位する理由もない。確かに「一般に、理を強調するのは、それだけ堅い右寄りの思想になるのであって、形式的な規範（理の一つの性格）を人におしつける道学先生的傾向もここから生ずる」（山井湧氏[6]）とは言えるかもしれない。しかし、現実の歴史は、必ずしも「堅い右」から「柔い左」（?）への一途な移行ではあるまい。無論、「理」重視から「気」重視へと変移していくはずだと決めてかかるわけにもいくまい[7]。

しばしば論じられる「欲望」の肯定についても同様である。まず、一般に個人の欲望追求のそのままの擁護がより「進んだ」立場であるとは言えない。そう言うためには、各人の一切の欲望が充足された状態を歴史の進行の目標だと信ずる必要があろう。しかし、地球環境の許容度を別にしても、そのような状態が天国か地獄か断言はしにくい[8]。しかも、経済発展との関係でみても、その意義は自明でない。規範主義的な朱子学に対し、「情」や「欲」を重視する仁斎や戴震のような思想が、経済発展とともに（?）、いずれ出現するはずであったともいえまい。現に、中国の人々は一九九〇年においてもなお、「雷鋒同志」的禁欲と個人の「発財」欲の解放とのいずれが「現代化」に適合的なのか迷っているようである。余英時氏は、朱子学的自己規律が「商人精神」と結びついた例を種々挙げている[9]。M・ヴェーバーの仮説を引くまでもなく、まずは「欲望肯定」よりも「堅苦」こそが、生産力拡大の鍵なのかもしれない。そうだとすれば、中国について指摘される、社会的欲望をも組み込んだ「理」概念の再定立[10]

は、結局単に五倫五常道徳の延命に役立った悪質巧妙な「反動」の策であったということになるのかもしれない。(11)

おそらくは、少なくとも、西洋の何らかの面が範型として自覚的に追求されるようになる以前については、世界各地の思想史が基本的に同一の方向に進んでいたなどと容易に前提してはならないのであろう。相互に学びながらも、各地域では、それぞれの条件に応じ、それぞれの問題解決のために、それぞれの思想史が織り成されていたのであろう。ゾウやサルはイルカのように海で泳ぐことを目指して進化し、失敗した例ではない。それぞれなりに進化していったのである。同様の条件に対応した様々な相似・相同はありうる。その比較研究は重要である。しかし、イルカの発達の仕方を基準としたゾウやサルの測定は易しいことではない。(12)

少なくとも本稿では、二つの儒学史を、何らかの一般的な傾向や到達点を明示的暗示的に想定して解釈する方法は避けることとする。

多分、各々の思想史は各々の事情に従って展開する。しかし、それは全てが比類なき個性であり、一切の比較を絶するということではない。この世に生きる同じ人間として、時に遭遇する思想的社会的諸問題には共通のものも多いであろう。例えば、後に触れる、様々な人間達がいかにして共存して生きていくべきなのかという問題である。そうした共通の問いに即して比較することもできる。また、思想成立の社会的な「場」に注目することもできる。特殊な「場」をも、拡がりを許す枠組で把えれば、比較は可能なはずである。そこで、本稿では、まず試みに、思想成立の直接の基盤をなす、思想――この場合は儒学思想――の担い手達とその社会的存在形態に着目することとしたい。当該社会の経済構造等、間接的にかかわる「場」に比べ、把え易いと予想するからである。

話は、一旦、八〇〇年余り前の中国に遡る。

二　中国

1　宋代――ペダントクラシーと「道学」

中国、宋代――陳亮（紹興十三・一一四三年―紹熙五・一一九四年）はこう述べている。

本朝（宋王朝を指す）は儒道を以て国を立て、而して儒道の振ふこと独り前代に優る。本朝は儒道を以て天下を治め、格律を以て天下を守る。而して天下の人、経義の常程たり、科挙の正路たるを知る。……而して二百年の太平、此に由りて出る也[13]

勿論、漢代以来、中国歴代の王朝は儒学を重んじてきた。しかし、とりわけてこのような自覚の抱かれるほどに、宋代に至って政治体制と儒学の関係は格段に深まったのである。それは、右の言も示す通り、科挙制度が宋代に完全に確立したこと、即ち貴族制度が全く崩れ去り、皇帝の権威の下で権勢を振う人々が専ら儒学的教養を試す筆記試験によって民間から選抜されるようになったことを、主に意味する。周知のように、家柄でも財産でもなく、個人としての儒学的教養を社会的存在理由とする「士大夫」達が、彼等の構成する官僚組織の規律と志気を保持しつつ、皇帝を支え、全国を支配するようになったのである。[14]

それは、一見、J・S・ミル（一八〇六年―一八七六年）のいうペダントクラシー pédantocratie, pedantocracy（学者支配）の典型である。即ち、一八四二年、ミルは、A・コント（一七九八年―一八五七年）の哲学者達 philosophes の手に支配を委ねる構想を批判し、中国を例に挙げてその語を造り、[15]『自由論』（一八五九年）でさらに詳論している。[16] ミルによれば、一国の「最も知的で教養ある人々」が「競争試験」で強力な官僚制に集中するとき、官僚制は無敵となり、自由と進歩は阻害される。官僚自身も組織規律のためにお互いを縛り、結果として知的活動 mental activity も停滞する。そこでミルの挙げた実例は当時のロシアと中国である。

しかし、宋代に「学者支配」が成立したのは事実としても、事はそう単純ではなかった。むしろ、正にその条件に突き動かされて、活潑な知的活動が展開したのである。例えばまず、「学者支配」となったが故に、何が正しい「学」であるかが、重大な問題となった。探究と論争は極めて活潑、深刻だった。事実、唐代以前と知的雰囲気は一変し、宋代は儒学史上の画期となったのである。そして、宋代の約二世紀の模索と試練の結果、士大夫達および士大夫になることを目指している人達――以下、合せて士大夫層と呼ぶ――の間で主流をなすに至ったのが、周知の通り、「道学」「程朱の学」即ち広義の「朱子学」だった。

但し、当初この「学」は「矯激」とさえみなされていた。[17] それ故、皇帝権力の弾圧をも受けた。その、一途に「潔修を慕ひ」「操守を能く」（葉適）[18] せんとする姿勢、「功利」を侮蔑して「義理」に邁進する態度は顰蹙を買った。確かに、その、行為の結果への顧慮を不純とみなし、正義が正義であるという理由だけで常に実行されるべきだとする信念倫理 Gesinnungsethik の立場は「この世の道徳としては非現実的であり、迂遠」(湯浅幸孫氏[19])かもしれなかった。また、道学者達は歴史を論じては一刀両断、三代は専ら「正道」にして「天理」、漢代以降は専ら「覇道」にして「人欲」とまで言い切った。この歴史観に対決したいわゆる事功派の陳亮[20]ならずとも、それは暴論というべきかもしれなかった。道学者達には、明らかに、ほとんど急進的な原理主義の昂ぶりがある。事実、彼等には「原理」があった。それは、事実・現実・現象の背後あるいは内奥に実在するもの、「気」に対する「理」、「気質の性」に対する「本然の性」、「人欲という私なるもの」に対する「天理という公なるもの」である。

何故、ほかならぬそのような「学」が、士大夫層の主流になったのであろうか。せっかく民間から出世して権勢と蓄財の機会を得ながら、自ら「功利」を否定し、道義を強調して自縛するとはどういう積りだろうか。新興士大夫階級は意気盛んだったから規範主義的性格が強かったなどとも言われるが、新興の成り上りならば意気盛んに「昇官発財」を謳歌してもよさそうではないか。科挙官僚万能の世になったら、かえって仕えに対し「難進易退」を美徳として強調する立場[21]が支持を得るとは何故だろうか。現実の統治にあたる以上、厳粛なまでの自己規律より「事功」を重んずる立場が主流となるべきではあるまいか。「端愨静深を以て体と為し、徐行緩語を以て用と為し、務めて窮測す可からずと為して以其の無き所を蓋ひ、一芸一能皆以て自ら聖人の道に通ずるに足らずと為す」ように仕向ける「道徳性命の説」(陳亮[22])が、何故勝利したのだろうか。

これは禅仏教の影響というだけでは理解し難い。やはりペダントクラシーの確立という根本条件との関連に着目すべきではあるまいか。

即ちまず、一般に、ある種の社会集団においては、その存在理由・根拠について、自ら思考をめぐらし、さらに自他双方に説得力のある理論を持つ必要が特に大きいと考えられる。例えば、社会において特権的支配的な集団である。特権的地位を説明し正当化する理屈を護持しようとするのは、当然、非特権者より特権者自身であろう。また、その社会的存在の機能・効用が一見して明白でなく、その点の承認につき自他の意識・評価・評判に大きく依存する集団もその必要が大きいであろう。食糧を生産する農民は、何故農民なるものがこの世に存在すべきかを論証する必要は通常無い。しかし、例えば純粋な「精神労働」になると話が違ってくる。典型的には司祭者集団である。また、戦時における軍事組織の機能は一見して明白だが、戦争の予想されない状態では同様の必要が生じる。その存立が自分達に得だからというだけでは、社会的承認はおろか自分達の組織規律さえ維持できまい。徳川時代の武士はその好例であろう。「泰平」の中では武士の存在意義の実証の機会は乏しい。武士が武士としてあることの意義は、その機能発揮の潜在的可能性の強調に大きく依存することになる。実力ではなく「御武威」「御威光」の維持が、実際に戦うことでなく「武士道」の称揚と遵守が、その存立の支えとなったのである。窮屈な身分道徳の押しつけあいは、個々の武士にとってはいわばしんどいことだったかもしれない。しかし、武士支配維持のためには、勇猛にして主君に忠誠、いざという時に頼もしくも恐しい集団であることを全体として信じ、世に信じさせるべく自己主張し、誇示し続けるのが、多分最善だったの

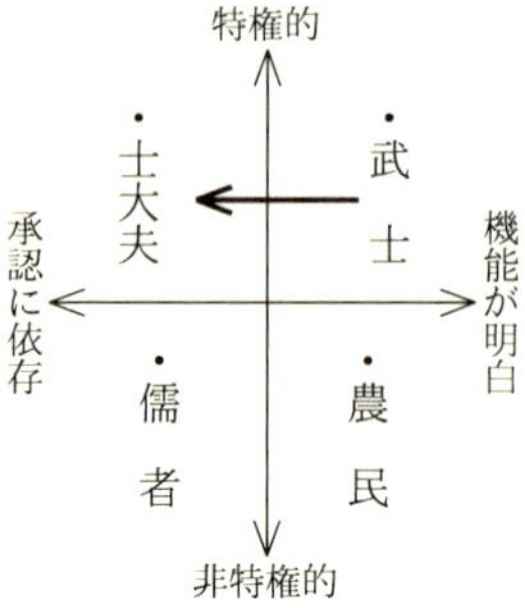

であろう。上に、特権的か否か、存在理由が一見明白か否かの二点に着目して、集団を位置付けてみた。「戦国」の世から徳川時代に入り、武士は第一象限から第二象限に移動していったのである。なお、儒者とは、徳川時代に武家に仕え、あるいは私塾教師として生活を立てた儒学の専門家である。

明らかに、特権的にしてかつ純粋な「精神労働」従事者、士大夫層は、その存在理由・意義を説明し、理論化する必要が最も大きい。それは彼等自身の内面にとってであり、また皇帝権力に対してである。そして民に対してでもある。そして「道学」は、正にこの必要に最もよく応えるものだったのではあるまいか。「道学」はその意味では士大夫の「武士道」だったのではあるまいか。しかも、武士と異なり、彼等には世襲制による保護もなかったのである。

即ち第一に、現実に対する「原理」の擁立とは、結局、従来の貴族の依った家系の威信に代り、士大夫の依る儒学的教養の権威を「俗」に対して高々と掲げるということにほかなるまい[23]。また、儒学的教養を、皇帝や宦官の権力も、胥吏等の実務知識も、武官の実力も、民衆の圧倒的な数も、そして歴史の変遷さえ、決して犯しえない次元にしっかと定礎することにほかなるまい。そのような「原理」は、「道」のため「天下」のために生きようとする良心的な士大夫に精神の拠を与えうる。自尊心によって自己を規律し、困難にあたるための心の支えたりうる。一方、士大夫層全体にとっては、家柄に代る威信と自立の源となりうる。[24] 事情は、一般に「神(々)」の権威をいやましに高めることが、司祭者と司祭者集団に好都合であることと、やや似よう。

第二に、実証の難しい社会的機能は、いっそ証明を超えたものとするのが実は最善策である。明日の幸運を約束する呪術師は容易に信用を失いうる。しかし、来世の幸福をもたらす信仰を説く宗教家は信用を失いにくい。あくまで現世に拠る儒学思想にはその真似はできないとしても、士大夫が政治的実効のみを存在理由として約束するのは危険である。儒学が単に泰平のための技術的知識であるなら、その信用保持は難しく、技術の利用者である皇帝への対抗も難しい。「学」とは「事功」のための「一芸一能」を養うものではない、逆に統治全体が「理」のためだとするのが、士大夫層にとっては無論望ましかろう。

そして第三に、以上のように自己規定し、存在理由を基礎付けるとき、集団は自己利益のために存在するとは公言できなくなる。人に明確な便宜をもたらす職業人は、それが儲けのための商売だと自認できる。しかし、実は蓄財が目的だと言い放つ司祭に信仰の導きを求める人はいない。司祭達は宗教に依って生活しながらも、宗教のために生活していると自ら信じ、主張するほかはない。現代において素人のために素人に判断しにくい秘儀的なサービスをする専門家も実はやや類似している。例えば医師となるのは高額所得への道かもしれない。しかし患者は「医は算術」でないことを切に希望する。弁護士の収入も大きいかもしれない。しかし、彼等は「社会正義を実現することを使命と」する（弁護士法第一条）とあくまで公称する。彼等が専ら私益追求のためだと自認しては、その機能自体が果たしにくくなるのである。そして彼等はその「公的使命」を果たすため、専門家としての誇りに裏付けられた専門倫理による自己規律を、集団として心がけるのである。J・W・ダーデス氏の指摘通り[25]、士大夫層においても事情はかなり共通であろう。士大夫達は、儒学に依って出世しながらも、あくまで儒学のために生きると主張する。大きな「功利」に深くかかわる地位にいながらも、およそそれを顧慮する精神態度を排撃し、あくまで「義理」のために生きると公言する。そしてそれらの建前に反する仲間を激しく非難する。お互いそれは窮屈かもしれない。しかし正にそうする時こそ、士大夫層全体の社会的存立と威信は、最も安定して確保されるのである。

「道学」は、現代の研究者によっても、往々「観念的」「非現実的」などとみなされる。しかし、それでは、（現代の多くの研究者とは違って）現に往々政治の実務家でもあった知識人達が何故そのような思想を選びとったのか理解しにくい。おそらくは、「矯激」なまでに原理主義的規範主義的な儒学思想こそが、新たに成立した士大夫層全体にとっては、以上のような意味で最も現実的な必要に応えるものだったのではあるまいか。程兄弟や朱熹個人の思索の動機自体は無論別の話である。しかし、彼等の「学」が本流となった主因は、正にペダントクラシーの確立という基本的な条件それ自体にあったのではあるまいか。勿論、それは日本には遂に無かった条件である。

2　明代――「功利」との競走と陽明学

元代半ば、延祐二年（一三一五）、朱熹の四書解釈が、再開された科挙の標準学説とされた。但し、このモンゴル人王朝では科挙と士大夫層自体の比重が軽く、その意義はなお小さい。しかし、明代に至ると、朱子学の地位は一段と高まった。馮従吾（嘉靖三十五・一五五六年―天啓七・一六二七年）は、こう述べている[26]。

周家〔古えの周王朝〕は農事を以て国を開き、国朝〔明王朝を指す〕は理学を以て国を開く也。

前節冒頭に引いた宋の陳亮の語との対照は象徴的である。今や単に「儒道」でなく、あの「理学」「道学」が、政治体制と緊密に結合したのである。士大夫層の大勢がこの「学」に拠ることを選んだ以上、王朝もそれを追認するほかはなかったのであろう。それに、その「学」は統治組織の志気と規律の維持に役立ちうる。そうであれば皇帝にとっても、これは必ずしも悪い話ではなかった。

朱子学を標準学説とする科挙が大規模に実施された。『明史』は「科挙盛にして儒術微《おとろ》ふ」との言を引き、明代の「経学は漢唐の精専に非ず、性理は宋元の糟粕を襲ふ」と述べている（巻二八二）[27]。そう評されるほどに科挙が実行されたのである。顧炎武は、勅撰の『四書大全』『五経大全』『性理大全』に触れ、「経学の廃るること、実に此より始まる」と書いている（『原抄本日知録』巻二〇）[28]。そう嘆かれるほどに、それらは読まれたのである。宋儒は次々と孔子廟に従祀され、子孫は五経博士に任ぜられた[29]。明代前半に朱子学は「天下の人、童にして之を習ひ、既已に人に入ることの深き、論弁を容れざる者有る」（王守仁）[30]に至った。少なくとも儒学上では、多方向の模索がなされた宋代に比べ、「明儒の諸家」

の「派別」が「少」なくなった（王梓材・馮雲濠『宋元学案』校刊修例[31]）のも無理はなかった。その意味で、明代は儒学史にとって新たな「場」だった。

それは、士大夫が尽く真摯な道学者と化していたことを何ら意味しない。しかし、あの壮烈無惨な死を遂げた方孝孺（至正十七・一三五七年―建文四・一四〇二年）ならずとも[32]、「天理」のために命を懸け、奮闘した士大夫もいたのである[33]。劉宗周（万暦六・一五七八年―順治二・一六四五年）ならずとも、皇帝・宦官に痛めつけられつつも正にそうすべきであるが故に「朝に入りては暗室に処ると雖も、敢へて南に嚮かない」[34]謹直な人々もおそらくいたのである。彼等を公然と嘲笑するのは易しいことではなかった。したがって、真剣な道学者や真剣な道学者を装う人々の「清議」に対しては、反論も道学的に行なうほかはなかった。「天理」自体の公然たる否認は全国を薄く覆う官僚組織の規律と統合の基礎を崩しうる。そして士大夫層全体の社会的存在根拠を揺るがしうる。自然、士大夫と士大夫たらんとする人々は、お互いの知を基本的に「理学」的枠組によって相互に支え、縛り続けた[35]。

しかし、それにもかかわらず、士大夫層は知的活動の停滞の淀みに揺蕩《たゆた》い続けたわけではない。彼等にそれを許さず、ひっきりなしに思想的模索へ追い立てる矛盾が、その状況の根底に伏在していたからである。

まず、そもそも現世の「功利」を独占する支配層が、正に彼等自身のために、極度に規範主義的な反「功利」の思想を我物としたこと自体に、多分、問題の根源があった。さらにその思想が科挙と結合し、官職を得るための手段と化したことが事を一層深刻化した。ますます増える科挙志願者の最も俗悪な権勢欲と出世欲が、「天理」の「学」に殺到し、べったりとからみついたのである。

　そこでまずは、「挙業」(科挙のための受験勉強)をなしつつ「挙業を事としない」ことが美徳とされた。(36) 個別的には、いっそ「挙業を去る」ことも称賛された。(37) しかし「修己治人」の「学問」が一切の政治的関心を放棄するわけにはいかない。それに政治への関与のあまりに意固地な忌避は、逆に「無欲」をてらう名声狙いとも解釈されえた。(38) それもまた「功利」である。かくして、「功利」の暗い影からの遁走は必要であり、しかも困難だった。

　政治の現場では事は一層すさまじかった。そこでは、官僚間・対宦官のあらゆるコネの培養と利用、そして皇帝への影響力を相互に武器とした人事争い・権力争いも、道学的邪正の議論とからんでいた。統治の成否は結局統治者の修養の適否に起因するはずだったからである。ある地方が乱れても無論「道学」それ自体に原因はない。担当官の修養に問題があるのである。ある政策が悪い結果を産めば、その立案者・推進者の人格に欠陥があるのである。あるいは少なくともそのように弾劾されうるのである。「天理」に即して正しく事を為せば結局はうまくいくはずであり、そうでなければ「人欲」に発するはずなのである。しかもそのことに対応して実際の行政も、政策に合せて人材をあてるのではなく、人を動かして結果を待つ方式だった。(39) その意味でも人格の評価が統治の要だった。政治問題は否応なく人事問題に還元され、つまりは人の徳性の問題に帰着したのである。(40) あの張居正(嘉靖四・一五二五年―万暦十・一五八二年)の改革も、彼の「奪情」の非難をきっかけに覆された。それは単なる口実ではあるまい。父の喪に服さないような人物の政策だから、やはり邪悪だと信じえたのであろう。東林党の人々は自分達は「君子」、反対派は「小人」と真底信じえたのであろう。しかし逆にいえばそれは、真剣（らしき）「清議」にも、名誉欲と権勢欲、派閥の利害、妬み・怨み・憎しみの暗翳がつきまとうということである。[41]「清議」が当人にとって冒険だったのは事実である。下手をすれば「停俸」「奪禄」はおろか、「詔獄」へ下され、「謫」せられ「籍を削」られ、遂に処刑される可能性もあった。尻を強打する屈辱的な「廷杖」も稀ではなかった。一般に明朝に官たることは、清朝以上に緊迫感のある体験だったかもしれない。[42]しかしそれにもかかわらず、否、正にそれ故に、身の危険を犯した「清議」も、「清直を奨め、[43]名声を狙う行為とみなされえた。

人の徳性の問題とは、結局、「欲」と偽善の問題である。「高き者は巧妙を急ぎ、卑き者は私欲を事とする」こと、「其の心は皆陰には鉅利を懐《おも》ひ、陽には不欲を示す。内には刻薄を存し、外には仁義を施す」こと（黄綰『明道編』[44]）がよくないのである。こうして世の中のあらゆる問題は、究極的には心中の「欲」と闘う修養の問題に収斂した。「天理」・「無欲」・反「功利」を旗印に、士大夫達は争い続けた。しかも同時に「功利」の影は悪夢の中の妖怪のように彼等をどこまでも追走した。

一般に、規範主義的であって偽善臭を帯びないことは難しい。規範主義的であることが権勢と名声の手段たりうる状況では特に難しい。「郷愿」を憎悪する「道学」の権化こそ「郷愿」かもしれなかった。良心派こそ狡猾な俗物かもしれず、異端者こそ真の正統派かもしれなかった。士大夫は皆「戯子」（俳優）のようだ、次々登場して見せかけの忠・孝・廉潔・抗直等の役回りを演じ、観客から褒美をせしめて退場する——黄綰はそう嘲っている（『明道編』[45]）。しかし、その御当人も「戯子」の一人かもしれなかった。

おそらく「道学」「理学」がペダントクラシーと合体したこと自体に起因する、このような人を駆り立てるような精神状況——それは、徳川時代の日本の武士や儒者が全く知らなかったものである——が、明代儒学史に特徴的な求道者的情熱と修養方法論争の背景にあろう。それらに辟易した清代人の目には、それは「性命を空談して天下の蒼生を度外に置きて問はざる者」達の「党同伐異」（江藩『宋学淵源記』[46]）だったかもしれない。しかし、当時の制度と思想の枠組からすれば、それこそが「天下の蒼生」にかかわる緊急課題だったのである。それ故に、明代には儒学の枠を超えた地平で新たな思潮が種々展開する反面、その枠組の中での思索は徹底した深化をみせた。黄宗羲も、明代を振り返ってこう述べている（『明儒学案』発凡[47]）。

有明の文章事功は皆前代に及ばず。独り理学に於ては前代の及ばざる所なり。牛毛繭絲、弁晰せざるはなし。真に能く先儒の未だ発せざる所を発せり。

なお、陽明学は、明代中葉以降ますます広範囲の人をまきこんでいった右のような精神状況での模索の好例であろう。事実、王守仁（成化八・一四七二年—嘉靖七・一五二八年）は、その「立言の宗旨」は「私心」であっても「外面」はよいといった「伯道の偽」を許さないことにあると言う（『伝習録』[48]）。彼の偽善への攻撃は微細かつ執拗である[49]。彼は、「本然の性」と「気質の性」との分立を拒否し、「心」と「理」との本来的一致を強調し、「心」から一切の悪を撥無した内面と外面の完璧な合致を求める。それは、「功利」からの遁走の最終的成功の企てだった。

しかも、この陽明学は、定説通り、体制と合体して重々しい権威を持ち、形骸化しがちだった朱子学を再び活性化する試みでもあったろう。即ち、一般に思想体系は、多くの人々の内面を摑むことに成功して運動や組織と結合し、さらには政治体制と合体するに至った時、そのこと自体によって難題を背負いこむようである。[50] 思想上の争いと組織上の争いとが相互転化するという難題である。組織安定のために正統説を厳しく公定すれば、思想は形骸化して単なる建前と化しうる。完全な「御用思想」となるとき、それは人の内面を支える力を失い、組織は空洞化する。組織の生命のために思想は活性化されねばならない。しかし、それが行き過ぎれば組織にとって危険な奔放な主張も出現しうる。思想対立が激化すれば組織は混乱し分裂に至るかもしれない。破門・除名・粛清・整風等が断行されることにもなろう。こうして、組織と合体した思想は、形骸化―正統化―活性化―危険化の軸上を揺動する傾向を持つ。人に即していえば、「俗物」―「正統派」―「良心派」―「異端者」のせめぎあいの傾向である。

体制朱子学は、当然多数の「俗物」を産む。特に、真に「聖人」になる意志も確信も欠いたまま、「整斉厳粛」と「居敬」し、「端荘凝重、妻子に対するも厳賓の如」（胡居仁の例）[51] き様を真似れば、空疎な勿体振りとも見えよう。「宋儒出て主敬の旨を提撕す。……其後日々に格式形迹に趣き、真機埋没し」（耿定向）[52] た例も多かったのであろう。それらに対し、呉与弼（洪武二十四・一三九一年―成化五・一四六九年）、陳献章（宣徳三・一四二八年―弘治十三・一五〇〇年）等の「良心派」も現れた。そして王守仁こそ、最大の「良心派」にほかなるまい。彼の呼びかけは始めは驚きを以て迎えられ、やがて「学者翕然として之に従ふ」（『明史』巻一九五）[53] に至った。信奉者の行動は熱気を帯び、ほとんど道徳的世界救済運動の性格を帯びた(54)。それは思想の活性化による内側からの体制刷新の試みであろう。それ故、陽明学派に政府高官も決して少なくない。そして同時に、「良心」の熱する所、従来の「矩矱」を踏み出す「異端者」が輩出したのも当然であろう。いわゆる庶民の抬頭の時期である。民の側からそこに割り込み、つけこむ動きもからまったのであろう。そして「異端者」に対し再び「正統派」の反撥も生じたのであろう。こうして彼等はそれぞれ真剣に世界を空虚と混乱から救おうとした。

しかし、結局、明朝の世界は救われなかったようである。「理学」内部の激しい混戦の中で、明朝政治体制はさらに大きく傾いていった。

3　清代――「情理」と「考証学」

前節の分析が仮に正しいとすれば、明朝の壊滅は儒学思想史の「場」についていえば、「無欲」の建前と「功利」の疑惑との無限の追走劇の舞台の崩壊だった。同時に、形骸化と危険化の両極間を揺動する回路自体の崩壊だった。体制との合体から解き放たれた思想営為の新たな「場」が一時的に生じた。

明代に生れ、清朝への内面的同一化は拒んだ知的世代――「明の遺老」達は、明代思想史の諸成果を利用しえた。同時に、「修己治人」の全責任を負いながらも結局は「夷狄」の天下をもたらした明代儒学思想全体を相対化しえた（『明儒学案』のような思想史的著作の誕生の背景であろう）。彼等は、深い反省に基づく深刻な問題意識を持ちつつ、従来の思想的制度的枠組自体を再検討することができた。陳確（万暦三十二・一六〇四年―康熙十六・一六七七年）、黄宗羲（万暦三十八・一六一〇年―康熙三十四・一六九五年)、顧炎武(万暦四十一・一六一三年—康熙二十一年・一六八二年)、王夫之(万暦四十七・一六一九年—康熙三十一・一六九二年)、顔元(崇禎八・一六三五年—康熙四十三・一七〇四年)等、新鮮、多面的あるいは特異な思想家がこの世代に続々と出現した一因は、そこにあろう[55]。

しかし、ほど無く、清朝による体制の再建が実現した。ほとんど統治することに拗ねていたようだった明代後期の皇帝達とは打って変わり、有能にして多弁な「夷狄」皇帝の支配が続いた。『朱子全書』『性理精義』等が勅撰され、朱子学は再び科挙による出世の手段ともなった。政治体制と結合した朱子学は、重々しい権威を回復した。しかも、明代と異なり、緊張を孕んだ「夷狄」の支配者達は、思想の活性化、危険化を細心に警戒した。所詮漢民族の真底からの忠誠を当てにはできない立場である。活性化による内面的支持の昂揚に賭けるより、形骸化で満足する方が遥かに安全だったろう。事実、乾隆帝は「宰相たる者をして居然として天下の治乱を以て己が任とし、而して目に其の君無からしむるは、此れ尤も大いに不可」と公言した(『書程頤論経筵札子後』[56])。宰相すら「天下の治乱」を「己が任」としてはいけないのである。庶民出の陽明学者までが「天下の治乱」を「己が任」とした明代との対照はまことに著しい。そして現に真剣な朱子学者、呂留良(崇禎二・一六二九年—康熙二十二・一六八三年)の墓は暴かれたのである。「国朝醇儒第一」(『四庫提要』)、王朝の覚えめでたい朱子学者、陸隴其(崇禎三・一六三〇年—康熙三十一・一六九二年)が「理学中の一郷愿」(銭穆氏[57])であっても多分不思議はない。そうであれば、今や一〇〇パーセント朱子学の信奉者だと称することは、「俗物」たることの無神経な自認たりえた[58]。

しかし、形骸に寄生する「俗物」たることに甘んぜず、多少とも「良心」的たらんとする人々にとっても、もはや陽明学のような規範主義的道徳再興運動は考えられなかった。かくして、形骸化した体制教学への漠然たる不満、微温的な反撥も、形骸化自体の克服には向かわなかったようである。そこで、一つには周知の使い分けがなされた。「程朱の行を深研し、聖賢の道を以て自縄す。然れども人と游ぶ処、未だ嘗て一字として道学に及ばず」、「訓詁」には「一に漢学に本づきて、雑ふるに宋儒の説を以てせず」（劉台拱の場合）[59]、「六経は服鄭（漢代の経学者、服虔と鄭玄）を尊び、百行は程朱に法る」（恵士奇の場合）[60]といった臆面のない使い分けである。宋代と基本的に同一のペダントクラシーが続いている以上、士大夫層は完全に反朱子学化はしにくい。それは自殺的たりうる。しかし、使い分けは、思想としての「道学」の形骸化の露骨な告白にほかなるまい。

また、時に不満は、「道学」の規範主義的思考への疑念にも進んでいったらしい。紀昀《いん》（雍正二・一七二四年—嘉慶十・一八〇五年）はその典型であろう[61]。紀昀によれば、「唐以前の儒は語々実用有り、宋以後の儒は事々に皆空談」だった[62]。「道学」は偽善と論争的態度の源だった[63]。「理」を盾にした倫理性は実際には残酷にもなる[64]、倫理的に、また知的に「理」で割り切れない問題は多い、疑わしきは闕《か》くべきである[65]、何より「人情」を知ることが重要である[66]、「天下の事は情理のみ」だが、「情」と「理」は時に矛盾する[67]、「情理の平」を得ることが肝要である[68]——政府高官、乾隆帝のお気に入り、学界の大御所、紀昀の見解である（以上全て『閲微草堂筆記』）。

ところで、法制史家滋賀秀三氏によれば、[69]清代の実際の裁判においても、「法」と「理」に並んで「情」が重視されていたという。「準情酌理」「準情度理」等の熟語もあった。「情」とは、「人情」であり、また具体的な事情である。[70]同氏はこう指摘している。[71]

> 理と情は対立する理念でありながら同時に結びあい補いあって「情理」すなわち中国的良識を形成する。そしてこれこそが最も遍在的な裁判基準であったと言うことができる。なかんずく人情こそはすべてに冠たるおきてであったとさえ見られるふしがある。

建前としての朱子学の権威の下の、これが現実だったのであろう。

ちなみに、清代の代表的な考証学者にして特異な思想家、戴震（雍正元・一七二四年―乾隆四十二・一七七七年）も、「人の常情」において「理」を見る。「理なるものは、情を之れ爽失せざる也。未だ情を得ずして理を得るものはあら」ず、「苟しくも情を舎《す》てて理を求むれば、其のいわゆる理は意見に非ざるは無」い。[72]また、「心の明、能く事情に於て爽失せず、情を過ぐること無く、情に及ばざること無から使むる、之を理と謂」う。[73]つまり、戴震においても、「理」とは、「人情」と具体的事情とを体した「情理」なのである。[74]戴震は紀昀より声高に、滋賀氏のいう当時の「中国的良識」を述べていたのであろう。

そうだとすれば、戴震の思想のいわばベクトルは、陽明学等の丁度逆である。陽明学等は、事実を建前である理想にまで引き上げることを目指した。これに対し戴震は、逆に事実の側に身を置いて、建前として君臨する空虚な形骸に焦立ち、刃向かっていたのである。

結局は多分戴震は、当時において言わずもがなのことを高言したのであろう。体制教学を正面から思想的に否定するという意味で不遜にして自虐的な、考証学としては場違いにして奇妙な、そして主張の内容としては今更めいたことを。(75) それが、戴震に、実際に道徳を再興し、「治国平天下」を目指そうという意欲が奇妙に欠けていたこと、(76) しかも彼の思想に対する当時の反響の限られていたことの双方の要因ではあるまいか。(77)

清代のいわゆる考証学は、「科学的」「実証的」などと評されることがある。しかし、考証学者の思考は、必ずしも今日普通に解される意味で「科学的」「実証的」ではない。例えば、前記の紀昀の『閲微草堂筆記』は、『聊斎志異』を思わせる怪異談に満ち満ちている。それは、紀昀の想像力の意識的産物ではない。(78) それらは、種々の証言のある以上、事実なのである。あるいは少なくとも事実たりうるのである。それらを道学者のように「理」をもって否認してはならないと彼は考える。一般に「臆断するに理を以て」してはならず、「君子は知らざるにおいて蓋闕如」(79)（『論語』子路）たるべきなのである。

つまり、「臆断するに理を以て」する「理学」的精神への嫌悪が、紀昀の根底に在る。それが、一方で「情理」の倫理論を導いている。他方で、怪異を否定することの拒否を招いている。そしてさらに、おそらくそのような態度が、一般に、経書を「理」を以て解する「宋儒」の方法への反撥とも連関しているのであろう。「経」に自分の理屈を読みこみ、割り切ってはならない。「古」の「経」自体が敬虔なまでに尊重され、(80) その真の意味に至るために細心の言語分析が行なわれなければならない。そうした穏やかで地味な作業が、自分もある程度は承認せざるをえない権威ある宋儒達の鼻を、有無を言わせず明かしてしまうのである。それは、悲哀よりは密かな小気味よさをもたらしたのではあるまいか。「実事求是」「好学深思。心知其意」「無徴不信」といった「考証学の方法ないしは根本精神」（近藤光男氏(81)）は、実は、奇々怪々な化物をもそのまま知の園に受け容れる精神と通底していよう(82)。

ところで、「理」の思考への反撥を基盤とする「情」の重視、古典の宇宙への敬虔さに導かれた精緻極まる言語的実証、そして理解を絶する奇異なる世界の嬉々とした承認――それは徳川時代の日本思想史において、まことに周知の精神の在り方である。無論、戴震・紀昀・段玉裁・銭大昕等の同時代人、徳川儒学史の鬼子、「古学《いにしへまなび》」の主唱者、本居宣長（享保十五・一七三〇年―享和元・一八〇一年）のことである。多分、遥か昔、宋代に成立したあの大いなる哲学をめぐって進行してきた中国と日本の二つの思想史は、ここで奇妙に暗合する一つの到達点に達したのである。

三　日本――徳川時代

1　「儒者」達の悲哀

これは、天明八年（一七八八）の話である。

青山大膳殿（青山幸完。郡上四万八千石の大名。当時奏者番、後、若年寄を勤める。『寛政重修諸家譜』）ハ厳しい人で、御役前ニ或儒者が講尺を致候処、儒者申候ニハ、人間ハどの様成る事ニても腹をたて候事ハ仕らぬものニて候と申候ニ付、青山被ㇾ申候ニハ、夫ならバ其方が腹をたてぬかと申され候ニ付、中々腹ハ立ませぬと申候間、先ヅ横頬を一ツたゝき被ㇾ申候所、どふいたして此様ナ事でと申候ニ付、又々あたまをぶたれ、後にハ取て投被レ申候ニ付、右儒者も立腹の色外ニ顕れ候間、夫見ろ其方ハ咥をつくと大に笑はれ、儒者出入を留られ候よし。（『よしの冊子』）[83]

この頃になれば藩校も増え始め、儒者の講釈を聴くことも治者たる大名の当然の勤めのように考える人々も相当いた。しかしそれにもかかわらず、尤もらしい説教をする、武勇も家柄もない男をこのように扱うことは可能だった。しかも、儒者はそれに対して、権威ある者として毅然たる対処をすることも難しかったのである。勿論、新井白石・細井平洲等、将軍や大名に敬意をもって遇された例もある。しかし、儒者は士大夫ではなかった。科挙もなかった。常備軍がそのまま官僚制であり、官僚制がそのまま常備軍である体制だった。儒者達にとっていかに嘆かわしかろうと、日本ではペダントクラシーは成立しなかったのである。

雑多な身分から出身する儒者は、通例、医者と類似の扱いを受けた。現に「儒医」として二つを兼ねる人も多い。医者と同じく、一部は町で開業して町儒者となり（諸遊芸の師匠同様、弟子・聴講者から生活の資を得る）、あるいは武家に仕えて「御儒者」となった。但し、「御儒者」も統治に直接関与することは少ない。「当時治国の方に儒者の入用は御座なく候」（常盤潭北『野総茗話』享保十八年序）[84]というのが常識であり、儒学好きの老中松平定信の登場で「此節諸家ニてとかく儒者用られ、数年江戸表へ罷出不レ申儒者共も勤番抔いたし、或ハ家の政務抔承」る風潮が起これば、「越中様の御影で儒者共ハ仕合じや」と噂になるほどだった（『よしの冊子』）[85]。それ故、身分ある武家では「学問」に耽り過ぎて儒学専門家になることは出世の妨げともなりえた[86]。したがって、「対策などとて。我才をあらはし。あげ用られんと願ふ。国風いやし」き「漢土」(『岡氏家訓』[87])とは違い、儒学は「功利」の疑惑から遁走する必要はなかった。

この社会では、中国と異なり、政治・社会制度も、「古聖賢之道」を正統に承継したものとしての聖性を帯びていなかった。「礼」を記した古えの「経」の世界と現実とのそのままの重ね合わせは難しかった。事実上の皇帝は「御公儀」の「公方様」であって「聖天子」を装わず、「六部」の制の代りに老中・三奉行がおり[88]、武家作法は文雅からほど遠かった。新井白石や徂徠学派の面々が制定を望み、山県大弐が批判の材料としたように、統治に「礼」の無いことは儒者の常識だった。世間の習俗はさらにひどかった。例えば中国では厳密に「礼」に適った葬儀は美談であり、したがって売名行為たりえたが、日本では世間の指弾を招きかねなかった。それに儒者の間にも、「礼」の導入は「吾日本の人を以て世俗のいはゆる唐人に変」ずることになると警戒する人がいた(浅見絅斎[89])。「学問」に興味を持つ町人もいたが、「たゞ売買の事を談じて余力有つて学問をせば、心に納て内分にてすべき事なり、表に出してかりそめの商ひ相談にもこれを出し、町の参会にも物しり顔をする時は、人是を悪みきらふなり」(『商売教訓録』[90])というのが常識というものだったろう。

十七世紀、永い内乱状態が遂に終わり、徳川の世が安定するとともに、「武」に対する「文」への関心は当然昂まった。その世紀の空前の経済成長とともに、他の諸遊芸・諸「教」と並んで、儒学に興味を持つ人も増えた。新たな状況での生き方を模索する町人・百姓もおり、武士もいた。統治への指針を求める大名等もいた。キリシタンへの対抗を考える役人もいた[91]。やがて綱吉・家宣という異常に儒学好きの将軍も登場した。儒学的観念も、変質しつつも世間に浸透していった。十八世紀も後半になれば、治者である武士たるもの、「学問」をすることは当然だと考える人も増し、その観念の制度化である藩校も増加した。そして新鮮な衝撃をもって迎えられた松平定信の改革以降、儒学の権威と儒学者の自信は一段と高まったようである。

しかし、専門職としての儒者になっているといないとにかかわらず、真に儒学を自己の思想として引き受け、生きていこうとした人々は、通例、多少とも境界的存在だった。特に徳川時代前半においては、彼等は往々、無理解な世間に対し、その「教え」の実際性・実用性を示し、説得しなければならなかったのである。(92) それは、中国の士大夫達の知らない悩みだった。

2　「理」と共存構想

様々な日本儒学が形成される以前、十七世紀中に儒学に惹かれた人々は、まずは宋元明そして朝鮮の「理学者」の書を雑多に学んだ。但し、結局朱子学系統が中心だった。第一に、朱子学は比類なき集大成の学である。「修己」と「治人」の道の模索に加え、歴史への興味、「礼」への関心、博物学的探究、詩文の好尚、そのいずれにも応えうる豊かな内容を持っている。実際、日本のいわゆる朱子学者は実は頗る多様である。第二に、明代に栄えた陽明学は、正統としての朱子学への対抗思想である。あるいはその再活性化の試みである。正統としての朱子学のない状況で、陽明学がまず流行る理由はない。「功利」・偽善からの脱出のため「随処に天理を体認する」のか「静中に端倪を養ひ出す」のか、それとも

「慎独」に重きを置くのかといった明代修養論の深みへ降りていく必要も用意も少ない。そして第三に、同時代の中国朝鮮において、朱子学は体制の正統教義としての権威を有していた。まずは朱子学系統の儒学が主に学ばれたのは当然であろう。

しかし、朱子学とはあの激しいまでに「理」の尊厳を高唱する思想である。「理」の完全な実現によって今、ここに、正しい秩序をもたらそうとする思想である。徳川の世にそのまま容易く受け容れられたはずもない。以下、「理」と、政治の中心問題、人間の共存の構想との関係に焦点をしぼってみてみたい。

まず朱子学、さらに広く「理学」にいう「理」「天理」とは、何よりも「公」なるものである[93]。万人に共通の、万人の共存を可能にするものである。「理」の、いかなる現実にも犯されない尊厳は、高きに在ることによってではなく、そうした横への無限の拡がりによって担保されている。いわば現実を「上」にではなく、「横」に超越しているのである。勿論個々人は現実として「私」をもつ。しかし同時に「理義」とは「人心の同じく然る所」（『孟子』告子上）であり、即ち人の「性」、天性である（それ故「私性」という語は無い[94]）。人が万人共通の生れつきの本性の顕現、つまり最高の自己実現をなしとげるとき、「為我の私」にとらわれず「無我の公」に復るとき（朱熹。張載『西銘』注[95]）、彼から一切の「私《ひそか》」なる後暗いものが撥無される。そうして遂には万人が透明となるとき[96]、完璧な人類の共存が実現する。——このような構想は「各人の「善」とする所が万人の「善」であり、且つ又その逆でもある所の、道徳的に等質的な社会を仮定しない限り、現実的には挫折する」(湯浅幸孫氏[97])のかもしれない。しかし「理学者」達は、正に各人の善は万人の善であり、皇帝から庶人に至るまで万人に同型の本来性への回帰によってのみ天下は真に治まると信じたのである(万人の共通性ではなく、他人とのちっぽけな差異性――個性――の十全な実現こそが人生の意味であるなどとは、彼等は決して考えなかった)。そしてそのような構想を内包する「理」が、その「超越」性ゆえに、ペダントクラシーの実現した社会で士大夫層の存立をおそらく支えたのである。

ところが、中国の建前上万人に開かれたペダントクラシーに対比していえば、当時の日本はいわば「家職国家」(石井紫郎氏[98])だった。世襲を原則とする全ての「家」が「天命」「天職」とも言われた「職分」としての「家職」「家業」を持ち、各「家」がその務めを果たすことで世の中が成り立っているのだと、広く観念されるようになったのである。

朝は日の光さし、鳥のなくを相図におきて、手水をつかひ、髪をゆひ、身ごしらへして、面々のつとむべき家業天職をつとむべし、王公より下庶人にいたるまで、似合相応の職分あり(『渡世肝要記』[99])

後世いう「職域奉公」の集合が世の中だった。そして、「家業」に精出すことが結局は先祖への「孝」となり、仕える「家」への「忠」ともなった以上、道徳とはつまる所「家業道徳」だ(河田正矩『家業道徳論』[100])とは、誇張ではなかった。その限りでは万人は同一だったが、道徳、「善」の内容は万人共通ではなかった。「家業」したがって身分によって大きく異なったのである。「武士道」は武士だけのものだった。「武士道」の方が他身分の「道」よりも多分より「立派な」ものではあったのだろうが、町人なら町人らしくあることが倫理的だった。「天皇は、天皇のあるべきやう、武家は、武家のあるべきやう、百姓は百姓の有るべきやう、町人は、町人のあるべきやう、手代は、手代のあるべきやう、丁稚は、丁稚のあるべきやう……犬は、犬の有るべきやう、猫は、猫の有るべきやう」（中沢道二[101]）があったのである。「有るべきやう」とは、無論、「理」の言い換えである。原則的に生れによって割りつけられた（その意味で各人の「天命」たる）断片的な、様々な形の「理」、それがピラミッドの図柄のジグソーパズルのように組み合わさって、万人あるいは日本人の共存を成立せしめるのである[102]。

「横」に「超越」する「理」の尊厳の世間に対する強調は、日本の儒者にも誇りと威信をもたらしたかもしれない。しかし、単にそれだけでは反感・嘲笑・孤立を招きかねない社会だった。そこで、朱子学に学び、しかも「家職国家」に即して「理」を解する人々が次々と出現した。特に武士の在り方に即して「道」を理解し、説く「朱子学」者は多い。前記のように、武士には「泰平」なればこそ彼等の「道」――「武士道」――を鼓吹し、「利」を蔑視して「義」（「君臣之義」）に生きるものと自己規定し、集団としての意義付けを図る理由は充分にあった。それは、朱子学の一面とは確かに共通する。したがって、「理」「道」の内容を意識的無意識的にある程度変換すれば、真面目な武士が朱子学の規範主義に傾倒することはありえた。明代を思わせる真剣な修養の追求もありえた。一方、町人百姓の様々な生に即した「理」を信じ、説くことも可能だった。石門心学は典型であろう。身分道徳の擁護者として、多少とも変質した朱子学ないし朱子学的な教えが根強い支持を得続ける基盤は、あったのである。

それらの「朱子学」においては、つきつめれば、万人が「公」となるのではなく、万人が上級者に「奉公」(日本語の意味で)することによって、正しく共存が成立すると想定する。したがって「理」は「横」に拡がるより専ら「上」へつながる「縦」の「理」の性格を帯びる。それは従来からの民本主義的志向の弱さ、「放伐」論への反撥となめらかに結びつく。さらには狭窄した日本主義にもなる。

明治以降、徳川時代の「正統」だったとしばしば誤解された朱子学は、大凡このような「朱子学」であろう。「御公儀」がそれを「採用」したなどというのは無論事実でない。中国・朝鮮で主流をなした朱子学とも、かなり異質である。しかしそれは、「家職国家」日本の現実には確かにかなり沿っていたのである。

これに対し、朱子学に学びながらも遂にその「理」自体の否定に向かった儒者もいた。前記のように「儒を以て国を立て」た王朝の士大夫層にとっては、「事功」「功利」の逆説的な蔑視、「俗」に対峙する「理」の過激なまでの強調も現実的な意義を持ちうる。しかし、日本にそのような事情はない。全く逆に、「道」と「俗」との合致、あるいは「道」と「事功」との結合、それらを追求して儒学を(日本において)有意義なものたらしめる——そういう試みが次々となされたのも、また当然であろう。そこでは、「道」を身近な、現実に即したものと解しようという志向が強く、厳粛な規範主義、熱っぽい理想主義は嫌悪される。そして、事々物々の「理」を窮め、本性を悟るという修養論への疑問、「気質の性」の内奥に「本然の性」を想定する人間論への不信、「気」と「理」で全宇宙を説明し尽そうとする存在論への懐疑、結局、「理」それ自体、「理学」的思考それ自体への根本的な違和感が全てを導く。こうして、朱子学を根底から拒否する新たな日本儒学の体系が産み出され、多くの支持を得るに至ったのである。その生誕は、「理学」史全体を対象化しつつ、既成の思想的枠組からはかなり自由に実現したという意味で、清代初期の多彩な儒学とは共通している。その一部にあった大胆な主張と期せざる類似の生じた一因はそこにあろう。

では「理」――あらゆる事物のあるべき在り方――なしに、人間はいかにして共存して生きていけるのであろうか。普遍的な人間性の自覚によらずに、いかにして人間は倫理的たりうるのであろうか。

伊藤仁斎（寛永四・一六二七年―宝永二・一七〇五年）・東涯（寛文十・一六七〇年―元文三・一七三八年）父子の解答は、周知の通り「情」である。彼等によれば、人間に「理」としての「性」は内在しない。しかし「情」「人情」はある。この「情」を以て相互に思いやるとき、人の心は通じあい、人は人に優しくなれる。むごいことはできない。家族間・君民間、いずれも同じである。相互の「愛」が通いあうとき、和気藹々たる共存が実現する。彼等の考えでは、自己の内なる「理」を信じ、普遍的正義のために俗世間と対決するような態度は、正に不道徳なのである。彼等において、孤立は悪人の証拠である。

こうした俗世間の側に身を置いた「理学」的なものへの反撥は、背景の差異にかかわらず、戴震と共通である。但し、戴震は「上」に君臨する「理学」に反撥している。それに対し仁斎等は「横」から入って来ようとする「理学」に反撥しているのである。それ故、戴震は「俗」に既に深く浸透した「理」観念を捨てきれない。しかし彼等には、「情」と現に実在する「道」だけで充分なのである。

荻生徂徠（寛文六・一六六六年―享保十三・一七二八年）の解答は、治者による操作である。彼によれば、よき治者は「鬼神」等の神秘的な権威を利用した思わぬ所からの仕掛けによって、民を習慣付けてしまう。例えば、流動性の厳しい制限による人間関係の固定によって、人間関係の絆が人々を縛る。ビッグブラザーのテレスクリーンによる監視がなくとも、民の相互監視によって秩序が保たれる。また、生活様式の細かな身分別固定によって有限な資源の合理的な（「道理相応」の）配分が実現され、奢侈による困窮、体制の腐朽が阻止される[103]。自分の意図を隠した不透明な治者の、民の行動様式の透視に基づく施策によって、民は知らず知らずの内に、最低限の道徳を身につけ、安楽な生を送る。それは、反自由、反平等、そして徹底した反民主主義の、悪魔的に巧妙な共存の構想である。日本儒学の一部は、当時の日本の世間に役立つことを求めて「公」なる「理」の思想世界を脱出し、早くもここまで駆け抜けてしまったのである。

以上のような朱子学批判の華々しい登場の後、他方で道徳的規範主義の必要も時に感じつつ、儒者達はさらに次々と「学派」を展開していった。そして、その中で既述のように、本居宣長も、「理」に対峙する精緻で奇妙な「学び」を構築したのである。しかし、無論それはもはや儒学ではなかった。清朝考証学者との心性の類似がいかにあろうとも、同時にそこには巨大な懸隔があった。宣長は、神々と「皇御孫命」の下に、今度は一切の「理」を撥無したという意味で透明な、清らかな「真心」の人々が額づく共存を、徳川の世の白昼に夢みたのである。それは、もはや完全に「皇国」にのみ特権的に許された「共存」だった[104]。

＊　この論文は、はじめ、『思想』第七九二号（一九九〇年六月）に掲載された。今回、本文の表現・表記を一部補訂し、註を少数補った。

＊　本稿は、一九八八年九月二十九日、シンポジウム「儒教とアジア社会」（上智大学、第三回日仏科学セミナー）における報告を全面的に補訂したものである。席上の源了圓、平石直昭、金容沃各氏のコメントに感謝する。

（1）　伊藤仁斎「大学非孔氏之遺書弁」（吉川幸次郎ほか校注『日本思想大系33　伊藤仁斎・伊藤東涯』、岩波書店、一九七一年）、一六〇―一六四頁。「大学弁」、『陳確集』別集巻一四―一七（北京、中華書局、一九七九年）、五五二―六二四頁。

（2）　顔元（号は習斎）はまた「宋人」の「空疏無用之学」を批判して、宋儒愛用の董仲舒の語を改め、「正其誼以謀其利、明其道而計其功」と言い切る（『顔元集』上、北京、中華書局、一九八七年、一六三頁）。こうした「功利」の正面からの是認も徂徠を思わせる。

（3）　溝口雄三「中国の「理」」（『文学』一九八七年五月）、同ほか『儒教史』（山川出版社、一九八七年）、第八、九、一〇章。

（4）　山本饒編『校本賀茂真淵全集思想篇』下（弘文堂書房、一九四二年）、一〇九五頁。

（5）　註（3）前掲『儒教史』、三六一頁。

（6）　山井湧『明清思想史の研究』（東京大学出版会、一九八〇年）、三〇頁。

（7）　この点に関連し、福島仁「「理の哲学」と「気の哲学」――宋から清に至る理気哲学の枠組をめぐって」（『中国――社会と文化』第三号、一九八八年）を参照。同氏は「朱子学や陽明学に反対するからこそ、「気の哲学」になるのであって、逆に「気の哲学」の傾向をとるから朱子学や陽明学に反対するのではないのである。」

と指摘している。一八一頁。

(8)　K・マルクスの「共産主義段階」という名のユートピアにおいても、「各人にはその必要におうじて」であって、「欲望におうじて」ではない。Bedürfnis であって、Verlangen や Begehren ではない。『ゴータ綱領批判』(大内兵衛ほか監訳、『マルクス＝エンゲルス全集』第一九巻、大月書店、一九六八年)、二一頁。

(9)　余英時『中国近世宗教倫理與商人精神』(台北、聯経出版事業公司、一九八七年)。同『中国思想伝統的現代詮釈』(台北、聯経出版事業公司、一九八七年)にも収められている。『中国近世の宗教倫理と商人精神』、森紀子訳、平凡社、一九九一年。

(10)　註(3)前掲『儒教史』、第九、一〇章。ちなみに、広州市青年個体労働者連合会会長の容志仁氏も「私はこの社会の中の〝私〟有者だ。私たちのような「私有者」がまず存在してこそ〝公〟のために奉仕することができる。……私は〝私〟が成長し確立していかなければ、〝公〟も本来の〝公〟にはなりえないと確信している。」と述べている。一九八九年五月二十日「広州個体協会日記」(『現代の理論』一九八九年七月)、六四頁。

(11)　溝口雄三『中国前近代思想の屈折と展開』(東京大学出版会、一九八〇年)、五頁にも、そのような解釈の論理的可能性の示唆がある。

(12)　そう考えることは、西洋近代の産み出した諸価値の普遍性の否定を必ずしも意味しない。それらが普遍的に実現されるべきだと信ずることは、実現されるはずだと信ずることとは異なる。また、仮に西洋との接触がなくとも世界各地に同様の「近代」がいずれは自生的にもたらされたはずだと信ずることとも異なる。むしろ西洋近代は、特殊な条件がほとんど奇蹟のように重層した結果として出現した、人類史上甚だ特異な事件なのではあるまいか。それは、レヴィ＝ストロース氏のいう意味での新石器文明の発生に事情が似ているかもしれない。クロード・レヴィ＝ストロース Claude Lévi-Strauss『人種と歴史』(荒川幾男訳、みすず書房、一九七〇年)、六二一—六三頁。なお、近代憲法の原理の普遍性の最近の雄弁な主張として、樋口陽一『自由と国家——いま「憲法」のもつ意味』（岩波書店、一九八九年）がある。

(13)『陳亮集』巻一（北京、中華書局、一九八七年）、一四、二〇頁。

(14) 島田虔次『中国における近代思惟の挫折』（筑摩書房、一九七〇年）、二三八—二四三頁。

(15) Francis E. Mineka, ed., *Collected Works of John Stuart Mill*, Vol. 13 (Toronto: University of Toronto Press, 1963), 502. Also see "pedantocracy," *The Oxford English Dictionary*, 2nd ed., Vol. 11 (Oxford: Clarendon Press, 1989), 421.

(16) J. M. Robson ed., *Collected Works of John Stuart Mill*, Vol. 18 (1977), 306–310.

(17) 註（3）前掲『儒教史』、二七二—二七四頁。

(18)『水心集』巻二（台北、台湾中華書局、一九七一年）、巻二、六丁。

(19)『中国倫理思想の研究』（同朋舎出版、一九八一年）、三九頁。傍点も湯浅氏による。

(20) 註（13）前掲『陳亮集』巻三（三三—三四頁）、巻二八（朱熹宛の書簡。特に、三四〇、三四五、三四七、三四八、三五四頁）。

(21) 銭穆『中国学術思想史論叢』七（台北、東大図書有限公司、一九七九年）、二七九—二八〇、二八七—二八八頁。

(22) 註（13）前掲『陳亮集』巻二四、二七一頁。

(23) 参照、吉川幸次郎「「俗」の歴史」（『吉川幸次郎全集』第二巻、筑摩書房、一九六八年）、註（14）前掲書、二七三—二七四頁。

(24) 増井経夫氏も次のように指摘している。「宋代の新官僚も宮廷に依存し、宮廷を畏怖し、宮廷に奉仕することは貴族官僚と異るところはなかった。しかし門閥を支えていた権威とは違う権威が急に成長し始めたようである。いわば血の権威に代って能力の権威が伸び、人間そのものより理念が先行してきたのである。皇帝にひれ伏していたものが、皇帝もひれ伏さなければならない理念が官僚の守護神となった。それは「中華」であり「道義」であり、儒教の古い徳目が数々登場してきて、そのカプセルの中に官僚たちは立て籠るようになったのである。」『中国の歴史書――中国史学史』(刀水書房、一九八四年)、一二九頁。

(25) ダーデス氏は、十四世紀の儒学者達についてではあるが、彼等の professional elite としての性格とそれに起因する諸特徴を多面的に描き出している。John W. Dardess, *Confucianism and Autocracy: Professional Elites in the Founding of the Ming Dynasty* (Berkeley: University of California Press, 1983), 13–84, 162–163.

(26) 黄宗羲『明儒学案』巻四一(北京、中華書局、一九八五年、下 九八四頁)、所引。

(27) 『明史』(北京、中華書局、一九七四年)、第二四冊、七二二二頁。江藩も「元明之際以制義取士古学幾絶」という。『漢学師承記』(台北、広文書局、一九六七年)、巻一、一丁。

(28) 顧炎武『原抄本日知録』(台北、明倫出版社、一九七一年)、五二六頁。

(29) 註(27)前掲『明史』巻一〇(第一冊、一二九頁)、巻一一(同一四八、一四九頁)、巻一五(第二冊、一八九頁)、巻一七(同二一八頁)、巻二三(同三一二頁)。また巻二〇(同二六七頁)参照。

(30) 「答徐成之」、『王陽明書牘』巻四(『王陽明全集』、台北、考正出版社、一九七二年)、六八頁。『王陽明年譜』正徳六年条にも引く。

(31) 『宋元学案』(北京、中華書局、一九八六年)、第一冊、二三頁。

(32) 陳栄捷氏は、明代儒学の「心学」化傾向の原因を論じて、方孝孺の死の衝撃を一因としている。Wing-tsit

Chan, "The Ch'eng-chu School of Early Ming," in *Self and Society in Ming Thought*, ed., Wm. Theodore de Bary (New York: Columbia University Press, 1970), 46.

（33）例えば、註（26）前掲『明儒学案』巻七、八（上一〇九—一五七頁）の薛瑄とその弟子の経歴、逸話を参照。また、黄仁宇『万暦十五年』（稲畑耕一郎ほか訳、東方書店、一九八九年）、一二八—一二九頁、参照。

（34）註（27）前掲『明史』巻二五五（第二二冊、六五九二頁）。

（35）参照、註（33）前掲『万暦十五年』七四—七六、八四—八六、九〇、三〇三—三一〇頁。このような事態を、「原理主義の体制化」状況と呼ぶこともできよう。一見奇異な表現だが、ヨーロッパの宗教改革期のプロテスタント国家の一部、ワッハーブ派のサウジ・アラビア、ホメイニ革命後のイラン等、世界史上、そのような事態も、時に出現するのである。

（36）参照、島田虔次『朱子学と陽明学』（岩波書店、一九六七年）、一一七頁。

（37）例えば、呉与弼（註（26）前掲『明儒学案』巻一、上一四頁）、胡居仁（同巻二、二九頁）、陳献章（同巻五、七八頁）。

（38）同、巻五（上七九、八三頁）の陳献章の出処の説明を参照。

（39）Ray Huang, *1587, A Year of No Significance; The Ming Dynasty in Decline* (New Haven : Yale University Press, 1981), 50.（註（33）前掲『万暦十五年』の原著。訳本七三頁にあたるが、中国語訳の訳であるためか、欠けているように思われる。）また cf. Thomas A. Metzger, *The Internal Organization of Ch'ing Bureaucracy : Legal, Normative, and Communication Aspects* (Cambridge: Harvard University Press, 1973), 2.

（40）参照、註（33）前掲『万暦十五年』一一〇—一一二、一一七頁。

(41)　参照、同書八五、一〇四、一三二、一四〇頁。

(42)　吉川幸次郎氏は、「官吏となることは、甚だしい恐怖をともなうもので、明代ではあった。」と指摘している。『吉川幸次郎全集』第一五巻（筑摩書房、一九六九年）、五七六頁。

(43)　註（27）前掲『明史』巻二五五（第二二冊、六五八〇頁）。

(44)　『明道編』（北京、中華書局、一九五九年）、五四、三二頁。

(45)　同書、四二―四三頁。

(46)　『宋学淵源記』（台北、広文書局、一九六七年、註（27）前掲『漢学師承記』と合冊）巻上、三―四丁、一丁。

(47)　註（26）前掲書上、一七頁。勿論、明代に実は思想的に多彩な動きがあったのは事実である。しかし、宋元代、清代、また徳川時代の日本儒学と比べれば、これがやはり明代儒学の特色といえるのではないか。本稿ではその理由を、日本との対比も考慮に入れて考えてみたのである。

(48)　下、註（30）前掲『王陽明全集』九四頁。

(49)　例えば『伝習録』中（同書六二頁）。

(50)　参照、岡義達『政治』（岩波書店、一九七一年）、五九―六五頁。

(51)　註（27）前掲『明史』巻二八二、第二四冊、七二三二頁。

(52)　註（26）前掲『明儒学案』巻三五（下八一九頁）。

(53)　註（27）前掲『明史』第一七冊、五一六八頁。

(54)　註（36）前掲書、一四三頁。

(55)　それだけが原因だというのではない。例えば参照、註（6）前掲書二六三―二六五頁、山口久和「黄宗羲――中国のルソー」（日原利国編『中国思想史』下、ぺりかん社、一九八七年）、二五〇頁。

(56) 曹聚仁『中国学術思想史随筆』(北京、三聯書店、一九八六年)、二六五頁所引。曹氏はこれを引き、「無怪乾嘉学人都趨于訓詁考訂的途中、以古書為精神上的逃避之地了。」と述べている。
(57) 註(21)前掲『中国学術思想史論叢』八(台北、東大図書有限公司、一九八〇年)、一三三―一三四頁。また同氏は「清廷雖外尊程朱、而於北宋以来書院講学精神、本人心之義理、以推之在上之政治者、則摧圧不遺余力。」とする。『中国近三百年学術史』(台北、台湾商務印書館、一九三七年)、上二一頁。
(58) このような体制の思想の形骸化傾向がさらに進めば、「物質的向上と私的幸福の真剣な追求という人生の真の目的に役立つ限りで支配イデオロギーにほとんど自動的にリップサービスする一方、あらゆる思想と理想に対してシニカル」という「二重生活」が現出しよう。ギエレク時代のポーランド知識人の描写である。Timothy Garton Ash, *The Uses of Adversity : Essays on the Fate of Central Europe* (New York: Random House, 1989), 106. 一九八九年の一連の改革以後も、なお同様の体制がほかにもあろう。
(59) 註(27)前掲『漢学師承記』巻七、七丁。
(60) 註(46)前掲『宋学淵源記』巻一、一丁。
(61) 参照、吉田純「『閲微草堂筆記』小論」(『中国――社会と文化』第四号、一九八九年)。
(62) 『閲微草堂筆記』(天津市古籍書店、民国初年中華図書館石印本重印、一九八八年)、巻一八(五五五頁)。
(63) 同、巻一四(四四六頁)、巻一六(五一〇頁)。
(64) 同、巻二(三三―三四頁)、巻一二(三五九頁)、巻一五(四七二頁)、巻一九(五八八頁)。
(65) 同、巻四(八三、一〇〇頁)、巻八(二〇〇頁)。
(66) 同、巻一〇(二九二頁)。
(67) 同、巻一六(四九八頁)。

(68) 同、巻一三（三八二頁）。

(69) 滋賀秀三「民事的法源の概括的検討——情・理・法」（『清代中国の法と裁判』、創文社、一九八四年）。

(70) 同書、二八六—二八七頁。ちなみに、現行「民事調停法」第一条にも「この法律は、民事に関する紛争につき、当事者の互譲により、条理にかない実情に即した解決を図ることを目的とする。」とある。滋賀氏が清代の民事的裁判について「調停的裁判」と呼びうるとされたこと（同書二五三頁）との関連で興味深い。

(71) 同書、二八八頁。

(72) 『孟子字義疏証』（安田二郎・近藤光男『戴震集』、朝日新聞社、一九七一年）、四六、六二頁。

(73) 同、五七頁。

(74) 同、五八、八四、三一一頁。

(75) そうだとすれば、戴震が何故そのようなことを敢えて書いたのかが逆に問題になろう。彼の人柄以外に、例えばその故郷の特殊条件が関係しているかもしれない。参照、木下鉄矢「戴震——容貌魁偉の考証学者」（註(55)前掲『中国思想史』下）、三〇八—三一一頁。

(76) 註(6)前掲書、四〇六—四〇七頁。

(77) 註(27)前掲『漢学師承記』巻六、五丁。山井湧「清代の朱子学」（『朱子学大系』第一巻、明徳出版社、一九七四年）、一二九—一三三頁。

(78) 前野直彬「解説」（『中国古典文学大系』第四二巻『閲微草堂筆記他』、平凡社、一九七一年）、五〇六頁。

(79) 註(62)前掲『閲微草堂筆記』巻四、一〇〇頁。

(80) 参照、近藤光男『清朝考証学の研究』（研文出版、一九八七年）、四、二七〇、二八四、三一一、四四九—四五〇頁。

(81) 同書、三―五頁。

(82) 種々指摘のあるように、文字の獄等の弾圧の結果、安全な考証学に知的活動が趣いたというだけでは単純に過ぎよう。その面もあるとしても、ここでは、第一に体制の思想として一般に抱える形骸化の問題が明朝以上に深く、しかも第二にその陽明学的解決の試みは危険かつ説得力を失い、第三に一方で、ペダントクラシーに存立の基礎を置く士大夫層として建前としての朱子学の完全否定はしにくいといった状況での一つの模索だったという把え方をしてみたわけである。なお、考証学を盛行せしめた社会的条件については、次が詳しい。Benjamin A. Elman, *From Philosophy to Philology: Intellectual and Social Aspects of Change in Late Imperial China* (Cambridge: Harvard University Press, 1984).

(83) 森銑三ほか編『随筆百花苑』第八巻（中央公論社、一九八〇年）、一八〇―一八一頁。『よしの冊子』は、老中松平定信に呈せられた、その家来水野為長による情報収集の記録である。

(84) 日本経済叢書刊行会編『通俗経済文庫』巻九（日本経済叢書刊行会、一九一七年）、一六二頁。

(85) 註（83）前掲書、三〇二頁。

(86) 天保期の実例として、参照、元田永孚「還暦之記」（元田竹彦ほか編『元田永孚文書』第一巻、元田文書研究会、一九六九年）、一二三頁。

(87) 近藤斉『近世以降武家家訓の研究』（風間書房、一九七五年）資料篇、一八四頁。

(88) Cf. Metzger, *op. cit.*, 36-37.

(89) 『絅斎先生文集』巻八「読家礼」（相良亨編『近世儒家文集集成』第二巻、ぺりかん社、一九八七年）、一七二頁。

(90) 木南子。安永三年自序。註（84）前掲『通俗経済文庫』巻一（一九一六年）、一六六頁。

(91) 参照、前田勉「山鹿素行の「異端」対策」(『東北大学附属図書館研究報告』21、一九八八年)。本論文は、同氏『近世日本の儒学と兵学』(ぺりかん社、一九九六年)に収められた。
(92) そうだとすれば、彼等が日本人であるために生得的に功利的・形而下的だったかのように考える必要はあるまい。
(93) 以下は、溝口雄三氏から学んだ点が大きい。同氏「中国における公・私概念の展開」(『思想』一九八〇年三月)、「中国の「公・私」」(『文学』一九八八年九月・一〇月)。両論文とも、同『中国の公と私』(研文出版、一九九五年)に収められた。
(94) 註(21)前掲書、一三〇頁。
(95) 『張子全書』(台北、台湾中華書局、一九六八年)、巻一、七丁。ちなみに、清末の劉鶚も「人人好公、則天下太平。人人営私、則天下大乱。」という。『老残遊記』(上海、亜東図書館、一九二五年)第九回、六頁。
(96) 「透明」の比喩については、参照、ジャン・スタロバンスキー Jean Starobinski『J.-J.ルソー 透明と障害』(松本勤訳、思索社、一九七三年)、一九、三三九、四六一頁、リン・ハント Lynn Hunt『フランス革命の政治文化』(松浦義弘訳、平凡社、一九八九年)、六八―七二頁。実際、溝口雄三氏は、中国の「公」的な「理」とルソーの「一般意志」との比較を試みている。註(11)前掲書、三五五、三六一頁、同「中国の「公・私」」下、七九頁。中江兆民が、volonté générale を説明する際、孟子の「理義」の説明を踏まえて、「公志者何也、衆人之所同然是已」と述べていることも思い合わされよう。『民約訳解』(『中江兆民全集』1、岩波書店、一九八三年)、一〇七頁。ちなみに、完全人格たる「聖人」の「気」は清く澄んでいると観念される。
(97) 註(19)前掲書、一〇六頁。
(98) 『日本人の国家生活』(東京大学出版会、一九八六年)、二二〇頁。

(99) 徽堂。初編文化四年刊。註(84)前掲『通俗経済文庫』巻三(一九一六年)、二〇一頁。
(100) 元文三年自跋。註(84)前掲『通俗経済文庫』巻九。
(101) 『道二翁夜話』三編。高倉嘉夫編『心学道話全集』第六巻(忠誠堂、一九二七年)、七七頁。「有る可きやう」の表現は、柴田鳩翁『鳩翁道話』(岩波文庫、一九三五年)二六頁にもある。
(102) 「家」の性格の違いからして、中国に「家職国家」像は出現しにくい。しかし、「職分の体系」として社会を把える例もないわけではない。例えば王守仁「抜本塞源論」の一節である。参照、註(14)前掲書、四九―五〇頁、註(21)前掲書、七七頁、註(9)前掲『中国近世宗教倫理與商人精神』一〇四―一〇六頁。日本ではありふれたこのような説が特筆されること自体、興味深い。但し、清の范鋐『六諭衍義』(荻生徂徠訓点、出雲寺和泉掾ほか刊、享保六年)「各安生理」三丁にも「尊卑上下自有不同各有当尽的職分也」とあり、この問題はさらに検討を要しそうである。
(103) 『政談』巻之一、巻之二。「道理相応」の語は、吉川幸次郎ほか校注『日本思想大系36　荻生徂徠』(岩波書店、一九七三年)、三一三頁。
(104) なお、このような構想の成立の思想史的背景についての筆者の一つの理解は、本書6「「泰平」と「皇国」」で述べた。

4　儒者・読書人・両班
——儒学的「教養人」の存在形態——

一　はじめに

本稿は、徳川時代の日本の「教養人」の一例である「儒者」の社会的存在形態を主な対象とする。但し、比較のため、まず、同時代の中国の「読書人」と朝鮮の「両班《ヤンバン》」に簡単に触れたい。三者は儒学的な「教養」の担い手であり、各国の儒学史を構成していった人々である。

二　「読書人」——中国の場合

日本の徳川時代と時期的に永く並行した清朝、その確立後の中国には、儒学的「教養人」即ち「読書人」の社会的・政治的な支配があった。「教養」理想において彼等は卓越した社会的威信を持っていた。「読書人」即ち「人間としての任務を実践し得る人間、従ってこの世の道義の負担者、指導者」という観念は根深く、庶民も「同じ理念の下にあ」り、「ただその環境が十分な教養を得るだけの環境ではないため、「読書人」たり得ないだけのこと」（吉川幸次郎氏）[1]だったとさえ言われる。事実、有力な商人の地方志における伝記が、「棄儒就商」「棄儒経商」等と、「儒」を止むを得ず諦めて商業に従事したと記す例がある[2]（時に先祖は武士だと誇り、子弟にはひたすら「家業」「家職」への出精を説く日本の商人とは対照的である）[3]。そしてこの読書人が、儒学の「修己治人」の教義通り、統治組織を構成する建前だった。彼等は、形式上ほぼ全ての（男性の）民に開かれた科挙制度を通じて、官僚となり、直接、政治に参与したのである。

もっとも、科挙の（いわば）学位（まずは「生員」）も、金銭で買いえた。そうした「生員」も含め、「進士」の最高学位を得て官職にある人々以外に、膨大な数の「官僚予備軍」がいた。また、呉敬梓（『儒林外史』）、李宝嘉（『官場現形記』）等の描き出したような、極度に俗悪な官僚も多かったであろう。その意味で、読書人即ち官僚ではなく、官僚即ち高潔な儒学者では決してない。しかし、読書人が官僚となる建前と制度は強固に存在した。

しかも読書人は、一旦官僚となれば故郷にあっても「郷紳」である[4]。地方官を助け、地方官を利用し、地方官に抗する地域の指導者であり、ボスである[5]。そして通例、地主である。雍正三年（一七二五）以降は、地主への小作料不払いは、刑罰の対象とさえされた[6]。そして「一家族あるいは一族のある者は進士であり、ある者は生員であるというのが実態である。ある世代は進士であり、ある世代は生員であるというのが実態である」（奥崎裕司氏）[7]としても、より大幅な上昇没落も少なくなかった[8]。官であることによる徭役免除等の優遇と地主であることへの保護とを皇帝に仰ぎ（あるいはそのような地位を目指し)、同時に皇帝を支える読書人達が、縁戚関係を含む錯綜した交際の網で結びあい、しかも、家系としては不断に盛衰してある程度入れ替りながら、しかし、常に全国を蔽う上級階層をなしていたのである。徳川時代の日本の、多くは土地と切断されていた武士とも、無論、儒者とも、その社会的存在形態は大きく異なる。

遥かな高みから次々と勅諭を下して聖なる「天」の代理人として振舞う皇帝の下にあって、個人の「教養」と官僚および地域「指導者」としての立場との連結する構造は、儒学の教義とはうまく適合する。「修身」から「斉家治国平天下」へという『大学』の教えが現実感を持ちうる条件がそこにはあろう。事物に即してその「理」を明らかにして同時に我が内なる本性に目覚めることによって、正しく民を世話し、世の中を平安にすることができるという、科挙の標準学説たる朱子学の教理も、なお、ある程度説得力を持ちうる条件があったであろう。

しかし、一方で、清朝における、おそらく「夷狄」即ち非漢民族の支配なるが故にひときわ声高だった儒学・朱子学の称揚と、政治の実態とのすさまじい落差は、この正統思想自体への不信も招きかねなかったように見える。そもそも科挙がその例である。本来、科挙は儒学的「教養」ないし修養の深さを公平に測り、徳ある人を見出すための仕組みと称される。しかし、実際は、それは、無数の「民」が富と地位とを目指して運を競う出世主義の修羅場だった(9)。その有様は、ほとんど、儒学を嘲笑するための悪意に満ちたパロディに見える。それ故、実は科挙制度の確立した宋代以来、孔子ですら今の世では科挙を受けねばならないとされる(10)一方、「挙業」(科挙のための受験勉強)には、しばしば侮蔑と警戒の眼が向けられてきた。[11] 紀昀《きいん》（『四庫全書』編纂で知られる）も、人が眠ると胸中にあるかつて読んだ書物が美しい光芒を放つのが幽霊には見える、しかし挙業のみに従ってきたある「老学究」においては、一字一字が黒烟と化して屋上にたちこめていた、という話を記している（『閲微草堂筆記』巻一）。そこで、清朝の皇帝自身も、「科名声利之習」が人心に深く入っていることを嘆き、朱子学の大成者朱熹の言を引きつつ「己の為にする」本来の学問に志すよう訓示したことがある。[12] 皇帝の立場からは当然の発言かもしれない。しかし、裏面で暴力と欲望の操作とに依拠している征服者のこの御立派なお説教は、その「学問」自体を（意識せずに）一層嘲弄しているようにも感じられる。

一般に（現代も含めて）、ある「教養」や哲学の体系が社会的威信を高め、現実の政治体制と密着するまでに至ったとき、それは、相当の代償をも密かに支払い続けることになるようである。[13] 現実は常に理念に及ばないため、教養はいわば不断に裏切られ、疑問を投げかけられるからである。また、教義の信奉が権力・利益の追求の手段と化すため、それ自体の信条としての活力が人々の心の中で失われやすいからである。とりわけ、現実との大きな乖離を放置したまま、権力が建前を傲然と固持するとき、その「教養」や哲学の体系自体への不信も生じえよう。明代に朱子学を批判して陽明学が勃興したことも、そうした事情があずかったかもしれない。また、陽明学が結局明朝を衰滅から救いえず、朱子学の権威が皮肉にも「夷狄」の権力によって改めて強力に護持されたとき、別の方向への思想的模索や遁走が生じたとしても不思議はあるまい。銭穆氏の、俗悪な科挙の学となった朱子学への嫌悪が「注を以て注を攻める」あの考証学の興隆につながったという指摘[14]には、確かに説得力があろう。

しかも、清代には、おそらく経済的発展もあいまって、読書人の間に、宋・明代以上の分岐が生じていた。山井湧氏はこう指摘している[15]。

清代には朝廷で大規模な編纂事業が数多く行われたし、地方の役所や有力な個人も地方志その他の編纂物をたくさん作った。家庭教師などの口もかなりあった。学者たちは役人になってもならなくても、学問だけで飯を食える可能性が多かった。逆説めいた言いかたをするなら、宋明の学者にはむしろ学問以外に生活の場があり、その生活のための学問という形をとった。清代の学者は学問以外に生活の場がなかった。そこで学問のための学問ということになった。

事実、閻若璩・戴震・段玉裁等の代表的考証学者は、いずれも進士ではない。そして官職にある人が自ら「学問」をする代りに、学者達の後援者として名声を得ようとする例もあった[16]。「学問」が統治とは一応切れて成立し、追求されうる地盤が社会的に成立したのである。山井氏の指摘通り、「学問は漢学、日常生活の行為の基準は朱子学」という考証学者達の使い分けは、こうした分岐と関連しよう[17]。

清代の読書人にとって、その存在形態からして体制の正統思想を正面から否定することは心理的にも難しい。しかし必ずしもそれに全面的同一化はしえない。その狭間で専門化した「学者」が政治との直接的かかわりを避けつつその才能と知識を競いうる社会的地盤は確立していった[18]――そうした事情を清代儒学史の背景として考えることが、できるかもしれない。

三　「両班」——朝鮮の場合

朝鮮（李氏朝鮮、一三九二—一九一〇年）にも、儒学的「教養人」の支配が成立していた。儒学的「教養」は統治組織と結合して圧倒的な社会的威信を有し、それを身に付けた人が朱子学を標準学説とする科挙で選ばれて官僚となる原則だった。彼等が社会の上層をなし、地主にして地域の有力者であるのを典型とする点も、おおむね中国と似る。しかし、中国との間には大きな違いもあった。

何よりも、そこには世襲的な身分の観念が強固に存在したことである。儒学的「教養人」たるはずの人々は両班《ヤンバン》と呼ばれ、その「下」の中人・常民（良人）・奴婢という身分との「尊卑貴賤」の別が強調された。生れつきの身分というものはないと広く意識されていた中国[19]とは対照的である。したがって、科挙に応ずる資格は一応両班以外にも認められるものの[20]、実際上、両班に限定される傾向が強い[21]。生れつきの両班が官職をほぼ独占するのである。事実、太宗十七年（一四一七）、司諫院は、「我朝科挙の法は、徒だ才を試みるのみに非ず、亦以て族属を弁ずる也」とし、世宗十三年（一四三一）、大司憲等が、「古より人を用ゐるの際、専ら才を以てせず、而して必ず先づ其家世門地を考ふ」と述べたという[22]。

両班であるか否かは、したがって、個人の問題である以上に家系の問題である。官僚を出してきた儒学的「教養人」の家、出し続けるはずの家が、両班身分に属すのである[23]。当然、身分内婚が原則である。「両班が正式に寡婦や農奴の娘と結婚すると、彼の子孫は両班階級のほとんどすべての特権を失い、官職の途も閉ざされる」（シャルル・ダレ）[24]。かくして「族譜」の意義が重大となる。そして両班たるには、少なくとも「四祖」（父、祖父、曾祖父および母方の祖父）の内に顕官のいることを要するともいう[25]。しかし、実際に両班としての地位を享受しうるか否かは機械的には決まらない。仮に数代顕官を生まずとも、名高い朱子学者の子孫は両班と認められうる。逆に、顕官の子孫でも両班らしい教養を失えば、その地位は危うい。「両班の家柄であっても長い間なんの官職にも就くことがなかった場合は、その称号は事実上取り消され、また法廷も彼等の両班としての特権を拒否する」（ダレ）[26]。両班としての格の認定は、祖先・「学問」の継承・官職と科挙の合格の有無・通婚圏・交際範囲等にかかわり[27]、しかも、両班身分内での地位も「家系内にどれ程多くの科挙及第者（特に文科）と顕官が輩出したかによって高下が決定」（李成茂）[28]し、上下するのである。

こうして両班の地位は、世襲でありながら、同時に、その維持を世代ごとの実績と相互の社会的認定に大きく依存する。それは、家柄に禄と職とがほぼ自動的に対応した徳川時代の日本の武士などとは違い、構造的な不安定性を持つ。両班は、いわばその両班性を不断に実証し、人々に否応なく認めさせることによってのみ、間違いなく両班でありうるのである。結果として、自称両班と他称両班とは大きく喰い違いうる。定義次第で総人口の三％にも三〇％にもなるとさえ言われる所以である[29]。現に、大丘府（現慶尚北道大邱市付近）の例では、戸籍上、一六九〇年に総戸数の九・二％だった両班戸は、一七三〇年頃、一八・七％、一七八〇年代には三七・五％に増加したという。そして一八五八年には、実に七〇・三％に及んだという[30]。戸籍上は人口の大半が特権的身分になだれこんだのである。それは、「真の」両班であることを示す必要、両班内での差異化の重要性を、一層強めたであろう。それに失敗すれば、当人だけでなく先祖と子孫への打撃である。人が九〇％両班であれば自分は一〇〇％両班であることが安全であり、人が一〇〇％両班であれば一二〇％両班であることが望ましい——そういうことにもなろう。しかも、真の両班は労働しないはずであった。

両班が賤業（農・工・商）を為せば、国家は永く之れを錮《ふさ》ぐ。……今士族が果して農・工・商を為せば、則ち交遊や婚宦（婚姻および士官）に妨碍がないとでもいうのか。人は必ず彼れは平民におちぶれたということからはじめて、卑しんで交際を絶ち、（交遊によって自分の）威厳がおちることを恐れる（柳寿垣『迂書』第一「四民総論」[31]）

無論、実際には下層両班は、商工業はともかく、農業にはみずから従事せざるをえなかったようである[32]。しかし、「真の」両班たろうとすれば、たとえ餓えても「賤業」に携わるわけにはいかなかった。中国のように、兄弟で官人と商人であるようなこと、商人の子が高官となるようなことは通例でも公然でもありえなかった。一人の「棄儒就商」は一族の破滅たりえた。

その上、生活様式全般においても、「真の」両班はその両班性を表示しなければならなかった[33]。中心は冠婚葬祭等の「礼」の実行である。李朝初期以来の『文公家礼』（朱子の作とされる）の影響の深化について梶村秀樹氏は、「『喪事一依家礼』は申し分のない両班の資格の証明と考えられるようになった。そして逆に申し分のない両班としての評判を得ようとして『喪事一依家礼』を実行する者が現われた」と指摘している[34]。喪祭は一族の両班性の証明と誇示の機会となったのである。

以上のような両班身分の社会的存在形態は、体制の、そして両班の「学」たる朱子学からの離反を中国以上に困難にしたであろう。それに加えて、国初以来朱子学を重んじてきた李朝では、十五世紀末以降、朱子学の正統を自負するいわゆる士林派が従来権力を握っていたいわゆる勲旧派に挑戦し、十六世紀中には勝利を収めた。(35) しかも、十七世紀に「北狄」たる満州族が一時朝鮮を侵略し、ついで中国本土の支配者となったとき、今や正統な中華文明の唯一の体現者だという自意識が国内で勃興し、確立した。(36) 対内的かつ対外的に、朱子学が統治者達の自負と誇りを支えたのである。

朝鮮では、特に十六世紀以降、朱子学の支配が中国以上に徹底した。そして、朱子学内部での哲学的思弁と議論の深化・洗練が、中国にも、無論、日本にもないまでに進んだ（例えば「四端理発七情気発」論争、「人物性同異」論争）。(37) いわゆる実学の潮流を考慮に入れても、(38) やはりその点が朝鮮儒学史の最も顕著な特色だった──これらの要因として、上記の両班の社会的存在形態と政治史的・外交史的経過とを挙げることができるかもしれない。(39)(40)

四　様々な「教養」──徳川時代の日本

次に、徳川時代の日本である。それは、一種類の「教養」が卓越した威信を有し、統治をも裏付けているという体制では、元来ない。その点で、上記の中国・朝鮮とも、あるいはイスラーム諸国等とも、大きく異なる。長期の内乱状態が終結し、武士が「禁中並公家」と「寺社」をも厳しく統制する体制が確立したとき、彼等は武芸以外、何の「教養」上の優位をも主張する立場になかった。当然、自己の「教養」理想をもって他を導き、強いることもなかった。その一帰結が、雅俗様々な「芸」や「道」が相当自由に競い合い、影響し合うこの時代の目覚ましい様相である。既に正保二年（一六四五）、宮本武蔵は、「兵法」に加え、「仏法」「儒道」、そして「医者」「歌道者」「数奇者」「弓法者」の「道」があり、「其外諸芸・諸能までも、思ひ〳〵に稽古し、心〳〵にすく」有様だと述べている（『五輪書』(41)）。また、享保の頃、ある大名は、「学術」「暦算」「筆道」「官位装束」「神道」「誹諧」「戯台狂言」と並べて、それぞれの「当世の名人」を挙げている（ちなみに、「学術」は荻生徂徠・伊藤東涯、「誹諧」は松木淡々、「戯台狂言」は市川団十郎。『蘐園雑話』(42)）。町人・百姓においても同様である。井原西鶴は、ある「芸自慢」の町人を描いて、筆道・茶の湯・詩文・連誹・能・鼓・蹴鞠・碁・一節切・浄瑠璃・おどり等を学んだとし、これと並べて、「伊藤源吉（仁斎）に道を聞《き》」としている（『日本永代蔵』貞享五年刊(43)）。

各身分上層の、生活に余裕のある人々にとっては、右の様な「教養」の少なくとも一部は、娯しみであるとともにその格に相応しい嗜みであったろう。彼等にとってそれは社交の助けでもあったろう。そしてスノビズムからそれに倣う人々もいたであろう。様々の「遊芸」の教授が「家業」として成立し、家元制度の確立にまで至った背景がここにあろう(44)。林（羅山）家も伊藤（仁斎）家も、そして本居（宣長）家も、いわば一種の家元だった。

但し、「遊芸」教授を「家業」としない家にとっては、「学問」を含む全ての「芸」は、耽溺すれば「家業」に差し支える危険物である。『葉隠』は、「万の芸能も武道・奉公のためにと心にかまへてすれば、用に立《たち》て能《よき》也。多分芸好に成るもの也。学文などは就ㇾ中危き也(45)」と警告している。町人・百姓の間でも、「博学多聞は強て家業を忘るゝほどに勤めずとも有なん」（大江匡弼『商人黄金袋』安永四年刊(46)）、

「学文は善事なれども、百姓町人の身をもて文事の風流に淫するは、ゆめ〳〵いらぬものなり」（大蔵永常『民家育草』文政十年刊）(47)、「尋常の人は読書計に耽れば家業怠易し、況や書画或挿花茶湯等に於をや」（大関為孝『富貴自在集』天保九年刊）(48)等の教戒は、「遊芸」の普及につれて一層頻りである。

五　儒学と武士

但し、諸「芸」の中で、儒学はその本来の性質からして特異である。それは元来、「教養」というより修養の教えであり、余暇の娯楽・社交の手段・見栄の道具以上であることをみずから要求する。しかも、特に統治者にとって必須であると主張し続けるからである。一方、「文武」兼備は武家諸法度も説いていたものの「武士」達に「武」を用いる機会はなく、彼等は事実上次第に「文官」化していった。そして彼等の「文」としては、世俗的な道徳と統治の学たる儒学が、明らかに最も適合的だった。

しかし、大名にとっても、永らく、儒学への無知は恥ではなかった。正徳五年（一七一五）刊の随筆において、儒者藤井懶斎は、「国君郡主ノ儒学ヲ好ム者、多クハ皆ナ久シカラズシテ廃ツルコトハ何ゾ耶」と設問している。彼の解答は、「礼文」が「其ノ身ヲ検束スルニ苦シム」こと、「衆欲遂ゲ難キ」こと、「異政ノ上ニ聞ユルヲ憚ル」こと、「諸臣之ヲ厭フ者ノ衆クシテ勧ムル者ノ寡」いこと、そして「武事怠緩ノ嫌ヲ避」けることである(49)。

ところが、十八世紀も半ばを過ぎると、大名が家来のために学校（藩学、藩校）を設ける例が尻上りに増加する。石川松太郎氏によれば、宝暦―天明の間（一七五一年―一七八八年）に五〇、寛政―文政の間（一七八九年―一八二九年）に八七、天保―慶応の間（一八三〇年―一八六七年）に五〇の大名家で、規模は様々であるものの、武士のための教育施設が設けられたという。[50] 無論、その教育の主内容は儒学である。大名が家中に「学問」を懇切に勧めることもあった。[51] そして「御公儀」においても、寛政時の改革で林家の塾を基礎に昌平坂学問所が設けられ、「素読吟味」「学問吟味」と称する試験も開始された。

一面で「遊芸」の一つでありながら、儒学は武士身分への浸透を特に十七世紀後期以降続け、遂に公儀・大名双方で制度上も特別な地位を占めるに至ったのである。そのことは他の「教養」の存在を否定したわけではない。特定の儒学派による思想統制が一般になされるようになったわけでもない（いわゆる寛政異学の禁はそういうものではない）。武家の組織原理に大変動があったわけでもない。しかし、少なくとも今や儒学は、支配身分において、かなり広く、多少とも身に付けるべき素養とみなされるようになったのである。

六　「儒　者」

次に、この特異な「教養」、儒学の専門的な担い手だった儒者に注目したい。

前記のように、中国・朝鮮においては、学者とは本来全人的選良として治者たるべき人々だった。しかし、科挙制度なき武家支配の社会では、学者とは、儒者達が嘆き続けたように、いわば一芸の師匠だった。「学者などいふものゝ、ゆたかにひとりたのしみ居るハかくべつ、その芸にてよハたりすといふになれば、ごぜ、座頭のごとし」（趙陶斎『陶斎先生日記』[52]）、「学を販《ひさ》ぐ一業夫」（常盤潭北『野総茗話』[53]）といった評さえある。その意味で、彼等は武士・町人・百姓の通常の身分の外にあった。それはその姿にも表示された。特に髪型である。初期の儒者には、池坊・本因坊や医者と同様、剃髪していた人がいる。将軍に仕えた林羅山・鵞峰がその例である。そして十七世紀末以降は、月額を剃らない総髪が普通である。[54] これも医者に多い髪型である。

儒者のこうした特殊な地位に対応して、その出身は様々である。[55] 当時の社会の基本原則通り世襲の場合もあるが、他に、当人もしくは親が医者・出家・町人・百姓の場合も多い。浪人も重要な供給源である。そして、儒者として門戸を構えれば、元の身分はあまり意味を持たなかったようである。事実、町人・百姓出身者でも姓を公然と称する。そして彼等に対し、武士が師礼をとることを忌避することも普通ないようである。武士以外の出身の儒者を大名が「師」と尊んだ例もある。また、儒者間の書簡でも、出身身分による書式上の配慮は少なくとも目立たない。それが、通常の身分の枠外に出たことの効果なのであろう。

専門家としての儒者の社会的存在形態を大きく類型化すれば、いわば「町儒者」と「御儒者」の二つである（医者の、「町医者」と「御典医」の二大類型に類似する）。

前者は、町で塾を開き（通常自宅である）、儒書を講じ、広く漢詩文の読解作成能力を養成し、「道」を説き、その授業料を生活の糧とする。宝永三年（一七〇六）、芝増上寺門前で塾を開いた梁田蛻巌は、「生徒を教授すること数十人、束脩の入、衣食粗ぼ給」りたという（「答桂彩巌」）。[56] また、井上金峨（享保十七・一七三二年―天明四・一七八四年）は、江戸でいわゆる売講を行なった。講義毎に一定の聴講料を徴収する方式である。一説には、三〇文ずつ一日百五六十人余りから集め、「遂に乏しからざるを得た」という（東条琴台『先哲叢談後編』）[57]。但し、一般には、町儒者の暮らしは苦しいのが相場である。大田錦城（明和二・一七六五年―文政八・一八二五年）は、「学問をすれハ貧になるといふ事」について論じている（『茗会文談』）[58]。「医者寒からず、儒者寒し」という諺もあった[59]。京の町人の子、伊藤仁斎が儒者を志したとき、人々は「儒の售《う》れざるを以て、皆曰く、医たること利なりと」勧めたという（「送片岡宗純還柳川序」）[60]。もっとも、実際には儒者と医者とを兼ねる者も多かった。いわゆる儒医である[61]。それは、同時代の朝鮮における、医療・通訳・律等の技術に携わる中人と両班との明確な身分の別とは対照的である。日本でも、儒医兼業を批判した儒者はいる[62]。しかし、当時の日本の常識では、ともに古典中国語の読解能力を必須とするこの二つの類似した職の兼業は自然なのである。

ところで、宗政五十緒《むねまさいそお》氏によれば[63]、京都では、十九世紀に入った文化・文政期以後、遠国から来訪して町儒者に学ぶ人が大きく減少したという。その一因を宗政氏は、藩校の増加に求めている。儒学教育の公制度化が私塾経営を圧迫したのである。事実、池田草庵は、天保十四年（一八四三）に京都を引払い、「拙生身之上全躰廿年之頃より京都遊学いたし生涯京師ニ而教授いたし可レ申と相心得罷在候得共、京師之地教授いたし候而送る事六ヶ敷……此数年前国元へ引取申候」と述べている[64]。

もっとも、全ての町儒者が狭小な塾の主として生活に追われていたわけではない。その典型が広瀬淡窓（天明二・一七八二年―安政三・一八五六年）である。彼は二〇代のとき、故郷豊後国日田で塾を始め、それを発展させていった。その特色は、明確なカリキュラム、点数による成績判定、それに基づく進級制にある。漢詩文の読解作成能力を段階的に身に付けさせるための制度である。それは「道」を学ぶためには問題があるかもしれない。しかし、当時の広範な需要に応えるものではあったらしい。彼の塾、咸宜園の入門者は、全国から五〇〇〇人にも及んだという[65]。

儒者のもう一つの類型、「御儒者」は、将軍・大名に仕えて、禄や扶持を受ける。身分・家柄による差別の厳しかった当時、それは能力によって登用される例外的な出世コースであるともいえた。「大概十人扶持より、高二百石の禄を峠」とし（常盤潭北『野総茗話』享保十八年序[66]）、ある浪人が一五〇石で抱入れられた後、四〇〇石の用人とされ（寛政元年）、「とかく此節ハ儒者がよい」と噂されることもあった（水野為長『よしの冊子[67]』）。但し、やはり通常の武士の仕官とは別の感覚があったらしく、一時的であったり、二度三度と仕える先を改める例も少なくない。彼等は、あるいは主人の「学問」の相手をし、あるいは命によって詩文を作り、家中への講義を行なう。この講義が制度化すれば藩校教授ということになる。また、町儒者との中間形態として、私塾を営みつつ時々大名に出講し、扶持等を受ける場合もある。

「御儒者」の実際の待遇、さらに統治への寄与の度合は、その主人の意向に大きく左右される。しかし、一般には統治への参与は少ない。家康以来四代の将軍に仕えた林羅山についても、横井小楠の次の評はほぼ正確であろう。

> 乍レ恐権現様聖賢之道御合点参り御尊信被レ遊候にては無之、先学者は顧問に備り和漢古今種々の事御尋之節申上候御道具に被二召仕一候。羅山にて可レ知なり治国の筋は却て仏氏御信用にて、天海・南光坊の如

き内外の機密に預り所謂黒衣之宰相とも可レ申候[68]

大名に仕えても、概して事態は同様だった。梁田蛻巌（寛文十二・一六七二年―宝暦七・一七五七年）は、「経済の権は猶尚、一に武人俗吏に帰し、儒の、体に明るく用に適ひ、其の善以て宝と為す可き者もまた、唯だ掌故説書を之れ務め、方技（医術をいう）と伍を同じうするを免れず」と嘆き（「跋経国集」[69]）、海保青陵は、「今ノ世抔ハ、儒者イヅカタニテモ政ニタヅサワラズ。唯、ヨメニクキ字ヲヨムマデノ役也」と指摘している（『稽古談』文化十年成[70]）。

儒学的「教養」の普及、浸透と、儒者自身の政治的参与は別のことである。安政四年、福井藩の橋本左内（もっとも当人も医者だが）は儒者についてこう述べている。

畢竟其家学にて無レ拠致居候歟、又は癃疾癈病・身体尫弱等にて、人並の操作力役に不レ堪に付、自然不レ得レ已書物嗜に相成候義に御坐候得ば、口にこそ治国の、平天下のと申居候得共、其腹は本来無一物にて、事業作用之上に施行候様の確見等は無く、徒古人之糟粕をなめ、文字上にて恍惚に聊相覚候口似真（ママ）にて、即鸚鵡芸とも可レ申者に御坐候（「学制に関する意見劄子」[71]）

そして儒書の凝ったパロディの洒落本等が大いに好まれる反面、儒者は、「世の人をくその如くに見くだして屁っぴり儒者と身は成にけり」（『万載狂歌集』天明三年刊[72]）、「店賃でいひこめられる論語読み」（『誹風柳多留』五篇、明和七年刊[73]）等とからかわれている。誇りは高いが役に立たない、非力で非実際的な理屈屋としての儒者イメージは強固に続いた。「儒者了簡」とは、通常、非難の語だった。

但し、徳川時代前半においても、儒者が統治に深く参与した例はある。最も顕著なのは、新井白石

（明暦三・一六五七年―享保十・一七二五年）である。その回想録『折たく柴の記』によれば、白石は、徳川綱豊（後に六代将軍家宣）に仕えた一九年間に、計一二九九日、進講したという。『読史余論』も進講の草稿が元である。そして、家宣が将軍であった間、白石は（「御儒者」ではなく）旗本の地位を与えられて公儀の統治全般にかかわり、いわゆる正徳の治の一連の改革を主導した。「十にして七八までは大かたならず某が申旨をもとり用られ」（「與建部内匠頭書」[74]）たという。家宣の代の武家諸法度も白石の起草である。それは冒頭、「文武之道を修め、人倫を明かにし、風俗を正しくすべき事」、「国郡家中の政務、各其心力を尽し、士民の怨苦を致すべからざる事」と定めている。大名旗本の職務が全く儒学的に定義し直されたのである。画期的だった。

しかし、白石の政治的影響力は、将軍の個人的信頼がほぼ唯一の拠である。制度的基礎も独自の権力基盤もない。したがって、家宣が死亡し、さらに後継の幼児将軍家継が在任三年で死亡した時、その影響力は直ちに消えた（武家諸法度も以前に戻された）。

ところが、前記のように武士身分の儒学的「教養」が深まるにつれ、異なる事態も生じてきた。代表的な例は十九世紀初頭以来の水戸徳川家である。『大日本史』編纂の彰考館を本拠とする学者集団――いわゆる水戸学者達――が、統治に直接参与したのである。その代表者藤田幽谷（古着屋の息子だった）は、文化五年、彰考館総裁を兼ねたまま郡奉行となっている。文政十二年には幽谷の子東湖、幽谷の弟子会沢正志斎等に擁立され、斉昭が当主となる。斉昭の下、東湖は側用人、正志斎は小姓頭にもなった。武士でもある水戸学者達が、一時藩政を左右したのである。一藩がその名をもって呼ばれる

「学」の牙城となったのも未曾有である。そして水戸学が徳川時代末期以降、大きな政治的意義を持ったことは周知の通りである。

また、ペリー来航後の流動的情勢の中で儒者が相当の発言力を持ち、さらに、大きな政治的影響力を握った例もある。おそらく最大の例は熊本藩の儒者、横井小楠であろう。彼ははるばる越前松平家に招かれ（安政五年）、当主松平慶永を指導し、同「国」の詳細な「国是」まで定めている（『国是三論』）。旗本の間でまったく孤立していた新井白石と異なり、小楠は彼に心服する藩士達にも支えられていた。

これらの例は、儒学的「教養」の浸透によって、武士達の「理屈」、抽象的な理念に対する態度にも、いつの間にか大きな変化のあったことを示唆しているのかもしれない。

七　徳川儒学

徳川時代の日本における儒者と儒学の以上のような社会的存在形態とその変化は、その「学問」内容にも深く関連した。

何よりも、そのとりとめのないまでの拡散の傾向である。(75) 元来特定の「教養」、特定の「学」と結合していない統治体制の下、「一芸」の師たる儒者達は、主人・門弟・聴衆・読者の反応に関心はあっても、特定の「正統」に固執し、あるいはそれへの忠誠を示さなければならない理由はなかった。生活様式まで儒学化することへの社会的圧力もなく、完璧な朱子学者たらんとすれば当然に社会的尊敬を受けるというわけでもなかった。むしろ、反撥と嘲笑さえ予想されたのである。かくして、中国、特に朝鮮と違い、朱子学についても、真剣な信奉者のいる反面、遠慮のない批判――それが深いものだったか否かは別問題である――が相継いだ。それらは日本では、少なくとも当然には政治体制への批判的態度を意味しない。

そして、担い手が「士大夫」やその周辺と限らず、地位も生活も様々だったこととも対応して、徳川時代の儒学はその視座や志向においても多様である。それは、あるいは個々の武士の生に指針を与えようとし、あるいは現実的な統治の学たらんとし、あるいは町人の生活意識に接近した。そして、あるいは極度に道徳主義的、政治主義的、あるいは極めて思弁的、そして時には全く非政治的な「遊芸」に甘んじた。しかも、そうした多様化は儒学的「教養」の普及につれて一層進んだ。

中期以降には、経書解釈上の「学説」の微細な差を競う「学界」意識さえ強まり、一方、儒学の枠を出て、「異端」であるはずの諸子の書の註釈に打ち込む人々もいた。さらには、『水滸伝』の読解を教授する人さえいたという[76]。無論、清朝考証学に学んだ人々もいる（但し、本場の考証学者と異なり、彼等には朱子学との使い分けの必要はなかった）。彼等は儒学者というより、既にほとんど近代にいう所の「漢学者」[77]だった。また、当時の日本社会の常識的な道徳意識を受け容れて儒学と結合させ、あるいは並立させる例が多い反面、儒学の政治観に基づいて反乱を示唆し（山県大弐）、現に起こした（大塩中斎）人もいた。

こうした徳川儒学の多様化は、「国学」と「蘭学」を含む儒学以外の様々な思想潮流をも導き出し、「学問」自体の一層の多様化と相互影響の状況を出現させていった。その渦中において、次第に、一方で天皇を政治的統合の中心として仰ぎ、他方で西洋に必要な限りで学ぶという精神態度も、ほかならぬ儒学的言辞の裏付けを得つつ、形成されていったのである。

＊　この論文は、一九八七年に国立民族学博物館で開催された国際シンポジウム「近代世界における日本文明——知と教養の比較文明学」での報告を補訂したものである。梅棹忠夫・栗田靖之編『知と教養の文明学』（中央公論社、一九九一年）に収載された。今回、極く一部の表現と表記を改め、註を補った。

（1）吉川幸次郎「支那人の古典とその生活」（一九四四年）（『吉川幸次郎全集』第二巻、筑摩書房、一九六八年）、二八八頁。

（2）重田徳『清代社会経済史研究』（岩波書店、一九七五年）、二九四―三〇八頁。

（3）但し、中国においておよそ商人たることに誇りを持つことはなかったともいえないようである。例えば、余英時『中国近世宗教倫理與商人精神』（台北、聯經出版事業公司、一九八七年）、一四八―一五二頁を参照。

（4）「郷紳」が厳密に何を意味するかについては、実は種々の議論がある。例えば、奥崎裕司『中国郷紳地主の研究』（汲古書院、一九七八年）、四―一二頁を参照。

（5）広義の郷紳の地域での役割については、次の書が様々な実例を紹介している。Hsiao Kung-chuan（蕭公権）, *Rural China : Imperial Control in the Nineteenth Century* (Seattle : University of Washington Press, 1960).

（6）註（2）前掲書、一一三頁。

（7）註（4）前掲書、一六頁。
（8）例えば、何炳棣氏は、明・清代の進士について、前三世代に士人のいない人の比率を三一・一％と計算している。Ping-ti Ho, *The Ladder of Success in Imperial China: Aspects of Social Mobility, 1368-1911* (New York: Columbia University Press, 1962), 111.『科挙と近世中国社会——立身出世の階梯』、寺田隆信ほか訳、平凡社、一九九三年。
（9）清朝科挙の実態については、例えば、宮崎市定『科挙』（中央公論社、一九六三年）を参照。
（10）『朱子語類』巻一三第一五六条。中華書局版（一九八六年）第一冊、二四六頁。
（11）島田虔次『朱子学と陽明学』（岩波書店、一九六七年）、一一七頁。また、陳澧（一八一〇年—一八八二年）は「天下の人才の敗壊せしこと、大半は挙業に由る」とまで述べている。銭穆『中国近三百年学術史』（台北、台湾商務印書館、一九三七年）、六一〇頁、所引。
（12）乾隆五年（一七四〇）。『大清十朝聖訓、高宗純皇帝聖訓』巻三三、台北、文海出版社、㈠五二三—五二四頁。
（13）岡義達『政治』（岩波書店、一九七一年）、六四—六五頁を参照。
（14）註（11）前掲『中国近三百年学術史』一三九—一四一頁。また、吉田純「乾嘉古典学の「考古」」（『東洋文化研究所紀要』第一〇二冊、一九八七年）、三一八—三二〇頁を参照。
（15）山井湧『明清思想史の研究』（東京大学出版会、一九八〇年）、四〇九頁。
（16）狩野直喜『清朝の制度と文学』（みすず書房、一九八四年）、二三一頁。
河田悌一氏も、次のように指摘している。

「一、乾嘉期には、朱筠がそうであったように——朱珪、畢沅、馮廷丞、梁国治、阮元などのように——人材をあつめ、各人の学問を援助する風気ができあがってきた。

二、そこでは章学誠のように、科挙に登第しても正式の官につかず、地方の顕官や名望家をわたりあるき、書籍の校定や地方志編纂によって生活する士大夫が存在した」。「清代学術の一側面――朱筠、邵晉涵、洪亮吉そして章学誠」（『東方学』第五七輯、一九七九年、一〇三頁）。

（17）註（15）前掲書、四〇八頁。ここでいう漢学とは漢代訓詁学に依拠する考証学の意味である。

（18）考証学の流行を可能ならしめた社会的諸条件については、さらに次の書が詳しい。Benjamin A. Elman, *From Philosophy to Philology: Intellectual and Social Aspects of Change in Late Imperial China* (Cambridge: Harvard University Press, 1984).

（19）例えば、註（11）前掲『朱子学と陽明学』一六頁、費孝通『中国農村の細密画』（研文出版、一九八五年）、一七九―一八〇頁を参照。

（20）時に、両班のみに応試資格があったとも言われるが、それは誤りであろう。崔永浩「李朝初期（一三九二―一六〇〇年）の科挙における良人――朝鮮社会構造の一側面」（『韓』第六巻一〇号、一九七七年）、宋俊浩「朝鮮時代の科挙と両班および良人――文科と生員進士試を中心に」（『韓』第六巻八号、一九七七年）、李成茂『朝鮮初期両班研究』（ソウル、一潮閣、一九八〇年）、五七―六五頁を参照。

（21）註（20）前掲『朝鮮初期両班研究』五九―六三頁。

（22）同書、六四―六五頁、所引。

（23）李佑成『韓国の歴史像』（鶴園裕ほか訳、平凡社、一九八七年）、一五八―一五九頁。

（24）シャルル・ダレ『朝鮮事情』（金容権訳、平凡社、一九七九年）、一九一―一九二頁。本書は十九世紀半ばのフランス人宣教師の報告に基づく。原著刊行は一八七四年。

（25）註（20）前掲『朝鮮初期両班研究』六〇頁。

(26) 註(24)前掲書、一九二頁。
(27) 朴秉濠「韓国村落社会における同族結合の類型」(江守五夫・崔龍基編『韓国両班同族制の研究』、第一書房、一九八二年)、六一—六三頁。
(28) 註(20)前掲『朝鮮初期両班研究』、六五頁。
(29) 尹学準『オンドル夜話——現代両班考』(中央公論社、一九八三年)、一二〇頁。
(30) 四方博『朝鮮社会経済史研究』中(国書刊行会、一九七六年)、一〇九—一二七頁。また、姜万吉『韓国近代史』(小川晴久訳、高麗書林、一九八六年)、一一九—一二二頁を参照。
(31) 姜在彦『朝鮮の開化思想』(岩波書店、一九八〇年、八九頁)所引。註(24)前掲書、一九頁にも、「彼らは、商業や農業、あるいはなんらかの手工業によって真面目に生活の糧を稼ぐには、あまりにも高慢であり、貧窮と奸計のなかで無為に世を送る」とある。
(32) 註(30)前掲『朝鮮社会経済史研究』一一五頁は、田中徳太郎氏の「両班は昔に在って商業や工業は絶対にやらなかったけれども、農業だけは致しました」との言を引く。渡部学氏も、金容燮氏の研究を引いて、朝鮮後期の「在地下層両班のほとんどは、要するに経営する農民であり、その土地所有関係からみて、実業的な生活営為に多忙であったのである」としている。渡部学『近世朝鮮教育史研究』(雄山閣、一九六九年)、三八二頁。
(33) 例えば、朴趾源「両班伝」(『燕巌集』別集巻八)は「手に銭を執ることなく、米価を問はず、暑にも襪を跣《ぬ》ぐことなく……病むも巫を招くことなく、祭にも僧を斎せず」等と詳しく生活上の注意を列挙している。また、註(23)前掲書、一五九頁を参照。
(34) 梶村秀樹『朝鮮史の枠組と思想』(研文出版、一九八二年)、四六頁。特に、後述する士林派が『小学』を教育の基礎とし、『家礼』通り喪祭の礼を行なうことで勲旧派と自己を対比したこと(李樹健『嶺南士林派의形成』、

慶山、嶺南大学校出版部、一九七九年、二七〇頁)、しかもその士林派が抗争の末に政権の主流となったことが、『家礼』の浸透を一層深めたであろう。

(35)　韓沽劤『韓国通史』(平木實訳、学生社、一九七六年)、二九三―三〇一頁。なお、宮嶋博史氏は、「士林派による郷村社会への朱子学イデオロギー貫徹の努力」を紹介し、「朝鮮朱子学独特の性格がこの過程で形成された」としている(「朝鮮社会と儒教――朝鮮儒教思想史の一解釈」、『思想』七五〇号、一九八六年)。

(36)　朴忠錫『韓国政治思想史』(ソウル、三英社、一九八二年)、六〇―六六頁。当の清朝において「中華」意識と朱子学の立場に伴った翳りと、それは好対照をなしている。

(37)　その内容については、裵宗鎬『韓国儒学史』(ソウル、延世大学校出版部、一九七四年)が詳しい。

(38)　ちなみに李佑成氏は、「実学派の学者たちがおおむね両班《ヤンバン》身分の所有者でありながら、李朝官僚国家の権力体系から離脱し、または疎外された人々であったということ」を指摘している。註(23)前掲書、二九頁。

(39)　なお、註(34)前掲『朝鮮史の枠組と思想』二二一―二二三頁は、次のように指摘している。「党争は朱子学の枠内での、その解釈・実践をめぐる理論闘争として展開された。いわゆる四端七情・理気先後のスコラ的解釈学と喪礼の具体的論題をテーマとして、それぞれに退渓・栗谷等々の著名な朱子学者に従う者が党派をくんで、実際には政権をめぐって、存在をかけた争いをくりかえしたのである。党争においては朱子学への忠誠度が争われ、したがって一般的には教条主義を徹底させる者が勝ちを占める傾向にあった。朱子学の枠を一歩ふみこえることは、とりもなおさず自らの支配の基盤を掘りくずすことであることが自覚されていたといえる。仏教等はおろか、徐敬徳等の気一元論や陽明学なども、まったく在野の異端・少数派としてしか存在しえなかった」。

(40)　両班に関しては、金容沃前高麗大学校教授および朴忠錫梨花女子大学校教授から種々の御示唆を得た。特に記して感謝の意を表する。

(41)　渡辺一郎校注、岩波書店、一九八五年、一二頁。
(42)　森銑三ほか編『続日本随筆大成』第四巻（吉川弘文館、一九七九年）、八〇頁。
(43)　東明雅校訂、岩波書店、一九五六年、五七頁。また、似た例として『悔草』（正保四年刊）（天理図書館司書研究部編『近世文学未刊本叢書　仮名草子篇』、養徳社、一九四七年、一四八―一四九頁）参照。
(44)　守屋毅氏は、「町人社会へ遊芸が普及する理由のひとつに、上昇期にある彼らが、経済的実力とは別に、経済力をこえた「外聞」をもとめていたことが指摘されよう」としている（「家元制度――その形成をめぐって」、『国立民族学博物館研究報告』四巻四号、一九七九年、七二六頁）。なお、町人にとっての遊芸の必要性と危険性については、守屋氏から種々の御教示を得た。
(45)　斎木一馬ほか校注『日本思想大系26　三河物語・葉隠』（岩波書店、一九七四年）、二四四頁。
(46)　日本経済叢書刊行会編『通俗経済文庫』巻一（日本経済叢書刊行会、一九一六年）、六八頁。
(47)　同『通俗経済文庫』巻九（一九一七年）、四二頁。ちなみに、無跡散人『世間学者気質』（明和五年序）には、正に唐風の「文事の風流」で家をつぶした「実例」が描かれている。
(48)　同『通俗経済文庫』巻五、一九六頁。
(49)　『閑際筆記』（『日本随筆大成』第一期九巻、吉川弘文館、一九二七年）、二二五頁。なお、理解の便のため表記を一部改めた。
(50)　石川松太郎『藩校と寺子屋』（教育社、一九七八年）、二九頁。
(51)　例えば、本多忠籌「匡正論」（井上哲次郎ほか編『武士道叢書』中巻、一九〇五年）、膳所侯の寛政年間の家中への「申渡」（松浦静山『甲子夜話続篇』巻四三、4、平凡社、一九八〇年、三三―三四頁）。
(52)　森銑三ほか編『随筆百花苑』第五巻（中央公論社、一九八二年）、二八四頁。

(53)　註(47)前掲『通俗経済文庫』巻九、一六二頁。
(54)　荻生徂徠は、「儒者のかしらそりしは、〔藤原〕惺窩よりはじまりて、僅に六七十年の間」と述べている(『南留別志』、日野龍夫編輯『荻生徂徠全集』第一八巻、みすず書房、一九八三年、一四五頁)。ちなみに、『秋寝覚』(寛文九年序)には「かしら、ふつゝかに、おろし。法師ハラのかたちにて。あるもあり。又ハ、かけでの山ぶしのことく、なるあり。月額をそらず。髪を、一につかねし。あり」とある(朝倉治彦編『仮名草子集成』第一巻、東京堂出版、一九八〇年、二五頁)。
(55)　この点については両班とも比較した、阿部吉雄「江戸時代儒者の出身と社会的地位について」(『日本中国学会報』第一三集、一九六一年)を参照。
(56)　『蛻巌集後編』巻之七(徳田武編『近世儒家文集集成第五巻　蛻巌集』、ぺりかん社、一九八五年、二二七頁)。
(57)　和田利彦編『大日本文庫儒教編　先哲叢談』(春陽堂書店、一九三六年)、五〇八―五〇九頁。
(58)　長沢規矩也編『影印日本随筆集成』第八輯(汲古書院、一九七八年)、二〇八頁。
(59)　『日本国語大辞典』第一巻(小学館、一九七二年)「医者」の項。
(60)　三宅正彦編『近世儒家文集集成第一巻　古学先生詩文集』(ぺりかん社、一九八五年)、二〇頁。
(61)　儒医については、安西安周『日本儒医研究』(青史社、一九八一年)、布施昌一『医師の歴史――その日本的特長』(中央公論社、一九七九年、五四―七二頁)を参照。
(62)　有名なものとしては、例えば、伊藤仁斎「儒医弁」(『古学先生文集』巻之三)、太宰春台「儒医論」(『紫芝園後編』巻之七)。
(63)　林屋辰三郎編『化政文化の研究』(岩波書店、一九七六年)、三〇二頁。
(64)　『陽明学大系第一一巻　幕末維新陽明学者書簡集』(明徳出版社、一九七一年)、二二一―二二三頁。

(65)　淡窓については主に中島市三郎『教聖広瀬淡窓の研究』(増補訂正版、第一出版協会、一九三七年)に依る。
(66)　註(47)前掲書、一六一頁。
(67)　註(52)前掲『随筆百花苑』第八巻(一九八〇年)、三三三頁。
(68)　山崎正董編『横井小楠遺稿』(日新書院、一九四二年)、一三〇頁。堀勇雄『林羅山』(吉川弘文館、一九六四年)にもほぼ同様の指摘がある。
(69)　『蛻巌集後編』巻之八。註(56)前掲書、二四九頁。
(70)　蔵並省自編『海保青陵全集』(八千代出版、一九七六年)、二七頁。
(71)　佐藤昌介ほか校注『日本思想大系55　渡辺崋山・高野長英・佐久間象山・横井小楠・橋本左内』(岩波書店、一九七一年)、五四二頁。
(72)　野崎左文校訂、岩波書店、一九三〇年、一〇六頁。
(73)　杉本長重校注『日本古典文学大系57　川柳　狂歌集』(岩波書店、一九五八年)、一一五頁。
(74)　市島謙吉編『新井白石全集』第五(吉川半七刊、一九〇六年)、五七〇頁。
(75)　この点については、朝鮮の「儒者」とも比較した阿部吉雄『日本朱子学と朝鮮』(東京大学出版会、一九六五年)、五五七―五五八頁を参照。
(76)　大田錦城『茗会文談』、(註(58)前掲書、二一〇頁)、参照。
(77)　ここでいう漢とは、むろん中国の意味である。特に「洋学者」との対比で広がった語であろう。

5　東アジアにおける儒学関連事項対照表
——十九世紀前半——

	越南	中国	朝鮮	日本	琉球
国号	大南国 越南（中国より冊封）	清	朝鮮（明より冊封）	日本	琉球（明より冊封）
統治者の公式称号	大皇帝	皇帝	国王	征夷大将軍 天皇	国王
統治者の対外称号	大南国大皇帝（清以外に対して） 越南王国（清に対して）	皇帝	朝鮮国王	日本国大君	琉球国中山王
統治者の通称	ヴア（vua）	万歳爺	イムグムニム	公方様・天下様 禁裏様・禁中様・天子様	御主加那志前
統治者の祭天儀礼	有	有	無（風雲雷雨壇等の祭りは有）	無	有（但し「天」の内容は独特）
統治者の祖先祭祀	宗廟（固有信仰を加味）	宗廟	宗廟	神式・仏式	儒式・仏式（崇元寺・円覚寺）
元号	清の元号（清に対して） 越南の元号	清の元号	公式には清の元号 私的には「崇禎」等	日本の元号	清の元号 日本の元号（日本に対して）

暦	時憲暦	時憲暦	時憲暦	寛政暦・天保暦	
首都の構造	方位に即し、格子状	方位に即し、格子状	概ね方位に即す	不整形（江戸） 方位に即し、格子状（京都）	不整形
宮廷の構造	南面・左右対称	南面・左右対称	南面	不整形（江戸城本丸御殿） 南面・やや不整形（京都禁裏）	西面
宮廷儀礼	明風＋清風	明風＋清風	明風＋朝鮮風	武家作法 唐風（？）＋和風	種々の折衷
宮廷音楽	雅楽（清風）	雅楽	雅楽	能・狂言 「雅楽」	琉球音楽
中央官制	六部	六部	六曹	老中・三奉行等 律令制の変型	摂政・三司官等
封建・郡県	郡県	郡県	郡県	封建	どちらとも言えない
『実録』の作製（その通称、用語）	『大南寔録』（古典中国語）	『大清実録』（古典中国語）	『李朝実録』（『朝鮮王朝実録』）（古典中国語）	『徳川実紀』（和文）	『中山世譜』『球陽』（古典中国語）
官庁公式文書の用語	古典中国語 越南式変体あり	古典中国語 満州語	古典中国語 朝鮮語（ハングル漢字まじり）	候文	古典中国語 平仮名琉球文
一般に使用された文字	漢字	漢字	漢字・ハングル	漢字・平仮名・片仮名	漢字・平仮名・片仮名

	越南	中国	朝鮮	日本	琉球
主な刑法	国朝刑律（一四八三年） 皇越律例（一八一五年）	大清律例	経国大典刑典	公事方御定書	琉球科律 新集科律
清への朝貢	有	／	有	無	有
清以外への「朝貢」	無	無	無	無	有
他からの「朝貢」	有	有	（有？　対馬）	有	無
主な身分制度	貴族・官吏・地主・士大夫（儒士）・工商・農	士・民	両班・中人・常民・奴婢	武士・町人・百姓	大名・士（系持）・百姓（無系）
科挙	有	有	有	無	有（科《こう》）
孔子廟	有	有	有	有	有
国学	有	有	有	（有、昌平黌）	有
郷学	有	有	有	（有、藩学）	有
民間儒学教育機関	有	有	有	有	無
儒学の担い手	儒士	読書人	両班	儒者	士
学派争い	ほとんど無	有	有	有	無
姓名	漢族風	漢族・満族	漢族風	和風	漢族風・琉球風
男子髪型	総髪	辮髪	総髪	丁髷	総髪

支配層の祖先祭祀	固有信仰（儒式を加味）	儒教式	儒教式	仏式	固有信仰
葬儀の様式	固有信仰（儒式・仏式を加味）	儒教式・仏式	儒教式	仏式	固有信仰
官吏の親への服喪期間	三年	三年	三年	忌五〇日、服一三ヶ月	
家系の観念	双系から父系へ徐々に移行	父系	父系	概ね父系	父系
族譜・家譜の作製	有	有	有	有（系図）	有
同姓同本婚	否定	否定	否定	肯定	
財産の相続	男女均分から男子均分へ移行	男子均分	男長子優待均分	単独（分家も可能）	
異姓養子を嗣子にすること	肯定	否定	否定	肯定	
宗族共有地	有	有	有	無	無
村落共有地	有	無	有	有	有
郷約	有	有	有	無（但し、村掟等あり）	無
対キリスト教政策	禁止	禁止	禁止	禁止	禁止

＊　この対照表は、はじめ、『思想』七九二号（「儒教とアジア社会」特集号、一九九〇年六月）に掲載された。作成にあたっては、溝口雄三氏を始めとする同特集号執筆者の方々から教わる所があった。特に、ヴェトナムに関しては、坪井善明氏に学んだ点が多い。豊見山和行「琉球の王権儀礼」（赤坂憲雄編『王権の基層へ』、新曜社、一九九二年）により、一部修正（第二刷）。

＊　極小のスペースで正確厳密に表現することは難しい。不明な件もあり、やむをえず空欄にした場合もある。諸賢の御教示を待ちたい。

Ⅲ　日本儒学と国学的心性

6 「泰平」と「皇国」

一 はじめに

特に徳川時代の末以降、一九四五年まで、日本で頻用された「皇国」という語がある。それは、巧妙な構造を持った日本語である。

即ち、まずこの語自体は中国古典（『中説』問易篇）にあるが、「強国」「覇国」「王国」「帝国」に対比して、より高次の、「無為」に拠る国の在り方をいい、直接の関係は無い。また、中国で編まれた新旧の『辞源』『辞海』（一九一五、一九八〇、一九三七、一九七九年刊）は、いずれもこの語を収めない。中国では、少なくとも極めて稀な語であろう。

しかし、中国でも、当代の王朝を指して「皇朝」という。また、個別に、「皇明」「皇清」等ともいう。それは時の王朝ないし国家に対する、恭しい敬意を込めた美称である。これに対し、無論「皇国」の「皇」は何よりも天皇を意味する。しかも、なおかつそれは美称である。但し、この場合、前王朝に対して当代の王朝を称《たた》えるのではない。天皇以外の王朝は前提されない。その結果、それは専ら諸外国に対して自国を称えるのである。したがって、「皇国」は、尊称というより、自称にして誇称である。しかも、例えば「大英帝国」の併存を許す「帝国」の語と違い、類例のない独自性さえ、それは示唆する。現に、日本以外に「皇国」はありえない(1)。即ち、「皇国」の語は、自国を天皇なるものを戴く類例のない国と自己規定し、さらにそういうものとしての自国を諸外国に対して誇る意味合いを、構造上、含んでいるのである。それ故、日本を「皇国」と呼ぶ時、中国を「中華」「中国」とは普通呼ばない(2)。それらは、日本が「夷狄」であることを含意しうるからである。日本が「皇国」である時、中国は、「唐(土)」「漢(土)」「西土」「なんきん」、時には「西夷」、そして「支那」となる。

「皇国」の語は、いわば「皇国」的世界像の見事な象徴である。

近世において、それまで常用されていた「本朝」「国朝」「吾国」「本邦」「和国」「日本」等に代るものとして、意識的に「皇国」の語を使用した（管見における）早い例は、いわば当然にも、国学者賀茂真淵（元禄十・一六九七年―明和六・一七六九年）である。即ち真淵は「皇朝」を多く用い、これに「すべらみかど」と仮名を振っている(3)。そしてそれだけでなく、「皇国」「すめ（べ）らみ国」をも使用し(4)、遅くも元文三年（一七三八）以降、「皇御国廼《スメラミクニノ》上代《カミヨ》乃《ノ》道《ミチ》」という句を含む誓詞を入門者に提出させている(5)。本居宣長（享保十五・一七三〇年―享和元・一八〇一年）も、それを差し出した一人である。

宣長は、常に「皇国」（ミクニ、クワゥコク）、「皇大御国《スメラオホミクニ》」の語を用いている。そして、「からもろこし」を「中国中華などいふ」ことを非難し、「皇国の事には。日本本朝本邦吾国などいふべきにあらず」などと主張している（『駁戎慨言』）[6]。その影響は大きい。宣長の孫弟子、中島広足（寛政四・一七九二年―文久四・一八六四年）は、こう指摘している（『童子問答』）[7]。

……近年は儒者とても、我国を皇朝と書やうになり、近来は、蘭学者にも、皇国と書人も出来たり。（特に寛政二年刊の宣長の『玉くしげ』以後）つぎ〳〵、皇朝を尊び、内外の差別を弁へ、著述の書にも、御国を皇国とかく儒者も、出来たるは……

事実、徳川時代末期に政治的立場を問わず「神国」「神州」以上に「皇国」が使われるようになる遥か以前、十八世紀末の寛政頃から、「皇朝」「皇国」は普及を始めている。例えば、いわゆる寛政朱子学者の一人、尾藤二洲（延享二・一七四五年―文化十・一八一三年）である。彼はその『静寄余筆』（天明七年成）では「皇朝」を用い（その『称謂私言』（寛政十二年成）の主張と照らしても[8]、この「皇」は一般的美称であるより、スメラであろう）、『冬読書余』（寛政十二年成）では既に「皇国」をも用いている[9]。また、ほぼ同年の松江藩儒桃西河（寛延元・一七四八年―文化七・一八一〇年）は、こう記している（『坐臥記』[10]）。

寛政九年の春、或人（宣長の）禦《ママ》戎慨言と云ふ書を示せり。其書に曰く、唐土を中華と名づけて貴ぶは僻言なり。皇国こそ万国第一の尊国なり、此事真に然り。然れども其論の立方は、神道と云ふを主として我国を貴びたる故に、余が持論とは異なり。

また、真淵の師事した荷田春満（寛文九・一六六九年―元文元・一七三六年）作とされる『創学校啓』草稿本にある「皇倭」の語は、寛政十年の刊本では何者かによって「皇国」と改められている[11]。さらに、中島広足の指摘通り、蘭学者の間でも案外早くから「皇国」が用いられている（例えば、越村美久羅の大槻玄沢『蘭説弁惑』の跋[12]、寛政十年）。

それは、儒者蘭学者までが真淵・宣長の「道」や神学をそのまま信奉するに至ったということでは勿論ない。右の桃西河の宣長評にも窺える通りである。しかし理由づけはともあれ、おそらく彼等にとっても、この国は天皇の国である、「から」を「中華」等と呼ぶのは不見識である、「皇国」は「から」に対し、そして諸外国に対し、誇るべき優れた国であるという主張は、既にかなりの説得力があったのである。

それは内容的には、以前から神道家や一部の儒学者（例えば崎門の一部）の主張であった。また、徳川時代末期に向けてのいわば「皇国意識」[13]の昂進には、迫り来る外圧への対抗、強がりという面もあろう。外圧への不安が、土着主義的自己崇拝を強めるという、現代にも例の多い心理機制である。しかし、注意すべきことに、宣長、まして真淵には、対外危機感など、まず無い。また、早くに「皇朝」「皇国」の語を受け容れた側にも、必ずしも対外危機感は無い。否、全く逆に、彼等には往々、いつ果てるともしれぬ「泰平」への自己満足と誇りさえ見られるのである。例えば、後に昌平黌教授となったあの尾藤二洲である。天明七年（一七八七）、彼はこう書いている（『静寄余筆』[14]）。

近世昭運、文教武備並び興り兼ねて隆んにして、四方乂安、生民業を楽みて二百年間兵戈を見ず。蓋し前古以来未だ是くの如きの盛は有らず。……若し夫の儒者、古を慕ひ道を学ぶは固より其れ宜しく然るべし。古を慕ふに因りて遂に漢俗を慕ひ、事事に彼に似んと欲すれば則ち其の本を失ふ。

須らく、顧みて以て自戒すべし。
吾儕小民、生るること此の時に当り、朝夕無事、憂苦を知らず。儒士文人と経籍を講究し、詩文を評論し、恬然として自から楽む。升平の沢、豈に大ならずや。

桃西河もこう述べている（『坐臥記』[15]、天明四年から寛政十一年の間の筆録である）。

余海外を周行せねば、未だ海外に何の楽土あるかを知らず。然れども見る所聞く所を以て考ふるに、日本程の上国は無し。……日本は、土地の大さ不大不小、一王の徳にて隅々まで及ぶ。土地美にして五穀余あり、金銀銅鉄も余あり、山物海物用ひ尽すべからず。加ふるに四夷の累ひなし……是を以て言へば、宇内に日本程の大上国楽土はあるまじきなり。其上今は昇平の日久しければ、我等腹を鼓して楽むべし。何の外国を慕ふことか有らんや。

西河はこうも言う。

御当代の如く、太平久しく続きたることは、和漢開闢以来、至つて稀なることなり。……堯舜三代の外、漢家には暫らく兵革の息みたることあれども、是れ又久しからず。御当代の如く、海隅に至るまで、絶えて干戈の声なきことは珍しきことなり。此後何百年か何千年か、昇平無事ならん、計るべからず。然れば唐虞三代にも優れりと云ふべし。

二人の思考回路はよく似ている。ともに、豊かな「泰平」の世への自己満足が自国への誇りを強め、かつて「道」を学んだ大国への優越感をさえもたらしているのである。これは、当時、決して突飛な例外ではない。例えば、考証学者として名高い大田錦城（明和二・一七六五年―文政八・一八二五年）も、こう記している（『梧窓漫筆』[16]）。

昔王朝の盛なる時、帝王二十七代、三百四十余年、衣冠の人を刑殺せず（保元物語）。仁厚の政漢唐宋明の企て及ぶべき処に非ず。今又徳川家天下を知召てより、二百年、干戈兵乱の患なし。是れも亦三代聖人の治も及ぶべき事に非ず。……されば我邦は郡県にても、漢土よりは能く治まり、封建にても漢土より能く治まる国風なり。是れ第一に人情風俗の純朴忠厚なる故なり。

当代は、儒学者のユートピア、中国古代の堯舜三代の世にさえ勝るのである。しかも錦城はそれを、元来我々は人柄がよいという日本人論によって説明している。我々は元々秀れている、だからこれほどにうまくいっているのだ、というわけである。

おそらくは当時、危機ではなく「泰平」であるが故に「皇国意識」が拡がり易くなるという事情があった。そして私見では、実は「皇国」的世界像を確定した賀茂真淵・本居宣長の国学自体、一面で「泰平」意識の所産であるように思われる。さらに、徳川時代の思想史に画期をなし、一時多くの知識人の思考を支配した荻生徂徠の儒学体系も、十八世紀中葉以降、正に「泰平」の故に崩れ、「皇国」的世界像を産み出していったという面があるように思われる。以下、本稿ではこの思想の流れの転換を、改めて整理してたどってみたい[17]。それは多分、日本政治思想史上、なお記憶すべき前例をなしている。

二　徂徠学の挫折

八代将軍吉宗の長い治世が終わり（延享二・一七四五年）、寛延、宝暦、明和、安永、天明、寛政と続いた十八世紀後半――この間には、大一揆・打毀しが起こり、天明の大飢饉があり、「尊王論者」による宝暦事件・明和事件も発生している。顧みれば、体制瓦解の徴候は、随処に現れていた。しかし、同時にそれは、粋な江戸文化の繁栄期である。「文人」が簇生し、交流し、狂詩・狂歌・川柳・洒落本・黄表紙が流行したのはこの時期である。浮世絵が美しい多色刷となり（錦絵、明和二年）、春信・清長・歌麿が活躍したのもこの時期である。そして、元禄・宝永・正徳と繰り返された貨幣改鋳に終止符が打たれ、通貨制度が未曾有の安定を示したのもこの時期である。元文元年（一七三六）以来、文政までの約八〇年間、新銀貨の発行はあっても改鋳はなされていない。物価も、天明の一時期を除き、この間かなり安定的に推移する。(18)

そして原因はともあれ、この時期、特に都市においては、当代を豊かな繁栄と永続的安定の時代であるとする意識も稀ではなかったようである。それがどれほど事実に即しているのか、どこまで一般的だったかは、ここでの問題ではない。しかし、ともかく、前引尾藤二洲・桃西河のような感覚も、この時期あったのである。(19)そしてそれは、彼等以前、荻生徂徠（寛文六・一六六六年―享保十三・一七二八年）の門下においても、既にある程度共有されるに至っていた。例えば、彼の高弟、山県周南（貞享四・一六八七年―宝暦二・一七五二年）はこう述べたことがある（『為学初問』(20)）。

我国上代はしらず、史伝の記す所、異国の三代の代と、日本の今時とのみ、誠の治世とは覚ゆる。……もろこしの三代は、さしも聖人の大業にて、古今に類なき盛世なり。今の御代を以〔て〕対応せば、諛言に似たれども、左にてはなし。……今の治体に周の礼楽を以〔て〕文《かざ》らば、周の世にをとる事はあるまじ。

徂徠直門中、経学を代表する太宰春台の弟子、松崎観海（享保十・一七二五年―安永四・一七七五年）もこう語ったという（湯浅常山『文会雑記』[21]）。

神祖（徳川家康）ノ海内ヲ治メ玉ヘル治平百年コレハ三代ニモマサルベキナリ……日本ノ今ノ治平ハ大ニ夏周ニマサレル体ナリト思ハル、

ところで、このような現状認識は、実は徂徠学体系にとって甚だ危険である。まず、一旦、荻生徂徠自身に遡ってみてみよう。

晩年、荻生徂徠は周知のように危機感と焦燥感に駆られていた。彼が、大坂の陣の「革命」によって成立したと考えた事実上の王朝、徳川の支配の先行きに関してである[22]。

即ち、徂徠は例えば古代ギリシア人、あるいはジャン゠ジャック・ルソーと同様に、いかなる体制も不滅たりえないと考える。「政治体は、人体と同様に誕生の時から死に始め、それ自身の内にその崩壊の原因を宿している」（ルソー『社会契約論』第三編第一一章）というわけである。それ自身の内なる原因とは、徂徠においては例えば、泰平になると決まって奢侈に趨く人間性（「人情」）そのものである。「総ジテ治乱ノ道、治極リテ乱レ、乱極リテ又治ル。天運ノ循環ナレドモ、全ク人事ニヨルナリ」と彼はいう（『太平策』[23]）。その意味で、中華の古えの聖人王の制作した諸制度即ち「聖人の道」にも限界はある。現に夏殷周の三王朝も結局は滅んでいる。しかし、この三代の治の栄光は人の知る通りであり、しかも、三代はいずれも極めて長期間継続した。この「事実」こそ、徂徠学において、「聖人の道」の妥当性の動かぬ証拠である。「道」への信頼の根本の支えである。そして政治体は、いわば模範的な人体構造・体質である「道」に接近している程度によって、その寿命が決まる、徂徠はそう考える。

　漢・唐・宋・明共ニ全体聖人ノ道ニ則リタル験《しるし》ニテ、何レモ大抵三百年ノ世ヲ保テリ。日本ニテモ淡海公〔藤原不比等〕唐朝ノ仕方ニ本ヅイテ律令格式ヲ作リテ、是ニテ国ノ治ヲナシ玉ヒ、三百年ヲヘテ天下武家ノ手ニ渡ル。其後鎌倉ハ百年ニテ亡ビ、室町家ハ百年ニテ大ニ乱ル。何モ不学ニテ、三代先王ノ治ニ則ルコトヲ不《ル》ㇾ知《ラ》故、年数甚迫レリ（『政談』[24]）

日本の武家の治世はいずれも僅か一〇〇年で終わった。それは「先王ノ治」に学んでいないからである。彼が、武士の所領居住等の根本的な制度改革の必要を強調しつつ、こう将軍吉宗に説いたのは、平石直昭氏の推定によれば[25]、享保十一年（一七二六）頃の事である。大坂の陣後、正に一〇〇年を過ぎた時であった。しかし、吉宗は彼の提案をほとんど実行に移さなかった。そしてその二年後、無念の思いを残して、徂徠は死んだ[26]。彼は「晩年」、「国脈チチマリタリト覚ユ」と述べ、その後、病中には「国脈大ニチ、マリ程ナク甲冑の入〔要る〕コトナルベシ」とまで語ったという（『文会雑記』[27]）。

　ところが、その後、次第に皮肉な事態が明らかになっていった。天下は乱れず、甲冑は相変わらず埃をかぶり、むしろ今や過去の武家の世に未曾有の大いなる「泰平」の時代が到来しているとさえ、感じられるに至ったのである。山県周南が、「日本の今時」を「三代」に匹敵する「誠の治世」としたことは前引の通りである。彼はこうも述べている（『為学初問』[28]）。

扨も神祖は聖智にてましくけん。……げにも天下を保ち給ふべき王者の御器量にて在ます。其御験にや、天下の大法悉く図に当り、今百年に踰れども、国体のつり合よく、磐石の固めあり。学問日に開けて、君臣父子五倫の正きこと前古に越たり。中華朝鮮も及ばず。

しかも、徂徠門下の雄、服部南郭（天和三・一六八三年―宝暦九・一七五九年）の意見も同様だった（『南郭先生文集』[29]）。

方今、国家、封建の制に依り、礼譲和楽、三代の俗に幾《ちか》し。古今を観、彼此を察するに、至治の極、復た此の如き邦なる者有らんや。惟だ人情、耳を貴びて目を賤しみ、遠きを重んじて近きを軽んず。苟く他方の書を見、俄に他方の事を聞けば可否を量らず、盱然として以為らく、彼は必ず此より善き者有らんと。是れ猶ほ燭の其の跋を照さざるがごとし。然れば則ち古今を観、彼此を察するに独り吾邦の当今にして而して堯舜三代の道、庶幾す可し。

南郭はここで、現状を完全であるとはしていない。しかし彼においても今の世は深まりゆく危機にはない。逆に、「至治の極」にして「三代」に近いと解されているのである[30]。そのことは、徂徠学にとって重大な問題を惹起する。

なぜなら、周知の如く、荻生徂徠によれば、道徳も礼楽刑政も、一切は中華古代の聖人王が天下国家を平治するために制作した「道」の一環である。即ち徂徠においては「道」は統治の手段としての性格を有する。したがって、政治的有効性によってその価値を測りうるものである。そして現に中華古代においてそれは見事に実証され、徳川の世においても実証されるべきものであった。「道」が、通例の儒学者のいうように何よりも人間の人間たりうる所以であるならば、有用性の物差は適用されえない。「道」は常に他のいかなる価値より上にあるからである。「道」が実現しないならば、「天」を嘆くか、「道」に正しく沿いえない人間の方を責めるしかない。しかし、徂徠の「道」は、その有用性実証の機会を得ない時、まして「道」のないままに統治が成功していると認められる時、その妥当性、その存意義自体が、深刻な疑問にさらされうるのである。

まず、有用性実証の機会を得ることが至難だった。徂徠学は、科挙のない社会における、治者ではない儒学者による、治者のための思想である。だとすれば、儒者が治者を心服せしめ、「先王の道」を実行させることが、理論が実践と連結しうる唯一の通路である。政治とは主に上から下への下降であるというのが、徂徠学の政治観だからである。理想的には、まず、「王公大人」が「聖人ノ道ヲ会得シタル人ニ習《ひ》染テ、ヒタスラニ其人ヲタノム心ニナリテ、吾モノズキヲ出サズ、其人ノ教ニ随ヒテ、年月ヲツ」む（『太平策』[31]）ことが望ましい。現に相当程度、新井白石を「タノ」んだ前将軍家宣の例が目の前にあったわけである。しかし、徂徠にそう説かれた吉宗は、そうするような人物ではなかった。また、吉宗の下で奏者番兼寺社奉行を九年間勤めた大名、黒田直邦は、徂徠と交際し、その弟子太宰春台（延宝八・一六八〇年―延享四・一七四七年）にも扶持米を送り続けた[32]。しかし直邦も、徂徠によれば「（学問においては）兎角成仏と云が大事にて夫れを一途に思込ねばならぬこと」であるにかかわらず、「成仏はせぬ人」だった（『蘐園雑話』[33]）。

しかし、ただ居て、「成仏」してくれる統治者の出現するはずもない。徂徠歿後五年、太宰春台は、当時、西丸老中（将軍の世子である家重付きの最高官である）となっていた黒田直邦を介して、封事を奉る挙に出た。勇敢な行動だった。人生は永くても一〇〇年、旅人のように慌しいものに過ぎない、もし我が言を咎められて死ぬことになってもかまいはしないとまで思いつめ、自ら直邦に迫って実行したのである。享保十八年（一七三三）、春台数え五四歳の秋である。世間は彼の「特立を異と」した。しかし、お上からは何の応答もなかった（松崎観海「春台先生行状」、服部南郭「春台先生墓碑」[34]）。

「文人」服部南郭も、実は上書を試みたことがあったらしい。「南郭公儀のことを漢文にて書きしが、此事にて殊の外難儀ありし故、是より一向経済（経世済民の略。統治を意味する）を云はず詩文ばかり専らにせられしなり」と『蘐園雑話』は伝える[35]。自分でも、「少くして自ら量らず、妄りに経世大業の義に附し、徒に成ること有らんと期しき」とも回想している（『南郭先生文集』[36]）。さらに、彼はこう語ったという（『文会雑記』[37]）。

米ノコトヲ文ニ書テヲクヘシト思ヒタレトモ又思フニ左ヤウニ書タレバトテ用ユベキニアラズ又書タレバトテ用ラル、ト用ラレヌハ天ナレバ無益ナリト思テ文ニモ作ラズ

米将軍の時代を生き、彼も米の問題を論ずる衝動に駆られたこともあったのであろう。南郭の非政治性は、少なくとも一面で、挫折と閉塞感故の脱政治性なのであろう[38]。

もっとも、政策を論じても実行されないから無駄だというなら、まだ救いがある。春台のように「屠竜ノ芸」に終わるかもしれないと思いつつ、膨大な政策論を「拙キ筆ニ録シテ、篋中ニ蔵《をさめ》置キ、広キ世間ニ、若《もし》竜ヲ得テ屠《ほふら》ント思ハン人有ラバ、潜《ひそか》ニ是ヲ授テ、其謀ヲ賛《たす》ケント願」うことも可能であろう

（『経済録』序[39]、享保十四年）。しかし、南郭の胸には、こんな疑念も湧いていた（『文会雑記』[40]）。

大カタ今ノ学者ハ紙上ノ空談ニテ山川ヲアリキタルコトモ無ク民ノ情合ヲモ知ラズシテ人ヲ治メント思ハニガく〵シキコト也

其位ヲフマズシテ口ニマカセテ云時ハ云レヌコトハナケレトモ経済ニカケテハサハナラヌコト也老子ノ知者不言ト云シハ尤ナリソレユヱ中華モ経済ヲ云人皆其位ヲフミタル人ニアラズ唯後世ニカヤウナルコトヲシタリト云コトヲ人ニ見セン為ハカリ也然ハ畢竟学問自マンタテノコトナリ其上経済ヲツヨク云ヘバ朝廷ヲ玩ブ心モアリタルユヱ予ハ決シテ経済ノコトヲ云ズ

同様の議論はその『文集』にも見える[41]。学者は現実に疎い、その政治論は空論だとは、かねてから、この武家支配の社会の通念である。徂徠は、それに抗して、敢えて現実的にして有用な統治の学としての儒学を構築してみせたはずである。しかし、彼の高弟は、おそらくは正に徂徠学によって現実感覚を磨かれた故もあって、かえって、実地を踏んだこともない学者の紙上の「政治参加」自体に疑いを持つに至ったのである。「吾が徒の学を為す。固より已に贅疣なり……然れども童より既に習ひ、遂に之が性と成り、亦以て自ら得たりと為す。用無しと雖も終に乃ち是の如くにして以て老死に至るのみ」（『南郭先生文集』[42]）。言は自嘲に満ちている。指摘のあるように、彼において学者とは、世の無用者なのである[43]。

かくして「聖人の道」は、その政治的有効性を発揮し証明する機会を得ない。そもそも、実務を知らぬ学者が政治を論ずるのは無謀なのかもしれない。しかし、実はもっと「悪い」ことがあった。それは、そうでありながら、開国以来一〇〇年をいくら過ぎても、徂徠先生の予見した乱世が到来しそうになかったことである。「旅宿ノ境界」も、一定した通貨制度の上で、それなりに安定して持続していた。江戸の繁栄はますます華やかに見えた[44]。「御当家ノ末ハ大カタ盗賊ノ乱世ナルベシ」（『文会雑記[45]』）と信じた春台だけは奮闘を続けたが、「御当家」はその言を容れなかった。春台は徂徠門下でも孤立していった。そして、山県周南・服部南郭・松崎観海等は、前引の如く当代はほとんど三代に比肩するとまで広言するに至ったのである。南郭は「太平之民」と刻した印も持っていたという[46]。それは全くの韜晦ではあるまい。彼は、前引の学者の無用性を説いた一文において、孔子門人曾点がその志を問われ、温泉で湯浴みし、涼み、歌いながら帰ると答えた（『論語』先進）例を引いている。自分はただ、曾点のように、尽きることのない山水の形勝を楽しみ、「無窮の世に游び」、「情性を暢舒」したいというのである[47]。一方、あの覇気に満ちた徂徠は、曾点の言を「微言」とし、実は彼にも「礼楽を制作し、天下を陶冶」する「志」があった、しかし、それは「天子の事、革命の秋《とき》」のことであるので明言を避けたのだ、と解している（『論語徴[48]』）。二人の落差は、大きい。

ところで、「聖人の道」がほとんど用いられないままに今がそれほど「泰平」であるならば、「聖人の道」は結局学者と同様に無用なのではないか。あの海外より渡来の政治モデル、経済モデルなど、少なくともこの国には始めから不要だったのではないか。日本は日本なりに伝統に根ざしてやっていれば、それで全てうまくいくのではないか――そういうことになりかねまい。現に南郭は、「或時」、「先王ノ礼楽ヲツクリ給ヘルモ治平ニナサント思召タルユヱ也然ルニ今太平ナレバモハヤ礼楽ニモ及バヌコトナルベシ」と語ったという（『文会雑記[49]』）。この発言はほとんど自己破壊的である。徂徠学において「礼楽」とは「道」の中核ないし別名のはずである。「道」が無用であるならば徂徠学は無意味である。南郭のひたすらなる「文人」化は、一面で、徂徠学体系が徂徠歿後の歴史の推移の中で自己暴露していった矛盾の、哀しい象徴であろう。

賀茂真淵は南郭と交際があったともいわれる。(50) その真淵には、右の南郭の立場に追い撃ちをかけるような、次の有名な言がある（「竜公美賀茂真淵問ひ答へ」頭註(51)）。

異国すきの人日本をいやしき事と思へるは異国の学よく知人にはあらし東にもかたくな人多かれとかの南郭といひしものは通学の上にてからの道は無益なる空談にて世の治れる事なきを知てより〳〵人にもいひたり故にたゝ詩人《ママ》〔文カ〕をのみ作りて心をやるよすかとして経書の事をすへていはさるなり天か下に日本ほと治れる国はあらずその上に何の事かあらん

それでは、何故、日本では「道」もなしにこうもうまく治まるのか。南郭の説明はこうである（『文会雑記』(52)）。

〔中華は〕人柄ノ甚ワルキ国ト覚ユソレユヱ礼楽ニテ聖人治メタマヘリ日本人ハ礼楽ナシニ治マルヲ見レバ華人ヨリハ人柄ヨキナリ

前引の大田錦城と同じである。日本人はもともと「人柄」がよい、したがって外国産の「礼楽」は不要なのだ、というのである。次節で見るように、賀茂真淵は、一方で徂徠の古文辞学の方法から学びながら、こうした徂徠学の一帰結を全面的に承認することによって、儒学それ自体への総攻撃を開始した。

徂徠学は偉大な思想的達成である。近世日本思想史はそれによって大きな画期を迎えた。その衝撃は多方向に及び、その後の多種多様な思想の展開を刺戟し、産み出した。しかし体系としての徂徠学の君臨――無論、知識層内部での話だが――は、案外短期間である。「其の初め盛んなること、黄茅白葦のごとく、弥よ望めば皆是なりき。其の後の衰ふること、水の落ち石の出づるがごとく」、天明・寛政以後、これを信奉する者はいない、という指摘もある（須天董斎、文政四年）[53]。指摘のあるように、徂徠学は、その個々の構成要素は国学を含む多方面で承け継がれた反面、体系としてはおそらく正に「泰平」の持続それ自体を一因として一種の自壊を起こしたのである[54]。国学による儒学一般への攻撃に道を開き、「皇国」的世界像を導き入れたのも、そうした徂徠学の「意図せざる随伴効果」の一つであろう。

三 「皇国」の幻出

賀茂真淵は、その『国意』等において、荻生徂徠・服部南郭等の議論を存分に利用しつつ、「皇国」の「唐国」に対する優位を小気味よげに説いている。

真淵によれば、儒学にいう「道」とは、徂徠の主張した正にその通り、人の作ったものである[55]。天地自然のものではない。そしてそうであるからこそ、無理のある、実効性のないものである。「世の中を治めん事をおも」い、「唐国の道をこそ」と主張する者に対し、真淵は、「そは天地の心をしひていと小《サ》く人の作れるわさ」だと指摘する（以下『国意』[56]）。「人の心もて作れる事はたかふ事おほきそかし。かしこにも物しれる人の作りしてふものを見るに、天地の心にかなはねは、其道もちひはへる世はなかりし也」、現に「から国」は治まっていないではないか、というわけである。

儒者は堯舜と夏殷周の世を理想的平治の例として挙げる。しかし、なぜ実例はそうした遠い過去だけにしかないのか。それに、そもそもそれらの世も本当に平治していたのか。周は八〇〇年栄えたという。しかし、実は初めの二代、四〇年ほどを過ぎるともう乱れたではないか。しかもその二代の間でも周公とやらは弟と内紛を起こしているではないか。真淵はそう指摘する。徂徠の「聖人の道」の妥当性の論拠それ自体を否定するのである。その後の「から国」はどうか。

いやしけなる人もいでて君を弑し、みつから帝といへは、世の人みな首へをたれて、順ひつかへ、それのみならす、四方の国をはえひすなと云ていやしめつるも、其えひすてふ国より立て、から国の帝となれる時は、又みなぬかつきて随へり。さらは夷とて賤しめたるも、いたづら事ならすや。

「革命」が連続して上下の秩序は乱れ、果ては現代のように「夷狄」の帝に拝跪する有様ではないか。それなのに、「かく世々に乱て治れる事もなきに、儒てふ道有とて、天か下の理を解」いている。要するに「から国にては此ことわりにて治りたるやうに説くはみなそら言」である。実際に「世の治り人の世々伝ふるをこそ貴と」ぶべきではないのか。

「から国」の実態は、「皇国」と比べて惨澹たるものである。外国人のもっともらしい理論を真に受け、実態に目を蔽って外国モデルを称揚し、この国を外国化しようとするのは愚の骨頂だ——真淵はそう考えるのである。

から国に治れる世なし□《（ママ）》〔かカ〕の国にいたつらにいへる事をまこと丶してこの国をからざまにせ

ん と思ふ人近き世多かり皆ゆくへもしらず好みに泥めるおろか人どもにこそ（『学びのあげつろひ』[57]）

しかも真淵によれば、「から国」の「ことわり」自体、実は、実地を踏んだ人のものではなかった。あの南郭が自ら疑ったような、政治の素人の空論なのである。

かの理屈といふは元来なき事なるを孔子如きの牢人之閑居して事を取案をめくらして書しのみ也天下は左様に而治めかたき故に大政を執人のさる事書し物はなし（「栗田土満宛書簡[58]」）

真淵は、こうして、事々に徂徠派の主張・議論を逆手にとった。そしてそれらを儒学一般の批判の武器に転化せしめた。「道」は要するに勝手な人造物ではないか。それ故、現に「から」は治まっていないではないか。実際に治まることが大事ではないか。こうした批判は、徂徠学が儒学を代表している状況では、したたかな衝撃力をもちうる。無論、これに対し、鎌倉・室町の世の短命を指摘して反論できるかもしれない。しかし、何よりも現代、徳川の武家の世は「太平の御世」（『古風小言[59]』）だったのである。

そして一方で、この「平和と繁栄」の国の象徴として、またその優越性の証拠として、天皇が押し出されてくる。「百王一姓」たる天皇を戴くことこそ、真淵にとって、革命と異民族支配を繰り返す「から」に対するこの国の優越の、否定しようのない証しなのである。

かつて北畠親房は、「天祖はじめて基をひらき、日神ながく統を伝給ふ。我国のみ此事あり。異朝には其たぐひなし。此故に神国といふなり」と主張した（『神皇正統記[60]』）。これを承けて、「百王一姓」たることと自体を諸外国に対して誇るべき美点とすることは、徳川時代、神道家・崎門のみならず、その他の儒者にもその例が少なくない（例えば、林羅山、山鹿素行、伊藤仁斎、新井白石[61]）。これに対し、「正統同姓ノ兄ヤ弟ヤ従兄弟ヲ追ノケテ天子ニナルハ、他姓ヲ追《い》ノケタルヨリ甚シキ也。神武天皇以来姓ハカワラネドモ、弑逆簒奪挙テ数フベカラズ」（佐藤直方『中国論集』[62]）といった反論もありうるはずである。しかし、服部南郭も、実はこう述べていた（『文会雑記』[63]）。

スベテ日本ニ唐ヨリ増シタルコトイクホトモアリソレヲ学者ノ知ラヌモ口惜キコトナラズヤ百王一姓ヲ中国ニテモ驚タルコトアリト覚ユ（『宋史』巻四九一「外国伝日本国」などを指すのであろう）日本ニテハ百王一姓トカク日本ノ外ノ国ヲバ夷狄ト立ベキコトナリ

事実、南郭は正式の文章では中国を「中華」などと呼ぶことを避けている[64]。それは、指摘のあるように[65]、彼が京都出身の元歌人だったことなどと関連があるかもしれない。しかしそれだけでなく、彼が「泰平」の持続の中で日本での「聖人の道」の無用を悟っていったこととの関連もあるのではあるまいか。少なくとも彼のそうした傾向と照応はしていよう。このような状況において真淵が中国の乱世の反復を示す王朝交代との対比で「皇国」――天皇の国――の優越を説いた時、そこには充分説得力がありえたであろう。

「えびす」の支配に関しても同様である。清朝の雍正帝自身が主張したように（『大義覚迷録』[66]）、「人心は仁義を知り、而して禽獣には倫理無し。豈に地の中外を以て人禽の別を分たんや」とし、問題は「仁義の心を存して仁義の政を行ふ」か否かだと「正論」で押し通すこともできるはずである。しかし、例えば既に山鹿素行は、「終にその国を削りその姓を易へて天下衽を左に」したことを、「外朝」が「本朝」に劣る一理由としていた（『中朝事実』[67]）。「康熙帝ガ即位シタト云フコトヲ賀島某ガ云ツタガ、マコトニ犬猫ノ様ナモノ、即位スルト云フコトハナイコト、我ガ国ヲノケテ、即位ト云フコトハ云ハレヌゾ」とまでいう崎門の儒者もいた（若林強斎。山口春水『強斎先生雑話筆記』[68]）。神道家は、「夫れ西土の国為る、偽主真を乱り、閏位正を蔑みし、匹夫大宝に昇り、夷狄皇帝と為る。豈に吾邦の百王授受、三種統一の道と年を同じゆうして語る可けんや。是れ万世の公議也」（立石垂穎『神儒弁疑』[69]享保十九年）などと論じていた。統治の真の実態を論ずる以前に、「から国」における「夷狄」の支配それ自体を以て恥ずべき破滅とみなし、一方で「皇国」の優位を示唆する真淵の議論にも、やはりそれが通用する基盤はあったのである[70]。

そして真淵はさらに論理を進めた。彼は、少なくともこの国は「道」無しで、否、「道」や「教」の無い方が、治まるのだと断言する。無論、日本人はもともと人柄がよいからである。

たゞ唐国は心わろき国なれは、深くをしへてしも表は宜きやうにて終に大なるわろこととして世を乱せり。此み国はもとより人の直き国にて、少しの教をもよく聞侍るに、はた天地のまに〳〵おこなふ事故をしへすしてよろしき也（『国意』[71]）

うへはうるはしびたる教ごとをいひて、下にきたなき心をかくせるはから国人也。すめらみかどの人は、もとよりよろづのよき心を生れ得る国にしあれば、こまかなる教は中〳〵にそこなふわざぞや（『万葉集大考』[72]）

すべてよろづ病なき国なれば教へなどいひてから国のかの浮浪人どもがいへる道をいふは病なき人

に重き薬をあたへて却て病人とするが如し（『学びのあげつろひ』[73]）

真淵は、したがって、儒教流入以前のこの国を、最高の理想状態とする。しかし、それは今のこの国の全否定には結びつかない。一方で彼は「よしなきからごとを思ひてわがいたゞき敬ふべき事をそしりおのれがあたはぬ天下を論ぜるは物狂の類ぞ時の上を敬ひて大法に背かず家業を専らとして小事にかゝはらず有時は身やすく家平らかなり」（同[74]）と、現状への安住を勧める。そして今の世の「かまへ」は「古への神道の大体」を得ていると認める（同[75]）。さらに、「下野や神のしづめしふたら山ふたゝびとだに御世はうごかじ」（『賀茂翁家集』[76]）と信じる。「太平の御世」は真淵の立論の前提である。[77]「よき心を生れ得」た人々のこの国は、決して「から国」のようにはならない。現になっていない。「から」の「道」は、悪の源でありながら、同時に基本的に無効なのである。それ故、「から国」に対する「皇国」の優位は決して揺らぐことがない。

真淵の弟子、本居宣長においても、復古の願望、古への憧憬の裏面に、現状への安住の勧めがある。そして彼も、治まれる国の側に立って、理屈ばかりで実態の伴わない、あの治まらざる国を嘲笑する。即ちまず「異国《アダシクニ》」の「聖人どもの作りかまへて、定めおきつることをなも、道とはい」う（『直毘霊』[78]）。例の徂徠学の逆手を取った論法である。そしてその実、「異国」は治まっていないと彼も言う。

もとよりみだりなるが、世々にます〳〵乱れみだれて、終《ツヒ》には傍《カタヘ》の国人《ノ》に、国はことぐ〳〵うばゝれはてぬ、其《ソ》は夷狄といひて卑《イヤシ》めつゝ、人のごともおもへらざりしものなれども、いきほひつよくして、うばひ取《リ》つれば、せむすべなく天子といひて、仰《アフ》ぎ居《ヲ》るなるは、いとも〳〵あさましきあり

さまならずや、かくても儒者《ズサ》はなほよき国とやおもふらむ（同[79]）

「異国」は決して「よき国」ではない。永久に天皇を戴くこの国こそ「豊饒《ホウゼウ》殷富《インフ》勇武《ユウブ》強盛《キヤウセイ》なること」、一切の他国に冠絶するのである（『玉くしげ』[80]）。「今に至るまで天下のよく治まるは、みな皇神の道なる事、大本の皇統の動き給はざるを以てさとるべし、たとひ道とするにたらぬ物なり共、天下よく治まりて失なくば、これ真の善道《ヨキ》也、その余の道は何にかはせん」（『くず花』[81]）。そして宣長によれば、あの「漢意」に汚れた乱世の国と対照的に、この国こそ「真心」の国、「直き心」の国、即ち「敷島の大和心」の国だった。「此皇大御国《スメラオホミクニ》は、……国も万の国に勝《スグ》れ、人の心もすぐれて、生《ウマ》れつきたれば、直情径行即《チ》中正を得て、道はおのづから備」わる（『くず花』[82]）のである。無論、この説も、日本人は元来人柄がよいというあの執拗な主題の一変奏にほかなるまい。なお、宣長の、天皇の先祖天照大御神は即ち太陽であり、その太陽は九州の河原で生成したなどという議論を、儒学者がすんなり承認したはずはない。水戸学者も宣長の「神学」には留保をつけている[83]。しかし、彼の中国蔑視と、天皇を中核に据えた日本美化自体は、明らかにもう奇論ではなかった。儒者達も中国人の「国民性」を否定的に論じ始めていた[84]。本稿冒頭で触れたように、「皇国」の語とその世界像が、ここで、大きく普及と浸透を始めたのである。

ところで、偶然、宣長の真淵入門と同年（宝暦十三・一七六三年）に、本稿の対象時期を象徴する別の一人物がやはり真淵に入門している。本草学者・物産学者・洋画家・戯作者・山師、あの平賀源内（享保十三・一七二八年—安永八・一七七九年）である。源内はその年、饒舌な談義本『風流志道軒伝』を著している。同書は版を重ねた[85]。そこには次のような一節がある[86]。

……乱て後に教は出来、病有て後に医薬あり。唐の風俗は日本と遠ふて、天子が渡り者も同然にて、気に入ねば取替て、天下は一人の天下にあらず、天下の天下なりと、へらず口をいひちらして、主の天下をひつたくる不埒千万なる国ゆゑ、聖人出て教給ふ。日本は自然に仁義を守る国故、聖人出ずしても太平をなす。

宣長に比べ、表現に品は無い。しかし、兄弟子の論調の共通は見紛うべくもない[87]。日本は「聖人出ずしても太平をなす」のである。しかも、この源内が興味を持ち続け、当時流行を始めていた蘭学の「窮理」によれば、「それ地なるものは一大球なり、万国これに配居す。居るところは皆中なり。何れの国か中土となさん。支那もまた東海一隅の小国なり」(杉田玄白『狂医の言[88]』安永四年)ということだった。「支那は本より東南一隅に居れり」とは、新井白石が訊問したジョヴァンニ・シドッティの言でもある(『采覧異言[89]』)。即ち蘭学は国学と同時期に、別方向即ち西洋の目を通して世界を眺め直すことによって、中国を相対化していったのである[90]。そして蘭学者は、「中華」「中国」に代えてこの「支那」の語を、オランダ語 China(シーナ)の訳語として常用するようになる[91]。「支那」の語が、正しく「皇国」と同時期に通用を拡げ始めたのである。

こうして、一八回目の世紀末が近づく頃、うち続く「泰平」の中、洗練された美と笑いが都市の表面に溢れ、西洋への興味も拡がり、明るい気分の江戸文化が一つの頂点を迎えた頃、豊かに繁栄し、見事に秩序の保たれた平和な――と解された――国への自己満足が生長した。そして、日本人の精神にある程度浸透したかに見えた普遍的であるはずの「道」の母国、尊大にして理屈好き、しかも実態の伴わないとみなされた西方の国に対する、反撥と侮蔑が広まった。一方それと逆比例して、天皇の存在がこの国の優越の象徴として次第に強い輝きをもっていった。天皇を戴く類例のない国、諸外国に優越する独特な国であると誇る「皇国」の世界像が、こうして確立した。[92]

しかも、一旦形成されたこの世界像は、その後、国内の「泰平」が外圧に脅かされるようになっても、消滅しはしなかった。それはむしろ今度はそれ故に一層昂揚した。そして周知の通り、やがて現実の政治過程をも大きく支配していったのである。[93]

＊ 本稿は、もと、国家学会百年記念『国家と市民』第二巻（有斐閣、一九八七年）に掲載された。今回、引用例を加えるなど、一部増補し、極く一部の表記を改めた。

（1） かつての日本語の用法においては、という意味である。朝鮮朝が「大日本帝国」の向うを張って「大韓帝国」と改称した時期には、同国に「皇国協会」「皇国中央総商会」が存在した。姜萬吉『韓国近代史』（高麗書林、一九八六年）、二三一、二四一頁。

（2） 勿論、例外はある。例えば松浦静山は、「輝元、三成、斯の若きの逆徒、速に王命に服するのこと、誠に皇国の風、中華に勝れる歟」と述べている。『甲子夜話続編』1（中村幸彦ほか校訂、平凡社、一九七九年）、一八四頁、文政十年。しかし、ここでもやはり「皇国」は「中華」に「勝る」のである。

（3） 例えば、山本饒編『校本賀茂真淵全集思想篇』上（弘文堂書房、一九四二年）、一五七、二五三、二六九頁。

（4）特に、同書上所収『文意』、下所収『国意』に例が多い。
（5）賀茂百樹再校訂『賀茂真淵全集』第一二巻（吉川弘文館、一九三二年）、四三五頁。
（6）大久保正編『本居宣長全集』第八巻（筑摩書房、一九七二年）、六七頁。
（7）弥富破摩雄ほか校訂『中島広足全集』第二篇（大岡山書店、一九三三年）、三六一、三一三頁。
（8）関儀一郎編『日本儒林叢書』第八（鳳出版復刻、一九七一年）、一頁に、「皇家の朝は天朝・皇朝と称し、大府の朝は宜しく大朝・府朝と称すべし」とある。
（9）同書第二、三頁。僅か一ヶ所であるが、東京大学総合図書館蔵の木活字本（南葵文庫旧蔵、刊年不明）三丁表の同一箇所でも同じである。
（10）森銑三ほか編『続日本随筆大成』一（吉川弘文館、一九七九年）、二三一―二三三頁。
（11）平重道ほか校注『日本思想大系39　近世神道論・前期国学』（岩波書店、一九七二年）、三三五、三三七、四四三頁。
（12）早川純三郎編『文明源流叢書』第一（国書刊行会、一九一三年）、五一七頁。また、志筑忠雄も「鎖国論」（享和元年）において、くりかえし「皇国」の語を用いている。岸上操編『少年必読日本文庫』第五編（博文館、一八九一年）、三五四、四一六頁。さらに、渡辺崋山『外国事情書』（天保十年成）、高野長英『わすれがたみ』（天保十年成）も、「皇国」を用いている。いずれも、佐藤昌介ほか校注『日本思想大系55　渡辺崋山・高野長英・佐久間象山・横井小楠・橋本左内』（一九七一年）所収。
（13）野口武彦氏の用語を借りた。野口氏は、本文前引の中島広足の言を引き、「宣長の後述する著書『玉くしげ』が皇国意識勃興のハシリになったというのである」としている。同氏編注『宣長選集』（筑摩書房、一九八六年）所収「本居宣長の古道論と治道論」一九頁。

（14）註（8）前掲『日本儒林叢書』第二、一〇頁。この部分が天明七年筆であることは、同頁および一頁の註から特定できる。
（15）註（10）前掲書、一二三、一七一―一七三頁。
（16）三浦理編『名家随筆集』上（有朋堂、一九一三年）、四四六―四四七頁。
（17）もっとも、註でも示すように、本稿のほとんど全ての論点は個々的には既に相当論じられてきている。したがって、使用した史料、引用箇所もほぼ周知のものである。ただ、「泰平」意識の効果という視角から様々の論点を改めて組み合わせ、総合して把え直すことによって、いくらかは新しいものが見えてきはしまいかというのである。
（18）大石慎三郎「宝暦・天明期の幕政」（『岩波講座　日本歴史』一一、一九七六年）、一六三―一六六頁、西川俊作『日本経済の成長史』（東洋経済新報社、一九八五年）、五六―五八頁。
（19）ちなみに、当時の世相を評したものとして、蒿科貞祐の明和五年の次の言がよく引かれる。「……そこもこゝも一揆徒党の沙汰にて日光か済めは山県大弐か出現大坂か騒けは佐渡ゆるゝ伊勢路ももめれは越路もかしましく斯様に百姓の心騒しく成行候も畢竟は一度は治り一度は乱れ候天道の事に御座候へはそろり〳〵と天下のゆるゝ兆も可有御座候哉」。しかし、貞祐によれば、百姓の心が騒しいのも実は「太平打続四海静過きて上下共に奢」っているからなのである。池田成章編『鷹山公世紀』（吉川弘文館、一九〇六年）、三四頁。
（20）井上哲次郎ほか編『日本倫理彙編』巻六（臨川書店復刻、一九七〇年）、三四二―三四三頁。
（21）『日本随筆全集』第二巻（国民図書、一九二八年）、五四七頁。
（22）『政談』（吉川幸次郎ほか校注『日本思想大系36　荻生徂徠』岩波書店、一九七三年）、三〇六―三〇七頁参照。
（23）同書、四五八―四五九頁。

（24）同書、三〇五頁。
（25）『荻生徂徠年譜考』（平凡社、一九八四年）、一五九、二五四―二六三頁。
（26）この点については、日野龍夫『江戸人とユートピア』（朝日新聞社、一九七七年）、一一四―一三八頁に精彩ある記述がある。
（27）註（21）前掲書、五七三頁。
（28）註（20）前掲書、三四三―三四四頁。
（29）『近世儒家文集集成』第七巻（ぺりかん社、一九八五年）、一六五、三七二頁。
（30）今は「太平」であるという感覚と南郭の思想との関連については、つとに中村幸彦氏の指摘がある。「文人服部南郭論」（『近世文芸思潮攷』岩波書店、一九七五年、所収）。ただ、中村氏は「南郭の「太平」とは、彼の生活を浪人として又自ら美化して、社会から遊離させることによって、意識的に設計したものだと云ってよい」（一八三頁）、「南郭はわざとその社会を直視しなかった。「太平」と判断したことに自己欺瞞がある。従ってここに社会と遊離しながら、接触をたもってゆく矛盾の生活が肯定されることになる」（一八八頁）とされる。しかし、当時を「太平」とする感覚は、南郭のみでなく、案外広くあったことが、徂徠学にとっても、より広い当時の思想史にとってもかなりの意味を持っていたとみるべきではあるまいか。
（31）註（22）前掲書、四五〇頁。
（32）松崎惟時（観海）「春台先生行状」（註（29）前掲『近世儒家文集集成』第六巻『春台先生紫芝園稿』、ぺりかん社、一九八六年）、三〇三頁。
（33）註（10）前掲『続日本随筆大成』四（一九七九年）、六七頁。
（34）註（32）前掲『近世儒家文集集成』第六巻、三〇四、二九九頁。

(35) 註(33)前掲書、九五頁。
(36) 註(29)前掲書、九二頁。
(37) 註(21)前掲書、六五一頁。宝暦三年の言である。
(38) この点については、梅谷文夫氏の指摘がある。「南郭以後――所謂文人墨客について」『一橋大学研究年報人文科学研究』六(一九六四年三月)、「服部南郭の韜晦――蘐園亜流の性格形成の一契機」『一橋論叢』第五四巻二号(一九六五年八月)。ただ、次のような解釈が成り立ちうるかについては疑問である。「人間関係のほとんどが醜悪なものであり、そうした醜悪なものの要請によって政治が営まれるのであってみれば、政治に清らかなもの、善なるもの、要するにヒューマニズムを期待しても、それは無いものねだりでしかない。……権力への飽くなき欲望、保身のための滅私が将来する理想の喪失、そうした人間が官途を占めている以上、正義の論理にもとづいて世に処そうとする南郭が、疎外されずにそこに居られるわけはないし、それに、かれじしん、かかる違和感には耐えられようはずもない」(後論一七六―一七七頁)。徂徠学はそもそもそうした政治の現実を直視した上で成立しているのではあるまいか。
(39) 頼惟勤校注『日本思想大系37 徂徠学派』(一九七二年)、九頁。
(40) 註(21)前掲書、六五一、五六二頁。
(41) 例えば、註(29)前掲書、三七〇頁。南郭の弟子原田東岳も「今ノ学者ニ経済サセバ大カタハ用ニタツマジ」と述べたという。『文会雑記』、註(21)前掲書、六六五頁。
(42) 註(29)前掲書、二六七―二六八頁。
(43) 唐木順三『無用者の系譜』(『唐木順三全集』第五巻、筑摩書房、一九六七年、二八六―三〇六頁)、註(30)前掲論文、一八〇頁。

(44) ちなみに、日野龍夫氏は次のように指摘している。「古文辞派による感情の解放は、都市の繁華、男女の春情への親近として具体化され、宝暦以後の知識人の文学活動——詩文・前期戯作——の基本線となった」。『徂徠学派』(筑摩書房、一九七五年)、一〇〇頁。
(45) 註(21)前掲書、五七五頁。
(46) 日野龍夫「晩年の服部南郭」(『国語国文』第四八巻一一号、一九七九年一一月)、一六頁。
(47) 『南郭先生文集』註(29)前掲書、二六八頁。この点、註(54)後掲『近世日本における儒教運動の系譜』二〇八頁にも指摘がある。
(48) 小川環樹編『荻生徂徠全集』第四巻(みすず書房、一九七八年)、一二五—一二六頁。
(49) 註(21)前掲書、五四六頁。
(50) この事は自明視されてきているが、日野龍夫氏は次のように指摘している。「南郭が賀茂真淵と親しく交わったと清水浜臣の『泊洦筆話』に述べ、真淵が南郭の『唐詩選』講釈を聴問した際のエピソードを『近世畸人伝』や『胆大小心録』に伝えるのであるが、南郭・真淵の交渉を証明する直接の資料はまだ管見に入らない」。「服部南郭年譜考証」、『国文学研究資料館紀要』第三号(一九七七年三月)、一六四頁。
(51) 註(3)前掲『校本賀茂真淵全集思想篇』下(一九四二年)、一〇五一頁。
(52) 註(21)前掲書、五六三—五六四頁。
(53) 大田錦城『仁説三書』への序、『日本倫理彙編』巻九、四五四頁。
(54) 即ち、つとに相良亨氏は、徂徠学では「道」の「実際的効果」が問題となり、南郭・春台における「聖人の治術に対する無力感」によって「徂徠学の崩潰」が生じたと指摘している。『近世日本における儒教運動の系譜』(理想社、一九六五年)、二〇四—二一一頁。ただ、本稿では、同書に学びつつ、「道」が「無力」であるだけでなく、「無用」即ち不必要になってしまった皮肉に特に注目したわけである。また、衣笠安喜氏も、徂徠学が宝暦明和年間から衰退に向かう以前に、「徂徠直門の高弟服部南郭と太宰春台とによってその内部崩壊が宣告されていた」とし（「折衷学派と教学統制」、『岩波講座　日本歴史』一二、一九六三年、二〇二―二〇六頁）、さらに『近世儒学思想史の研究』（法政大学出版局、一九七六年）、一四〇―一五二頁では、南郭・春台に即して「徂徠学の解体」を論じている。しかし、「南郭とその一派」の「態度の根本」には、今は「至徳ノ世」であるとの認識があった（一四一頁）――賛成である――とされながら、他方で「春台や南郭の徂徠学の現実妥当性の否定は、その復古主義の現実的基盤の喪失によるものであり、具体的には貨幣経済と商品生産の発展による復古主義経済論、および政治論や人情論における被治者把握の論理の破綻がもたらしたものにほかならなかったのである」（一五〇頁）とされる点は、矛盾がないであろうか。

(55) これが徂徠学を逆用した議論であることは、丸山眞男『日本政治思想史研究』（東京大学出版会、新装版一九八三年）一五四頁、長尾龍一「『国意考』ノート」『日本国家思想史研究』（創文社、一九八二年）一七〇頁に指摘がある。

(56) 註（51）前掲書、一〇八三、一〇九二―一〇九三、一〇八四―一〇八五、一〇八五―一〇八六頁。

(57) 同書、八九三頁。

(58) 同書、一二八〇―一二八一頁。

(59) 同書、九〇五頁。

(60) 岩佐正校注『神皇正統記』（岩波書店、一九七五年）、一五頁。

(61) 林羅山「本朝王代系図跋」（京都史蹟会編『羅山先生文集』巻二、平安考古学会、一九一八年）二〇六頁、山鹿素行『配所残筆』（広瀬豊編『山鹿素行全集思想篇』第一二巻、岩波書店、一九四〇年）五九二頁、同『中朝事実』（同『全集』第一三巻）四二頁、伊藤仁斎『論語古義』（関儀一郎編『日本名家四書註釈全書』第三巻、鳳出版復刻、一九七三年）一三八頁、新井白石『古史通或問』（今泉定介編『新井白石全集』第三、一九〇六年）三二五頁。

(62) 西順蔵ほか校注『日本思想大系31　山崎闇斎学派』（岩波書店、一九八〇年）、四二五頁。

(63) 註（21）前掲書、六四〇、六四二頁。

(64) 同『文会雑記』（六三九頁）も、この点に触れている。そして南郭は、「堂々として中国と称」しながら「国制」は「有名無実」である国と、豊かに治まった「我邦」とを比べている。『南郭先生文集』、註（29）前掲書、三七一頁。

(65) 高橋洋吉「服部南郭の中華意識」（『中国古典研究』第一四号、一九六六年一二月）、衣笠安喜『近世儒学思想史の研究』（法政大学出版局、一九七六年）、一九七頁。

(66) 沈雲龍主編『近代中国史料叢刊』第三六輯（三五一）（文海出版社）、一〇八―一〇九、八一頁。

(67) 註（61）前掲『山鹿素行全集思想篇』第一三巻、二一―二二頁。

(68) 森銑三ほか編『続日本随筆大成』一二（吉川弘文館、一九八一年）、二六二頁。

(69) 鷲尾順敬編『日本思想闘諍史料』第四巻（名著刊行会復刻、一九七〇年）、二三〇頁。

(70) 松宮観山も、『三教要論』（宝暦十年）において、「かの儒道のことき。徒に其説をきく。今其実を睹ず。夷狄のために屈辱して。其寇を報することあたはず。然るを西人なを抗顔大言其道に誇る。豈面《オモテ》の厚きにあらすや」と述べている。註（8）前掲『日本儒林叢書』第六（鳳出版復刻、一九七一年）、三頁。

(71) 註（51）前掲書、一〇九三頁。

(72) 同書、上一五〇頁。

(73) 同書、下 八九三頁。
(74) 同書、八九六頁。
(75) 同。
(76) 巻之二「雑歌」、註(5)前掲書、二五頁。
(77) 南郭の場合と同様、だからといって真淵が当時の世に満足しきっていたというわけではない。しかし一方で、横山俊夫氏のように(「『国意考』にあらわれたまつりごとの世界」、『人文学報』第三六号、一九七三年三月)、明和期のいくつかの事件を引いて、「すでに独自の人間観から世の〈治〉を求めていた真淵が、これらの出来事を危機的なものとしてうけとめたことは想像に難くない。……彼がはじめて、「知を捨て」「愚か」にさえなって〈自然〉にかえるべしと、ある種の自我の否定まで含むまつりごとの復古を唱えるに至ったのは、明和という時代をぬきにしては考えられない」(一〇五頁)などとされるのは、証拠不足であるように思われる。
(78) 大野晋編『本居宣長全集』第九巻(筑摩書房、一九六八年)、五一頁。
(79) 同書、五七頁。宣長の弟子、橋本稲彦(天明元・一七八一年—文化六・一八〇九年)もこう主張している。「聖人の礼楽制度の無用の長物たることを悟るべし」「名教礼楽などいふものは名のみ事々しくて更に国を治むる用にたゝぬものなり。さればこそ遂に国をも戎狄にとられて、聖人流の礼楽は跡もなく絶果てたれ」。『弁続国意考』、溝口駒造校注『国意考』(改造社、一九四四年)所収、一一二、一一三頁。
(80) 註(78)前掲『全集』第八巻(一九七二年)、三一三頁。
(81) 同書、一五一頁。
(82) 同書、一七五頁。
(83) 例えば、藤田東湖『弘道館記述義』(今井宇三郎ほか校注『日本思想大系53 水戸学』、一九七三年)、二六四一二六五頁参照。

(84) 例えば、松崎観海は、「明律ヲ読テ大ニ日本ハ中華ト風俗ノ異ナルヲ知レリ律ニアル所ノ罪ヲ日本ノ人ナトハ犯ス人曾テナシサレバ中華人ハ日本ヨリ見レバチトダヾクサ〔乱雑、疎略〕ナルト覚ユ」とする。湯浅常山『文会雑記』、註（21）前掲書、五四四頁。また、時代は下るが、広瀬旭荘は、「漢土ハ。教法万国ニ過キタレトモ。本人気ヨカラス。残忍ニシテ殺ヲ嗜ミ。淫ヲ好ムコト。万国ニマサレリ」「我邦及ヒ西洋諸国。皆宦者ナクシテ事スメリ。漢土ヒトリ宦者アリ。漢人ハ色ヲ好ムコト。万国ニ絶スル而已ナラス。嫉妬モ亦然ルコト知リヌヘシ」という。『九桂草堂随筆』、註（8）前掲『日本儒林叢書』第二、一〇五、三三頁。また、中国の史書の残酷な行為の記事を利用し、それを日本と対比して、より甚しい偏見を募らせるような議論も散見される。

(85) 中村幸彦校注『日本古典文学大系55 風来山人集』（岩波書店、一九六一年）「解説」、一七頁。

(86) 同書、二一六―二一七頁。

(87) 源内が真淵の説に拠っていることは、同書頭注や、芳賀徹『平賀源内』（朝日新聞社、一九八一年、二六六頁）に指摘がある。

(88) 沼田次郎ほか校注『日本思想大系64 洋学』上（一九七六年）、一三〇頁。

(89) 註（61）前掲『新井白石全集』第四（一九〇六年）、八三四頁。

(90) 蘭学が、中華思想批判として機能したことについては、以下を参照。Bob Tadashi Wakabayashi, *Anti-Foreignism and Western Learning in Early-Modern Japan: The New Theses of 1825* (Cambridge: Harvard University Press, 1986), 40-51.

(91) なお、前野良沢は、「支那ハ唐虞以来数々国ヲ改メテ、古ヘヨリ一定ノ国名ナシ。「シナ」ト云ハ、欧羅巴《エウロパ》及ビ印度《インド》等諸々西土ノ邦ヨリ称スル所ニシテ、即チ吾邦ヨリ「モロコシ」ト呼ブガ如ク、古今ノ通称ナリ。故ニ予コレヲ以テ称ス」とする。『管蠡秘言』、註（88）前掲書、一四二頁。また、大槻玄沢も、「支那《シイナ》トハ、西洋諸国ヨリ今ノ清ノ地ノ古今ヲ総テ云フ名ナリ。其字音ハ翻訳ノ人ノ塡メシナリ。故ニ今此名目ヲ用ユ」とする。『蘭学階梯』、同書、三三七頁。ここで「支那」は特に蔑称ではないが、敢えて「中華」等を避けた点からして、若干下げた意味合いが既に感じとれるように思われる（ちなみに、本居宣長は、「中華中国などは、いふまじきことと、物のこゝろをわきまへたる人はた、猶漢もしは唐などいふをば、つたなしとやおもふらむ、震旦支那など書《ク》たぐひもあ《ン》なるは、中華中国などいふにくらぶれば、よろしけれども、震旦支那などは、西の方より、つけたる名なれば、そもなほおのが国のことをすてて、人の国のことにしたがふにぞ有ける」と評している。『玉勝間』、註（78）前掲『本居宣長全集』第一巻、三四五―三四六頁）。無論、これ以前にも、特に仏教・神道系では「支那」「支」を用いているが（例えば、竜熙近『神国決疑編』、註（69）前掲書所収、増穂残口『神路手引草』、『日本思想大系39 近世神道論・前期国学』所収、松宮観山『三教要論』、註（8）前掲『日本儒林叢書』第六所収、同『学脈弁解』同第五所収）、特に近代になって一般化したきっかけは、蘭学者洋学者の使用であろう。但し、意識的にヨーロッパ語の訳語として「支那」をあてた早い例は、新井白石である。『西洋紀聞』にも、「其人〔シドッティを指す〕の言に、チイナといふは、即支那也」とある。註（61）前掲『新井白石全集』第四、七六八頁。そして、『解体新書』（安永三年刊）「凡例」（五丁）は、「西洋諸国所称支那《シーナ》者。即今清国也。吾邦振古多称曰漢若唐也。元陶元儀輟耕録清廖《（ママ）》論璣正字通序皆称漢也。今倣效二氏。一切称曰漢。非東西両漢之謂也。」と述べている。また、漂流記などを始めとして一般的な「支那」の語の用例を明治に至るまで調査した労作として、佐藤三郎「日本人が中国を「支那」と呼んだことについての考察」がある。同氏『近代日中交渉史の研究』（吉川弘文館、一九八四年）所収。

なお、インドネシアでは、スハルトの「新秩序体制」が成立して間もない一九六七年、「中国」は

「ティオン・コック（中国）」「ティオン・ホア（中華）」でなく「チナ（支那）」と呼ぶとの政令が出され、この用語法がいまにいたるまで続いている」という。白石隆『インドネシア 国家と政治』（リブロポート、一九九二年）、一五四頁。

(92) なお、この世界像は、周知の通り、蘭学の発展を承けて登場した、外圧に対抗するためにこそ外圧の源、西洋から学ばねばならないとする主張とも、永く並存を続けた。そして中国に対しては、早くから、今度は西洋と比べることによって低くみる態度が出現した。例えば渡辺崋山は、「欧羅巴諸州は……唐山之如き疎大之治方にては、一日も支かね候故、其政は唯憂勤詳慎を加へ」、「学校之盛なる事、唐土などの及ぶ所には無レ之」（『再稿西洋事情書』天保十年）、「すべて造士の道、恐らくは唐山に相勝り」、「唐山などの文弊は更に無」い（『初稿西洋事情書』天保十年）とする。無論これは、日本との直接の比較を避けた婉曲表現でもあろうが、実際に中国をも指していると解される。佐藤昌介ほか校注『日本思想大系55 渡辺崋山・高野長英・佐久間象山・横井小楠・橋本左内』一九七一年、四七、六〇頁。そして、特にアヘン戦争後は、実態の伴わない尊大さの故に自滅する反面教師として、中国が描かれるようになる。例えば佐久間象山は、嘉永二年、「惟只《ひたすら》顧己の国のみよき事に心得、外国といへばひたもの軽視し候て、夷狄蛮貊と賤しめ」、西洋の技術を学ぼうとしない「清朝の覆轍」を避けるよう説いている。「ハルマ出版に関する藩主宛上書」、同書、二八四頁。塩谷宕陰も、「夫の洋夷は彼を知り己を知る。而るに清人は華を以て自ら高ぶり、外番の情を索むることを務めず……」という。『隔靴論』安政四年、註（8）前掲『日本儒林叢書』第四、二頁。「皇国」を誇る一方で西洋から機敏に学ぼうとし、他方、西洋から学ぼうとしない、あるいは学ばない他のアジア諸国を蔑視するという構図は、こうして既に維新前に成立していたのである。

(93) 本稿公表（一九八七年）後、内容的に特に関連の深い次のような論考が発表された。参照をお勧めする。田尻祐一郎「近世日本の「神国」論」(片野達郎編『正統と異端――天皇・天・神』角川書店、一九九一年)、藤田雄二「近世日本における自民族中心的思考――「選民」意識としての日本中心主義」(『思想』八三二号、一九九三年十月)、前田勉「古賀侗庵の世界認識」(同氏『近世日本の儒学と兵学』第五章第二節、ぺりかん社、一九九六年)。

7 「理」の美的嫌悪と暴力

三島由紀夫の代表作の一つ『鏡子の家』には、狂言回しの鏡子を除き、主要登場人物が四名ある。いずれも青年である。一名は、決して対象に働きかけることのない美の純粋な観照者たる画家、一名は、（ボディビルによって作り上げた）何の社会的効用もない、しかし見事な「純粋筋肉」の保有者、一名は、一切の思考を拒否し、単純で直截な非日常的「行動」のためのみに生きる拳闘家、そしてもう一名は、「世界の崩壊」の接近を信じつつ、軽蔑する「俗物の社会」の慣習や輿論に敢えて完璧に適応して擬装の人生をおくる綜合商社員である。このいかにも作り事めいた、しかし作者自身の人生の諸局面を截り取ったようでもある取り合わせを巡る小説を、作者は、「いはば私の「ニヒリズム研究」」と説明している（「裸体と衣裳」）。しかし、登場人物達はニヒリストとしてはやや不徹底であって、およそ一切の価値を否定するわけではない。例えば、美の価値は否定しない。この作品は正確には、作者のいつもの「ニヒリスティックな耽美主義」（「私の遍歴時代」）からする理想的人物像の、類型的定式化の試みであろう。

その美意識は、社会の内に在りながら、同時に、およそ社会構成を可能にする原理・理論・道理一般、それらを支え、目指す精神の在り方そのものを醜悪と感じ、高踏的に嫌悪する。登場人物の一人に言わせれば、それは「……灰から立上ったり、悪徳から立直ったり、建設を謳歌したり、改良したり、より一そう立派なものになろうと思ったり、やたらむしょうに復興したり、人生を第一歩からやり直そうと思ったり、……そういう一連の行為に対する、どうにもならない趣味的な嫌悪」である。それ故、彼等において社会的意義の追求は全ておぞましい。純粋観照、純粋筋肉、非日常的な単純行動即ち暴力、そして残る唯一の堅気としての生が擬装とされる所以である。彼等において社会的連帯は単に不潔である。彼等相互も、ただ「どんな苦境に陥っても、われわれはお互いに全然助け合わないという同盟」を結ぶばかりである。但し、彼等自身に規範は無いから、既成社会との思想的対決も無い。拳闘家が後に右翼となるのも、それが「快《い》い気持」を彼にもたらすからに過ぎない。

明快でよく一貫したこの造型の背後には、作中にも示唆されているように、太平洋戦争による「あの無秩序な焼跡の時代」――それは、この作者においては、いわゆる焼跡闇市派の野坂昭如などの場合と違い、飢餓も凍えも伴わずに経験された――への郷愁と、戦後日本社会への反感があろう。しかし、それだけではない。既に戦前において、例えば保田與重郎は、『平家物語』の作者を、「必然の没落に対してどんな感激も比較計量も描か」ず、ただ「一切を自然化し美化した」と賛えている（「木曾冠者」、『コギト』一九三七年十月号）。山岸外史は、「素朴単純な肉体と純粋白紙の頭脳」が「僕達、浪曼主義者の財産」だと称している（「新自然主義的提唱」、『日本浪曼派』一九三五年十月号）。亀井勝一郎は、「もし君に人を殺す場合があっても、君は、天真爛漫に人を殺すでせう」と林房雄に共感を寄せている（「新刊抄」、同誌一九三五年十一月号）。彼等日本浪曼派が、何よりも、科学的真理と倫理教説の統合体としてのマルクス主義への反撥から、理論一般への美的不信に陥ったことは周知の通りである。意匠の相違にかかわらず、『鏡子の家』の作者における、彼等との、心的態度と人間像の連続は、無論、蔽うべくもない。しかも両者は相当程度、過去に「一度目は悲劇として」演じられた日本思想史上の事件の再演だった。

時はまず徳川時代半ばに遡る。その頃、儒教が、人は如何に生きるべきか、政治社会は如何にあるべきかを説いて浸透を深めていた。普遍的道理である「聖人の道」の受容と体得、それがその主張だった。その教えによれば、聖人の礼楽において最高の正義と美は一つだった。有徳者の教化への楽観も、彼の参与する燦然たる文明の美が万人を惹きつけるという確信に本来裏付けられていた。

しかし、この「東夷」の国には、古代中華文明の理想に感動しない者も多かった。その正義にも美にも心服せず、敢えて自国の「古《いにしへ》」を対置し、それを別種の美意識で支えようとする者さえ現れた。国学者である。

まず賀茂真淵（一六九七年―一七六九年）である。彼はその『国意考』で、儒教政治理論の無効性を史上の例を引いて主張した。さらに、悪行には応報が下るという当時普通の教戒を否定した。彼は戦国時代を例にとっていう。

其時一人も殺さで有しは今のただ人共也。人を少し殺せしは今の旗本さぶらひと云。今少し多くころせしは大名となりぬ。又其世に多く殺せしは一国の主となりぬ。扨是をかぎりなく殺せしは、公方と申て世々さかへり。

悪事に報いなど生じないではないか。殺人者こそが栄えているではないか。倫理教説の基礎のこの容赦ない破壊には悲哀も絶望も伴っていない。意地悪な喜びさえ感じられる。真淵は、理屈に支えられた倫理的政治的教説を嫌い、信じないのである。代りに彼が拠るのは「なまじひ」な「智てふもの」を働かさない「直《なほ》き心」である。和歌の源でもあるこの「直き心」は必ずしも善でなく、正しくもない。ただ「直」く、その意味で常に清澄に美的である。悪事も「直き心」でなされるなら隠慝はありえず、結局大事には至らない。「事少く心直き時は、むつかしき教は用な」く、「をしへね共……事ゆ」き、日本の古は「直き心」のままに平かに治まっていた、と真淵はいう。一方、「武」即ち暴力は称えられる。智恵や道理に頼れぬ以上、「直き心」による悪事は武をもって「とりひしが」ねばならないからである。それに、そもそも武は事々しい「文」と違って本来「直」い。「誠に武の意はなほければ、おろそかなく私なし、手をむだきて家をも治べし、天が下をも治べし」。

彼の弟子本居宣長（一七三〇年―一八〇一年）は、こうした師の基本的立場に忠実だった。彼は悪人栄え善人苦しむ現実を指摘して、「天道」「天命」の存在を否定した。「よくもあしくも、うまれつきたるまゝの心」である「真心《マゴコロ》」（『玉勝間』）を賛美した。そして「上代《ツ》には武《タケキワザ》を主《ムネ》として、天下治《ノシロ》しめし」たと主張した（『古事記伝』二十之巻）。しかし、宣長には師のように「よき君」さえ出現すれば復古が一〇年二〇年以内に可能であるとは信じられなかった。彼の観る所、今が直ちに古に復帰する現実的可能性は無かった。したがって、当時の世が「直《ナホ》く清《キヨ》かりし心も行《オコナ》ひも、みな穢悪《キタナ》くまがりゆきて」しまっている（『直毘霊』）ことを知りながら、一生その中で生きるほかはなかったのである。但し、彼は巧いからくりを見出した。「其時々の公の御定を守《リ》、世間の風儀に従候《ヒ》が、即神道」（『くず花』附録）という論理である。穢悪なる今の制度習慣に意識的に恭しく服従することが、かえって、何事にも「真心」のままに「上」に随順した古の「道」を実践することになる、というのである。明敏な支配者からすれば、この服従論はどこか不穏でいかがわしかろう。そこには確かに擬装の臭いがある。宣長自身の、家庭人・職業人・町の住人としてのおそろしく慎重で几帳面な生も、一面、擬装であろう。

しかし、宣長の門人達にとって師の真似は容易でなかった。擬装を擬装として生涯演じきるとは、異常な仕業である。そこで、自ら声高に日本の「理」を語り始める者も多かった。「古道」を忘れて単なる文人、純粋な雅人と化する者もいた。そして中には、煩瑣な考証や風雅な歌学で平穏な生を蔽い尽しながら、その生その「道」の真の意義が、逆に非日常的な危機において劇的に顕現することを密かに想う者も現れた。外国との戦闘に加わり「からめきたるこちたきえせ言せで、身をつくし心をいた」す（『中外経緯伝草稿』）こと、「額には矢はたつとも、背には箭は立たじとたけくいさみて、海行ば水づく屍、山行ば草むす屍、のどには死なじと、一ツ心に出向」う（『方術源論』）ことを夢みたのは、伴信友（一七七三年—一八四六年）である。「今世は又、今の公義の御制度に順ひ慎みて、別に行ふべき道なき事」と「事とあらむ時、我国の為に死をいたすを栄とする心」とが共に「古道」に含まれていると説き（『敏鎌』）、「すべて道の本意は、天下士民の心を正直にして、たゞひたすらに我に靡き随ひ、一大事の時、我為に死するを栄とするやうにあらしめんとの事」(『童子問答』)と言いきったのは中島広足(一七九二年—一八六四年)である。

彼等は「今の世」との内面的規範的かかわりを持たなかった。それ故その改革を企てる思想的発条も有しなかった。しかもそれでいて、全くの擬装の生、無用の「道」には満足しきれなかった。かくして、いつか到来する大いなる非常事態へと、思いは徐々に傾いていったのであろう。真淵以来称えられてきた素直な清い心と直截な暴力に因る死が、その想念における至高の結末である。

やがて、本当に、そのような時が到来した。「幕末」の動乱である。その渦中で非業の死をとげた国学者も、一人ではなかった。

倫理的であって偽善的でないのは難しい。政治社会は往々醜悪で、あまりに卑俗である。理論の多くは空論で、「全ての理論は灰色」かもしれない。社会構成に欠かせない何らかの「理」それ自体を美的に嫌悪する精神の土壌は常に存在する(日本には特に存在する)。しかし、どうやらこの嫌悪は、人を魅惑して、遂には暴力的な破局へと誘いこんでいく傾向があるらしい。

勿論、『鏡子の家』の作者の異常な最期は、それを自演した一例であろう。

＊　本稿は、もと相良亨ほか編『講座日本思想5　美』(東京大学出版会、一九八四年)「月報」に掲載された。数ヶ所の表記を改めたほかは、その時のままである。

Ⅳ　西洋の「近代」と東アジア

8　西洋の「近代」と儒学

一　「民　主」

西洋の「近代」――それが厳密に何を意味するかについては様々の意見があるが――と儒学との関係は、しきりに議論されてきた。それは、単に抽象的な比較の興味からではない。現実に、儒学を重要な要素とする東アジアの文明と西洋との、あるいは、西洋に始まった「近代」との交渉・衝突、それに伴う特に後者の変質という世界史的事件が起きたからである。中でも儒学の母国、中国では、「現代化」「西化」（西洋化）と儒学および儒学を核とする伝統との関係如何が、現在も思想的政治的な争点となっている。(1) その意味でもこの歴史的事件は、今なお進行中である。

その中国では、五四運動以来、学ぶべき西洋近代の中核を往々「民主と科学」と把える。「民主」は、近代民主政治の諸制度、それに対応する行動様式・精神態度を広く含めていう。したがって、平等や自由の理念も含意する。「科学」も、近代の科学技術の成果だけでなく、それらを産み出す制度と精神の在り方を含む。

本稿では、この内、特に広義の「民主」に関して検討してみたい。そのために、まず西洋の「近代」と儒学との関係についての中国を対象とした諸説を整理して紹介し、ついで、日本について具体的に考えることとする。

二　二つの見解

西洋の「近代」、就中「民主」と儒学との関係の問題は、歴史の進むはずの、あるいは進むべき方向が、つまりは西洋化であるのか否かという問題と連関している。二つの問題をからめて大きく類型化すれば、まず第一に、儒学と「民主」は相互排他的であり、しかも進歩とは結局西洋化にほかならないという見解がある。「全盤西化」を叫んだ五四運動での有力説である。現代中国の代表的思想史家の一人、李沢厚氏の「西体中用」論(2)も、これに連なる。(3)

第二に、「五四」流の「全盤西化」論に反撥し、西洋の古今の思想から学びながらも儒学の伝統の継承と発展を企ててきた「当代(現代)新儒家」の見解がある。例えば、熊十力(一八八五年—一九六八年)、梁漱溟(一八九三年—一九八八年)、徐復観(一九〇三年—一九八二年)、唐君毅(一九〇九年—一九七八年)、牟宗三(一九〇九年—一九九五年)氏等である。(4)彼等の多くにとって、儒学と「民主」とは矛盾しない。(5)しかも、西洋近代がそれと同時に産んだ深刻な諸問題を克服し、中国と世界に救いをもたらすのが儒学なのである。そして、かつて儒学が仏教の挑戦に応え、それに学びつつ宋学として逞しく再生したように、今度は西洋近代の挑戦に応えるべきなのである。その意味で彼等は、歴史の進行方向を「西化」であるとは考えない。一方、無論彼等は、中国共産主義を儒学的伝統の破壊者とみなす。台湾・香港での彼等の声望はかねてから高い。大陸でも近年急速に関心が高まっている。(6) 特に、もしも中国共産党の支配が終焉したならば、ナショナリズムにも適う彼等の見解は、一層もてはやされることになろう。

第三に、儒学と西洋流の「民主」との異質性を前提とし、しかも少なくとも中国の「現代化」と「西化」とは異なるとする見解がある。それによれば、儒学は、むしろあの独特な中国共産主義と連続するのである。例えば、トマス・メッツガー氏は、儒学的思考枠組がもたらす思想的苦境からの救済者として西洋文明が把えられたこと、中国共産主義もその思考枠組を維持していることを強調している。(7) また、溝口雄三氏は、さらに大胆に、特に明代中葉以降の儒学の動向の延長上に辛亥革命や毛沢東思想もあるとする。同氏によれば、「要するに、中国近代は、いわゆる〝西洋の衝撃〟の被体として、たとえば端的に「中体」の「西体」化、いいかえれば、「旧中国」の解体過程としてとらえられるのではなく、むしろ逆に、「旧中国」の脱皮過程としてとらえられるべき」なのである。(8)

上記の三つの見解を敢えて単純化し、対比して図示すれば、次頁のようになろう。

三つの見解はそれぞれに根拠があろう。しかし、図の示すように、三者のいずれもが余り注意していない見解がありうる。それは、「西化」としての「民主」化こそが、儒学の教えの実現にほかならない、という見解である。儒学を「本質的」に「封建的な支配」の「イデオロギー」であるなどとみなせば、

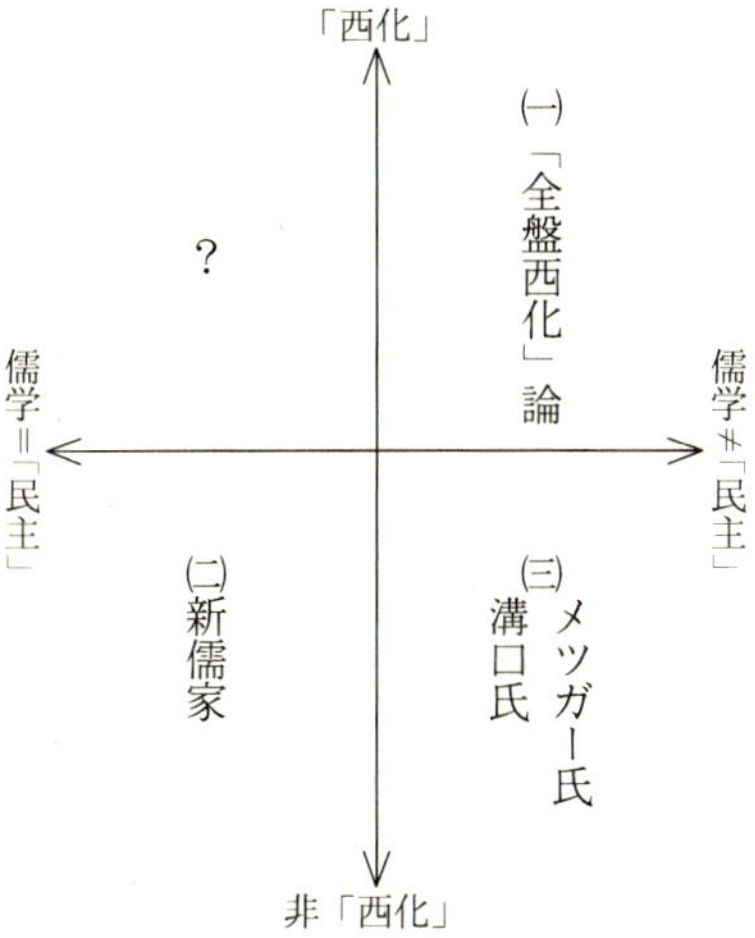

それは奇矯な説である。しかし、少なくとも日本には、有名な横井小楠（文化六・一八〇九年―明治二・一八六九年）の例がある。儒者小楠は、当時の西洋の政治を論じて、「殆《ほとんど》三代の治教に符合する」と断言した。例えば「大統領の権柄、賢に譲て子に伝へず」、「公共和平」「智識を世界万国に取て治教を裨益する」を「務」とし、「政体一に民情に本づき」、さらには「学校」「幼院」「唖聾院」等を設けているからである。(9) 支配者の私利私欲ではなく、公共的な精神と「民情」とに基づいて、本当の「仁政」を行なっているというのである。さらに、明治の自由民権運動の理論的指導者、中江兆民（弘化四・一八四七年―一九〇一年）の例もある。彼は、孟子・柳宗元等の見出した「理義」と、西洋人のいう自由・平等・民主の理念との同一性を終生信じていた。二人が、この儒学的信念故に――それにかかわらずではなく――西洋の政治やその理念を学びとろうとしたことも、有力に主張されている。(10) また、毎朝朱熹の「白鹿洞書院掲示」を誦することを日課としていた(11)阪谷朗盧は、

維新後、明六社に入って『明六雑誌』で活潑に論陣を張った。彼によれば、「掲示」は「正大光明、繁簡得中、万古無弊者」であり（「上大原源老公書」(12)）、「（自分は）時勢ト洋学ニ於テ見聞スル所ナシ唯一ノ正理公道ニ依テ之ヲ推スノミ近来当社ノ末ニ加ハリ高論ヲ聞テ感悟スル所鮮《スク》ナカラズ益々正理公道ノ之ヲ以テ推セバ中《アタ》ラザルモ遠カラザルヲ知ル」（「尊王攘夷説」(13)）のだった。

さらに、島田虔次氏は、小楠・兆民等の例をも踏まえつつ、儒学と「民主」との親和性を強調している(14)。新儒家の一人、徐復観氏には『儒家政治思想與民主自由人権』と題する論文集もある。徐氏によれば、専制統治下で歪められる以前の本来の儒学は、民主・自由と近く、ただそれを制度で実現することに考え及ばず、「聖君賢相」に托してしまったのだという。それ故、孔子孟子が再び今日に生れたならば、必ず「民主自由」の「促成」を主な教えとするであろう――徐氏はそう主張している(15)。

こうしてみれば、第四の仮説的見解にも、多分、検討する価値はあろう。そこで、以下、主に日本に注目して、この説の成立可能性を探ってみたい。それは、徳川時代に儒学が当時の差別と抑圧に満ちた政治・社会制度への同調を誘った事実を否定しようとするものではない。儒学が偏狭な「尊王」論、「攘夷」論を導出しなかったというのでもない。ただ、従来相対的に看過されてきた別の面をも見てみようというのである。

三　「仁」と「公」としての西洋

江戸時代後期から明治前半の日本、即ち儒学的教養が最も浸透した時期の日本の知識人の眼に、同時代の西洋は、儒学の最も基本的な価値である「仁」や「公」を実現したものと映ることが、実は往々あったようである。

1 「仁」

徳川時代の日本社会は、現代日本の普通の感受性からすれば、弱者にとって苛酷な、ほとんど残虐な社会である。しかし、十八世紀半ば頃からは、少なくとも戦国時代や十七世紀に比べれば、他人への「人道的」humane な関心が強まったように思われる。徳川時代の「心性」mentalité の歴史の一面である。それは、安定した「御静謐」の世の中で、武士が荒々しい武者というよりは「民」を治める官吏と化したこと、それとも関連しつつ「仁」すなわち「万物」への「愛」を至高の徳とする儒学的教養が普及していったこと等と関係があろう。

まず一つの印象的な小事件を紹介したい。若狭小浜の酒井家に仕える武士であり、朱子学者でもあった山口春水（元禄五・一六九二年―明和八・一七七一年）の書き残したものである。[16]

ある小雨のそぼ降る日、暇だった彼は京都の仮住まいの窓際で、畑を隔てた御池通りを行き来する人々を眺めていた。すると、破れ笠をかぶり、ボロ布を綴り合わせてまとった人が、疲れきり、這うように歩いてきた。その人は大きな物を背負っていたが、それを道端に下ろし、大事そうに抱えた。「童ドモ」が、とり囲んでその様子を見守っていた。不審に思った彼は、手元の「遠眼鏡」で覗いてみた。するとその人は、六十歳程の「老婆」であり、抱えていたのは十三、四歳の女の子だった。女の子の左足はひどく腫れただれ、立つこともできないのだった——

予コノ有様ヲ見テ、傷ミ悲ムノ心切ニオコリ、涙オチ胸イタミ、全身冷汗イデ、、見ルニ忍ビラレズ。速カニ家奴ニ命ジテ食物ニ鳥目《チヨウモク》〔銭のこと〕ナド取ソヘ、持ユキテ与ヘシム。家奴、「コレハアノ窓ノ内ナル人見付テ、与ヘラル、ハ」ト云ヘバ、老婆、手ヲ幷セテ窓ヲ望ミ、オガミ戴キ……ヨロコブ事カギリナシ。其折シモ、キザミ多葉粉《タバコ》ノ箱ヲカツゲル商人、通リ合セケルガ、此始末ヲキ、テ、「扨《サテ》モハヅカシキ事カナ、遠方ヨリナガメ玉ヘル人サヘ、カ、ル情アルニ、同シ人トシテ我等ハマノアタリ、其カタハラヲ通リナガラ、其心モツカズ侍リキ」トテ、其儘カシコニ多葉粉ノ箱ヲオロシ、代カヘタル鳥目ヲアタヘヌ。又オロソカナル医者ノ通リケルガ、此由ヲキ、テ、懐ヨリ薬ヲ取出シ与ヘヌ。コノ次第ヲミテ、其時通リアハセル男女貴賤各々傷悲ム心オコリ、徒ニ打過ル人ナク、鳥目ナドアタヘ、慈言ヲ施シトヲル風情ナリ。家奴カヘリテ、其アリサマドモヲ委ク云キカス。カクテ、雨マタシキリニ降リ出レバ、又病女ヲ初メノ如ク負テ、東方ヘヨロボヒ行ヌ。イカヾナリユキケン、覚束ナシ。彼ハ誠ニ無告者ノ極ナリ。タヾ鰥寡孤独ナド云フタグヒニアラズ。文王ノ代ニ遇ハザルハ実ニ彼ガ不幸也。

また、石田梅岩（貞享二・一六八五年—延享元・一七四四年）に始まる石門心学の同人たち——多くは町人である——は、飢饉等に際して、組織的な施行をくりかえし行なっている。日頃「仁」を論じながらも、そのような「仁」のヴォランティア的実践の発想を欠いていた横井小楠は、それを知って虚を衝かれる思いをしたらしい。書簡にこう記した。「此許学者多分に御座候へ共左様成る事には夢更気付不レ申、却て道話者に実行相譲候と一笑仕候」（嘉永四年五月六日）[17]。

寛政二年（一七九〇）には、公儀が人足寄場を設けている。知識人老中、松平定信による、建前上、無宿の人々への「仁恵」の施策だった。また、法制史家石井良助氏によれば[18]、徳川時代の前期と後期とでは、公儀による刑罰の趣旨目的にも変化があったという。前期では、戦国時代と同じく、刑罰の主目的は威嚇による犯罪の「一般的予防」にあった、それが、後期では、犯罪者当人を真人間に戻すという「特別予防」、いわば教育としての刑罰に変わっていったというのである。勿論、それは新しい形での、より念の入った抑圧の始まりだった、ということもできよう[19]。しかし、少なくとも肉体に直接残虐な「仕置き」を加え、それを見せつけるだけが能ではないという意識は、おそらく広がり、深まっていったのである。

このような心性が、例えば第一に、ヨーロッパにおける病院・孤児院・救貧院、そして種々の障害者のための施設への広い関心の背景にあろう。森島中良の『紅毛夜話』（天明七・一七八七年序）を始め、十八世紀末以来の、欧州紹介書は、しばしばそれらの存在を特筆している[20]。

何故なら、第一に、無告の民、よるべない人々を憐れむことを、「同シ人トシテ」の道徳的責務であり、政治の主要課題だと考える儒学的立場からすれば、それらは「仁」の制度化として刮目に値するからである。第二に、「育嬰堂、養済院は、是れ処々に有」り、「瞽者を養ふ」「院」さえ存在した清朝中国（紀昀『閲微草堂筆記』第一一巻四六条[21]）とも異なり、日本にはそのような施設はほとんどなかったからである。そして第三に、かねてから中国渡来の欧州紹介書が、それらを欧州の特色として強調していたからである。例えば、艾儒略 Giulio Aleni（一五八二年―一六四九年）の『職方外紀』である。[22] その「欧邏巴州巻之二」によれば、「欧邏巴国人」は、「天主正教」を奉ずるが故に「人を愛すること己れの如く、そのため「千余年来、未だ貧に因りて子女を鬻ぐ者有らず、未だ飢餓して溝壑に転ずる者有らず」という状況であるという。「病院」「幼院」「貧院」が設けられて「鰥寡孤独」を養い、「残疾の人と雖もまた廃せず、瞽者は手足を運し、瘖者は耳目を運するが如く、おのおの当に務むべきところありて、曲《つぶ》さに其の才を尽くして、天壌の廃物為《た》らざらしむ」というのである。無論、アレーニ神父には、明朝中国の士大夫の眼に、ヨーロッパとカトリックを尊敬すべきものとして描き出す強い動機があった。しかし、動機はともあれ、漢文で書かれたこのような叙述に接したならば、あの「遠眼鏡」で眺め、ただ、今の日本が「文王ノ代」でないことを嘆いていた山口春水も、衝撃と賛嘆を禁じえなかったであろう。

しかも、このような情報は、さらに「実証」されていった。例えば桂川甫周（寛延四・一七五一年―文化六・一八〇九年）――森島中良の実兄である――は、漂流者大黒屋光太夫からの聞き書においてロシアの「病　院《ようじょうしょ》」を詳しく紹介している。そこには「明人の図説」として『職方外紀』の「病院」の説明が、付記されている。その結語は、「是欧羅巴洲、人を愛する風俗の然らしむる処なりといふ」である。[23]『職方外紀』の叙述が、漂流者の実見によって確かめられたのである。さらに、万延元年（一八六〇）、公儀の最初の遣米使節に同行した佐藤秀長は、手話教育を見学する機会を得た。その日記に彼は「是則生民を棄さる仁政の至れる処と感するに余あり」と記した。[24]

周知のように、福沢諭吉の『西洋事情』初編（慶応二・一八六六年刊）は、冒頭「欧羅巴政学家の説に、凡そ文明の政治と称するものには六ヶ条の要訣ありと云へり」とし、その第六条として「人民飢寒の患なからしむること。即ち病院貧院等を設て貧民を救ふを云ふ」と述べている。[25] 巻之二でも、「西洋」一般を論じ、「収税法」「国債」「兵制」「新聞紙」「博物館」「博覧会」「蒸気機関」「伝信機」「瓦斯灯」等と並べて、「病院」「貧院」「啞院」「盲院」「癲院」「痴児院」を紹介している（二四項目中の六項目である）。それらは、「文明開化」の重要な要素と考えられたのである。維新後も、「開化の眼目たる学校病院貧院」などと論じられている（『郵便報知新聞』四九四号、一八七四年十月二十八日、猫尾道人投書）。こうして、遅くとも十七世紀の中国に発した伝統的な西洋像は、洋学者等によって強化され、明治に及んだのである。

第二に、西洋では、人間が重んじられ、尊ばれていると正面から指摘した例も、散見される。高野長英（文化元・一八〇四年—嘉永三・一八五〇年）によれば、「西洋諸国にては、殊の外人民を重じ、人命を救候を何よりの功徳と仕候」[26] という。また、渡辺崋山（寛政五・一七九三年—天保十二・一八四一年）によれば、西洋では、「国王之供などは甚省略なるもの」である。[27] それは、「人ヲ重ジ候事、金石ノ如ク」[28]、「人を無益に使ひ、唯観聴をかざり候様之風俗は無レ之、一向に人才を育し候のみに相掛」[29] るからにほかならない。

もっとも、実を言えば、ヨーロッパにおいても、例えば「近世初期のフランス農民が住んでいた世界は、継母と孤児、果てしない苛酷な労働が一般的な、露骨でしかも抑圧された、すこぶる残忍な世界」だったらしい（ロバート・ダーントン氏）。[30] 産業革命期の労働者の悲惨な労働条件もよく指摘される。しかし一方で、例えばピーター・ゲイ氏は、その「啓蒙」についての包括的な研究において、十八世紀西欧での humane な精神の昂まりについて詳論している。[31] その中には、エドワード・ギボン（一七三七年―一七九四年）が、「我が同類」mes semblables、同じ人間であるポーターにかつがれてアルプス越えをした時に感じた嫌悪の紹介がある。[32] それは、西洋の絵画に、人が人を「肩輿」した図の無いことに気付いた同時代の日本人画家、司馬江漢（延享四・一七四七年―文政元・一八一八年）の次のような感想[33]と遥かな空間を隔てながらも響き合っているように思われる。

馬ヲ以テ車ヲ率セ、御者前ニアリ、皆四馬・六馬ナリ。人ヲシテ牛馬タラシムルコトナキヲ知レリ。人トシテ人ヲ貴ムコト如レ斯

「万物之霊」（『書経』泰誓）である人を愛し、人を重んじ、人を貴むことは、儒学の中核的な教えである。それに培われた感受性を持っていればこそ、彼は、西洋が優位していると、正に眼に見える形において感じたのである。

そして、万延元年、遣米使節に同行した仙台の儒者、玉虫誼茂（文政六・一八二三年―明治二・一八六九年）は、病死した水夫の水葬に「船将等」が列席し、「悲歎ノ色ヲ顕ハサヾルモノナシ、其親切我子ノ如シ」であったことに衝撃を受けた。「我国賤官ノ者死スルナドハ犬馬ヲ以テ待チ、何ゾ其席ニ列シテ弔フモノアランヤ。故ニ上下ノ情日ニ薄ク、却テ彼ニ恥ルコト多シ。今彼ヲ見テ、誰レカ心ニ恥ヂザランヤ」――彼は日記にそう記した。[34]

第三に、教育制度である。西洋の完備した（と解された）学校教育の制度とそれによる人材登用の仕

組みは、「養才」の「仁政」として、時に憧憬の対象にさえなっている。[35] 最も顕著な例は渡辺崋山である。彼は幼時、同年輩の大名の行列の先供にあたって打擲を受けたことがある。その時彼は「天分」（天の与えた身分、分際）とはいうものの、「同じ人間」として「発憤に不レ堪」、「学問」の大家となって見返してやろうと決心したという。しかし、貧困は繰り返し彼に挫折を強いた。[36] だからこそ、彼は、西洋の全国的な学校制度による「養才の政」に深く感嘆した。オランダ商館員からの彼の聞き書には、こう書き残されている。「〔西洋では〕実学盛に行はれ、向学のもの日々に多く、日烘雨淋、天の物を生ずる如くなれば、志あるもの丶、生活に事欠くなど丶申義はこれなく候」[37]。こう記した時の彼の心情は、想像に難くない。

儒学では、人としての最大の問題は来世での魂の救いであるなどとは考えない。十八世紀のヨーロッパ啓蒙主義者と同じく、重要なのは現世であり、しかも人間には改良可能性 perfectibilité がある以上、教育と政治による人々の啓蒙と世の中の改善が可能であると信じる。それ故、教育が重んぜられ「実学」が奨励され、それに卓れた人が重んぜられ、さらにはそのような人々が統治に携わる社会は、儒学者の理想である。[38] そして、日本の近隣に立ち並ぶ中国・朝鮮では、科挙制度によってそれがある程度は実現していた。しかし、将軍・大名の支配する日本に科挙はなかった。自己の才能を密かに自負しながらも「身分」「家柄」の故に口惜しい思いをしていた人々がいた。

ところで、前記の福沢諭吉『西洋事情』初編にいう「文明の政治」の第一、第三、第四の条件は次の通りである。[39]

㈠　国法寛にして人を束縛せず、人々自から其所好を為し、士を好むものは士となり、農を好むものは農となり、士農工商の間に少しも区別を立てず、固より門閥を論ずることなく、朝廷の位を以て人を軽蔑せず、上下貴賤各々其所を得て、毫も他人の自由を妨げずして、天稟の才力を伸べしむるを趣旨とす。……字を知り理を弁じ心を労するものを君子として之を重んじ、文字を知らずして力役するものを小人とするのみ。

㈢　技術文学を励まして新発明の路を開くこと。

㈣　学校を建て人才を教育すること。

福沢の『学問のすゝめ』初編（明治四年）も、これを承けて、「人間普通日用に近き実学」に卓れた人が「貴人」「富人」になるのだと主張している。(40) 無論、ここでいう「実学」は儒学者のいう「実学」と内容を異にする。しかし、これらは、少なくとも一面で、日本の儒学的知識人の永年の夢の再定式化だったのである。

2　「公」

特に朱子学・陽明学においては、儒学的な「理」は「公」なるものと性格付けられている。「公」とは、公共、公平、公明であることである。万人が共有すべき立場であり、万人の共存を可能にする立場である。倫理的であるとは、「公」であることなのである。逆は、「私」である。万人の共有しえない、万人の共存を不可能にする「欲」と「為我」の立場である。それ故、人は誰でも不道徳な「欲」を自ら滅ぼし、常に「公」であるべく修養しなければならない、とされる。しかし、「私」は破り難く、「理」は窮め難い。そこで、ひとり引きこもっての自修だけでなく、人々との「講習討論」も、また必要である。『大学』伝之三章を説明して、朱熹は、「学とは、講習討論の事を謂ふ。自脩とは、省察克治の功」と述べている（『大学章句』）。宋代以来、民間に「書院」が多数設けられた一因であろう（例えば熊本藩校の教授、脇蘭室（明和元・一七六四年―文化十一・一八一四年）も、「学校」を論じて、「学問修業の方は、平日師友に相接し、講習討論仕候こそ、其益可レ多義に奉レ存候」と述べている[41]）。

しかも、儒学によれば、政治とは、民のために、公共的な「理」をこの世に実現する過程である。それ故、「書院」は容易に明代の東林党のような政治的正義派の拠点となった。そして、「芻蕘にも詢ふ」（『詩経』大雅「板」）ことは、賢者の美徳である。かくして、天子による是非の判断も、「学校」での議論にかけて「公」か否かを確かめるべきだとさえ主張されたことは周知の通りである（黄宗羲『明夷待訪録』[42]）。

このような思想的伝統からすれば、西洋の議会制度や共和政は、案外、素直に共感や尊敬の対象たりえた。魏源の『海国図志』（道光二十九・一八四九年刊）も「夷の長技を師として以て夷を制す」（同巻之一籌海篇三「議戦」）るためだけの書ではない。例えば、アメリカ合衆国については、こう記述し、評価している（「墨利加洲部総叙」[43]）。

二十七部酋、東西二路を分かち、而して一大酋を公挙して之を総摂せしむ。惟に世及せざるのみにあらず、且つ四載ならずして即ち代を受く。古今の官家の局を一変して人心翕然たり。公と謂はざる可けんや。事を議し、訟を聴き、官を選び、賢を挙ぐるに皆下より始む。衆可とすれば之を可とし、衆否とすれば之を否とす。衆好めば之を好み、衆悪《にく》めば之を悪む。三占二に従ひ、独を舍てて同に狥ふ。即ち丁に在りて議に預かるの人もまた先ず公挙に由る。周と謂はざる可けんや。

また、徐継畬による世界地理書『瀛環志畧』（道光二十八・一八四八年自序）は、英国の議会を「公会所」と呼び、国の「大事」はそこで「公議」されると説明している。そして、「亜墨利加合衆国」では、ワシントンが大統領の世襲は「私」であるとして否定し「有徳者」がその任につくべきだと主張したことを紹介し、「幾於天下為公、駸駸乎三代之遺意」と絶賛している。[44]

〔米国は〕王侯の号を設けず、世及の規に循がはず、公器は之を公論に付し、古今未だ有らざるの局を創む。一に何ぞ奇なる。泰西古今の人物、能く華盛頓〔ワシントン〕を以て称首と為さざらんや。[45]

ジョージ・ワシントンは中華古えの聖人に類比され、その思想・制度は、古代の理想の世即ち儒学の基本原理に合致するとされたのである。いわゆる洋務運動の本格化以前に、中国にはこのような西洋観があったのである。

事実、溝口雄三氏によれば[46]、既に一八四四年、梁廷枏は、議会制は「一に之を民に公にす」としたという。そして、張徳彝は「弁ずる所の政事、一たび偏私あれば即ち群議してこれを廃す」とし、『初使泰西記』は「民情達して公道存す」とし、劉錫鴻は「事に遇えば富室大家および一国の衆を集めてこれを公議する」と述べたという。溝口氏はこれらを「旧来の価値観に照しても、おしなべて〔議会制に対して〕容認的」、「一方で議会制を称えながら、その一方で五倫を仁義のもう一本の柱としているという……特異さ」等と評される[47]。しかし、多分、それは「特異」ではない。正に「旧来の価値観」故に、議会制は評価されえたのではあるまいか。

日本でも中国の世界地理書にも接した儒学的知識人の中から、議会制、共和政への共鳴者が次々と現れている。既述の横井小楠だけではない。古賀侗庵は、こう述べたという（「殷鑑論」[48]）。

　西洋意大里亜等の国、古より皆欧邏巴州に就き、賢者を遴選し、立てて以て君と為す。然して禍乱作らず、簒奪萌さず。斯れ其の美、之を堯舜に比ぶるも、多く譲らず。

橋本左内は、こう書いている（「西洋事情書」[49]）。

　〔西洋各国の〕政体の趣意は一に天帝之意を奉行すると申ことにて、上下共衆情に背候義は不レ為事、第一の律令に有レ之候よし。依レ之役人の選挙抔、先第一に国内之衆論に基き、賢明才学之者を挙用致し候由。……殊に国家之大事、法令を改、兵革を動、工作を起し候様の義は、学校へ下し、熟議之上にて饗論相定、政府へ申達、政府にても夫々の官、反復討論して、衆議一同之上にて行候よし。因て国王とても、一人にて吾意に任せ、恣に大事を作すこと不レ能由。

そして、実際にワシントン市をも訪れた遣米使節の一員、玉虫誼茂によれば、「花旗国〔米国をいう〕ハ、共和政事ニシテ一私ヲ行フヲ得ズ、善悪吉凶皆衆ト之ヲ同シ、内乱ハ決シテナキコト」だった[50]（彼がそう書いたのは、万延元年、西暦では概ね一八六〇年にあたる。つまり、その翌年、あの凄惨な「内乱」、南北戦争が始まったのである。勿論、玉虫にそれが予見できたはずもなかった）。また、蕃書調所の加藤誠之（後の弘之）は、文久元年（一八六一）、西洋の「上下分権」や「万民同権」の政体は、「仁義を旨とせる公明正大の政体」であると記した（『隣草』）。彼が「巴力門」に与えた訳語は「公会」であった。(51)

その五年後、福沢諭吉は『西洋事情』初編で、米国の「純粋の共和政治」を「毫も私なき」ものと評した。(52)正しくこれもまた、中国書に由来する儒学的西洋政治像の伝統の継承だったのである。

四　「明治維新」

西洋は何よりも軍事力と経済力によってその植民地を世界に拡げ、東アジアにも進出をはかった、それ故、東アジア諸国も、まずは軍事を中心とする技術の導入による対抗を試み、ついで制度改革、さらには文化、精神の改革の試みへと進んだ、いわば、外から内へ、「用」から「体」へと、問題が内面化していった——そのような歴史解釈が従来ある。その背後には、「西洋は「形而下」では優れていても「形而上」では劣っている、西洋の「芸術」は学ぶべきだが「道徳」は東洋がよい」といった態度が一般的だったという歴史理解がある。しかし、少なくともその一方で、実は当初から、最も「内面的」な儒学的価値基準故に、西洋の社会や政治が、共感と尊敬の対象となることがあったように思われる。「仁」にして「公」であれば、即ち「民主」だというわけではない。しかし、少なくとも徳川時代末期に、「公議」「公論」が広い声高な要求となり、明治に入れば政府内外を問わず「公議政体」の樹立、確立が目標とされた[53]ことの一つの背景にはなっているであろう[54]。

現に、慶応四年三月、新政府が「国是」を明らかにした「五箇条の御誓文」は次のように述べている。

一　広ク会議ヲ興シ、万機公論ニ決スベシ。
一　上下心ヲ一ニシテ、盛ニ経綸ヲ行フベシ。
一　官武一途庶民ニ至ル迄、各其志ヲ遂ゲ、人心ヲシテ倦マザラシメンコトヲ要ス。
一　旧来ノ陋習ヲ破リ、天地ノ公道ニ基クベシ。
一　智識ヲ世界ニ求メ、大ニ皇基ヲ振起スベシ。

これが、横井小楠の『国是三論』を基礎としていることは周知の通りである[55]。即ち、少なくとも一面で、「五箇条の御誓文」とは、遥か以前から徐々に積み重ねられ、育まれていた、儒学的眼鏡を通して理想化された西洋像を、今や、日本の模範として正式に採用することの宣言なのである。その意味で、明治維新とは、「大ニ皇基ヲ振起スベシ」の語の示す「王政復古」の革命であると同時に、「儒学的西洋」化の革命でも、多分、あったのである。しかも、そのことによってその後、儒学的諸理念は西洋思想にいわば吸収されていき、相対的には速やかに独自の体系としての思想的生命を失っていった。即ち、少なくとも日本では、儒学は西洋に発した「近代」を導き入れる先導役を果たし、しかも、そうしていわば自殺した——そのような一面が多分あったのである。

＊　本論文は、もと、一九九一年十月五日の日本政治学会年次研究会および同年十一月に横浜で開催された国際シ

ンポジウム「漢字文化圏の歴史と未来」において行なった報告を若干補訂し、溝口雄三ほか編『漢字文化圏の歴史と未来』（大修館書店、一九九二年）に収載されたものである。二つの機会に受けた質問に感謝する。今回、「三つの見解」の図を書き改め、『職方外紀』『海国図志』に論及する等の改訂を施した。

（1）丸山松幸「現代における儒教」、『岩波講座 現代中国』第四巻（岩波書店、一九八九年）。
（2）李沢厚「漫説〝西体中用〟」、『中国現代思想史論』（北京、新華書店、一九八七年）。
（3）実際、李沢厚氏の主張を「ブルジョア自由化」論とみなす批判があるようである。近藤邦康「中国 一九九〇年三月―七月」（『社会科学研究』第四三巻一号、一九九一年八月）、一九四頁。なお、その後の李氏の思想については、『李沢厚・劉再復対話録――告別革命』（香港、天地図書、一九九五年）を参照。
（4）日本語では近年次のような研究がある。島田虔次『新儒家哲学について――熊十力の哲学』（同朋舎、一九八七年）。河田悌一「伝統から近代への模索――梁漱溟と毛沢東」、註（1）前掲書所収。吾妻重二「中国における非マルクス主義哲学――〈新儒家〉をめぐって」（『思想』一九八九年十月）。坂元ひろ子「民国期における梁漱溟思想の位置づけ――「現代新儒家」規定を超えて」（『中国――社会と文化』第五号、一九九〇年）。また『季刊日本思想史』四一号（一九九三年）「東アジアの儒教と近代」特集には、新儒学関係の論文二編の翻訳が含まれている。
（5）例えば、牟宗三『政道與治道』（増訂新版、台北、台湾学生書局、一九八〇年）参照。これに対する批判としては、余英時「銭穆與新儒家」（『現代儒学論』、River Edge: 八方文化企業公司、一九九六年）、林毓生「思想危機的一箇面相」（『読書』一九九六年一二期、生活・読書・新知三聯書店）が鋭い。
（6）方克立・李錦全主編『現代新儒学研究論集』㈠（中国社会科学出版社、一九八九年）。本稿発表後、大陸で

は、『当代新儒学八大家集』（北京、群言出版社）が出版され、数々の研究書、研究論文が発表される等、ブームともいうべき状態となり、それらは到底、この註で紹介する煩に堪えない。

（7）Thomas A. Metzger, *Escape from Predicament : Neo-Confucianism and China's Evolving Political Culture* (New York: Columbia University Press, 1977).

（8）溝口雄三『方法としての中国』（東京大学出版会、一九八九年）、五六頁。

（9）『国是三論』、佐藤昌介ほか校注『日本思想大系55　渡辺崋山・高野長英・佐久間象山・横井小楠・橋本左内』（岩波書店、一九七一年）、四四八―四四九頁。

（10）松浦玲『横井小楠』（朝日新聞社、一九七六年）。松本三之介「中江兆民における伝統と近代――その思想構築と儒学の役割」（『歴史と社会』第二号、一九八三年五月。この論文はのちに、同『明治思想における伝統と近代』、東京大学出版会、一九九六年に収載された）。米原謙『日本近代思想と中江兆民』（新評論、一九八六年）。

（11）阪谷素（朗盧）『朗盧全集』（阪谷芳郎刊、一八九三年）、三七、五四、一九五頁。

（12）同書、三七頁。

（13）『明六雑誌』第四三号（一八七五年）、七丁。

（14）「堯舜民主政？」（木村英一博士頌寿記念会『中国哲学史の展望と摸索』、創文社、一九七六年）、「孫文の儒教宣揚の動機論をめぐって」（山根幸夫教授退休記念会『明代史論叢』、汲古書院、一九九〇年）。

（15）徐復観『儒家政治思想與民主自由人権』（台北、学生書局〔増訂再版〕、一九八八年）、一九〇―一九一頁。

（16）『雑話続録』一、東京大学総合図書館蔵写本。解り易さのために表記を一部改め、句読点を付した。

（17）山崎正董編『横井小楠遺稿』（日新書院、一九四三年）、一五二頁。

（18）石井良助『江戸の刑罰』（中央公論社、一九六四年）。

(19)　参照、ミシェル・フーコー Michel Foucault『狂気の歴史――古典主義時代における』(田村俶訳、新潮社、一九七五年)、同『監獄の誕生――監視と処罰』(田村俶訳、新潮社、一九七七年)。

(20)　蘭学者のそれらへの注目については、杉本つとむ「鎖国と西欧ヒューマニズムの発見――貧院・幼院・病院の翻訳と認識」(『日本語翻訳語史の研究』、八坂書房、一九八三年)に指摘がある。なお、吉田松陰のような攘夷論者も、「西欧夷狄ニさへ貧院・病院・幼院なとの設ありて下ヲ恵クムノ道ヲ行フ」と述べている。嘉永六年九月十四日付書簡。山口県教育会編『吉田松陰全集』第五巻(岩波書店、一九三五年)、一七九頁。久坂玄瑞も、「此模様ニテ数年モ打過候得バ、貧院・幼院・啞院・聾院ナド造築シ、貧窶無識ノモノヲ憐恤シ」と「夷狄」への警戒を述べている。「廻瀾条議」(文久二年)、吉田常吉ほか校注『日本思想大系56　幕末政治論集』(岩波書店、一九七六年)、二七九頁。彼等にとっても、西洋は、軍事力においてのみ優位する存在ではなかった。それ故に、彼等の危機感は一層深刻だったのである。

(21)　孫致中ほか校点『紀暁嵐文集』第二冊(石家庄、河北教育出版社、一九九五年)、二六〇頁。

(22)　東京大学総合図書館蔵写本。ちなみに、『職方外紀』等に現れる「病院」「貧院」「幼院」等の語が、日本語に入っていき、定着したことについては、つとに指摘がある。佐藤亨『近世語彙の研究』(桜楓社、一九八三年)第二、第三、第四章。

(23)　『北槎聞略』(岩波書店、一九九〇年)、一八八頁。

(24)　『米行日記』。大塚武松編『遺外使節日記纂輯』第一(日本史籍協会、一九二八年)、四七六頁。同じ時、同行の玉虫誼茂も「是ヲ聞キ、始テ花旗国〔米国をいう〕ノ人ヲ捨ザルヲ知ル。」と記している。『航米日録』、沼田次郎ほか校注『日本思想大系66　西洋見聞集』(岩波書店、一九七四年)、一三六頁。また、慶応三年、アメリカに密行していた若き新島襄も、父への書簡において「邑学校、貧院、病院等」の存在を報じ、「嗚呼、仁政の支那日本に勝れる事茲に於て見るべし」と述べている。同志社編『新島襄書簡集』（岩波書店、一九五四年）、三六頁。
(25)『福沢諭吉全集』第一巻（岩波書店、一九五八年）、二九〇―二九一頁。
(26)『戊戌夢物語』。註（9）前掲書、一六七頁。
(27)『再稿西洋事情書』。同書、五三―五四頁。
(28)『外国事情書』。同書、二七頁。
(29)『再稿西洋事情書』。同書、五四頁。
(30) ロバート・ダーントン Robert Darnton『猫の大虐殺』（海保真夫ほか訳、岩波書店、一九九〇年）、三五頁。
(31) Peter Gay, *The Enlightenment: An Interpretation, Vol. II: The Science of Freedom* (New York: W. W. Norton, 1969), 29-41. ちなみに、ヨーロッパで聴覚障害者のおかれた状況が大幅に改善したのも、十八世紀半ばであるという。公的支援を受け、手話を用いる最初の学校が成立したのは、一七五五年である。オリバー・サックス Oliver Sacks『手話の世界へ』（佐野正信訳、晶文社、一九九六年）、二九―四六頁。
(32) Gay, *op. cit.*, 39.
(33)『和蘭天説』。沼田次郎ほか校注『日本思想大系64　洋学』上（岩波書店、一九七六年）、四八五頁。ちなみに、桂川甫周は註（23）前掲書（二三七―二三八頁）において、光太夫のロシア人に関する次のような話を引いている。「彼邦に絶て肩輿《けんよ》《のりもの》なし。此方にて肩輿《のりもの》を用る事を聞て甚《はなはだ》いぶかり、天より馬といふものを生じて人をのせ、輿車《こしぐるま》を拽《ひき》て人用をたすけしむるなるに、人を人に擡《かたげ》さするといふもつたいなき事は有《ある》まじき也とて、さらに信ぜざりしが、松前に来り初て肩輿を見て甚だおどろきしさまなりしとなん。」

(34)『航米日録』。註(24)前掲『日本思想大系66』、二四一頁。
(35)司馬江漢『和蘭通舶』。註(33)前掲『日本思想大系64』、五〇三—五〇四頁。横井小楠においても、「病院・幼院・啞聾院等」と並んで、「文武の学校」が「政教悉く倫理によつて生民の為にするに急ならざるはなきことの証拠とされる。『国是三論』。註(9)前掲書、四四九頁。
(36)「退役願書之稿」。同書、九七—一〇一頁。
(37)「鈇舌或問」。同書、八三頁。
(38)そして勿論、貧しい庶民の才能にも開かれた社会とは、十八世紀ヨーロッパのフィロゾーフ達の理想でもあった。註(31)前掲 *Enlightenment II*, 398-399.
(39)註(25)前掲書、二九〇—二九一頁。ちなみに、前勘定奉行川路聖謨は、慶応三年に『西洋事情』を読み、「漢土」に比べ、ワシントンの政治が「寛宏」「寛仁」であると感心している。川田貞夫校注『東洋金鴻』(平凡社、一九七八年)、六六—六七頁。
(40)『福沢諭吉全集』第三巻(岩波書店、一九五九年)、三〇頁。
(41)『脇蘭室全集』増補改訂版(双林社、一九八〇年)、二一頁。解り易さのために表記を一部改めた。
(42)沈善洪主編『黄宗羲全集』第一冊(杭州、浙江古籍出版社、一九八五年)、一〇頁。ちなみに、艾儒略『職方外紀』「欧邏巴州巻之二」には、「国中又有天理堂、選盛徳弘才、無求于世者、主之、凡国家有大挙動大征伐、必先質之此堂、問合天理與否、擬以為可、然後行之」という記述がある。これが、黄宗羲にもヒントを与えたという可能性はないであろうか。
(43)嘉永七年塩谷世弘叙和刻本、墨利加州部巻一、一丁。
(44)文久元年刊和刻本、巻之七「英吉利国」三八丁、巻之九「北亜墨利加米利堅合衆国」一〇丁。本書にワシン

トンについての記述のあることは、東京大学人文科学研究科大学院学生（一九九二年当時。その後、成均館大学講師）韓睿嫄氏に教えられた。

(45) 同書巻之九、二九―三〇丁。

(46) 註（8）前掲書、四九、二九〇頁。

(47) 同書、四九、二九四頁。

(48) 前田勉『近世日本の儒学と兵学』（ぺりかん社、一九九六年）、四〇四頁所引。

(49) 註（9）前掲書、五九〇―五九一頁。

(50) 註（24）前掲『日本思想大系66』、九五頁。

(51) 明治文化研究会編『明治文化全集』第三巻（日本評論新社、一九五五年）、五、六頁。

(52) 註（25）前掲書、二八九頁。

(53) 鳥海靖『日本近代史講義――明治立憲制の形成とその理念』（東京大学出版会、一九八八年）。

(54) 別の背景については、例えば、次のような議論がある。吉野作造「我国近代史に於ける政治意識の発生」（松尾尊兊ほか編『吉野作造選集』11、岩波書店、一九九五年）、尾藤正英「明治維新と武士――「公論」の理念による維新像再構成の試み」（『江戸時代とはなにか――日本史上の近世と近代』、岩波書店、一九九二年）。

(55) 稲田正次『明治憲法成立史』上巻（有斐閣、一九六〇年）、一一―六頁。

9 「進歩」と「中華」

——日本の場合——

一 はじめに

歴史はいかなる方向に進んでいるのであろうか。歴史的時間のなかで、「今」をどう位置付けたらいいのであろうか。

この問いに対しては、全体としては、あるいは、基調としては、歴史はよい方向へ前進しているのだという周知の答えもある。徐々に、あるいは、ときどき次の「段階」に飛躍しつつ、人類は「上昇」しているというわけである。それは「内的必然性」をもって起きるのかもしれない。単に大局的に観察される規則性に過ぎないのかもしれない。いずれにせよ、「今」は喜ばしい未来に向かっており、仮に歴史に終わりがあるとしてもそれはハッピー・エンドだ、(例えば「共産主義段階」に至って)「人々はいつまでもいつまでも幸せに暮らしましたとさ」ということになるのだ、というわけである。

逆に、「人類全体が急速に終末に向かって走っているように思われる」[1]こともある。本当にそうかもしれない。人類史はやはりおとぎ話のようにはいかないのかもしれない。それを破局の接近として悲しむにせよ、嗜虐的な喜びをもって待望するにせよ、そうであれば、「今」は個々人が「終末」への備えをすべき時であろう。

いや、そのいずれとも違い、実は歴史は大きく見れば両極の間を往復しているのかもしれない。振り子のように、あるいはふくらみをもって循環しつつ。有限の能力をもつ人間が有限の条件のなかで生きている以上、歴史が一方向に際限なく進むことはありえない、いずれは原初に戻り、基本的には「永劫回帰」する(2)――もしもそうであれば、一切が空しいともいえよう。しかしこの場合、「今」の恐るべき「下降」の局面もいずれは終わる、「窮まれば変じ、変ずれば通ず」(『易』繫辞下伝)、「天運は循環し、往きて復《かへ》らざるはなし」(朱熹『大学章句』序)と達観することもまた可能である。

さらに、以上の三つの解読はいずれも誤りで、人類史はあたかも無限に続く乱数表の如く、ただ無意味で不可解であるのかもしれない。いかなるパターンもそこにはないのかもしれない。しかし、たとえ、世界が「感覚的アトムとしての事物の集合」に過ぎず、「全体が切れ目のない一つの流れでは」ないとしても、実は瞬間瞬間にこの世に超越者が介入し、瞬間瞬間にこの世はその意志のままに再創造されているのだという(たとえばイスラームのスンニ派やマルブランシュの信ずるように(3))のであれば、この世の動きにも大いなる意味が隠されているのだと信じることはできよう。そして少なくともその超越者に帰依することはできよう。

しかし、歴史においていかなる方向性も超越者の介在も信じられないとき、事は深刻である。「今」

を定位することができないからである。そのとき人は「明るい将来」に希望を持つことはできない。「暗黒の未来」にきっぱりと絶望してしまうこともできない。不安ではあるが、その不安にも根拠がないのかもしれない。要するに先のことは解らない、あるいは、何が「上昇」で何が「下降」なのかも解らない、である以上、「今」の自分達がそこそこ生きていければそれでよい、後世のことは後世の連中に心配させればいいじゃないか――そういう弛緩した刹那主義が蔓延することにもなろう。

もちろん、歴史に方向があるのか、あるとすればいかなる方向なのか、そもそも歴史の方向をいかなる磁針で測定できるのか、といった問いに、ここで答えようというわけではない。しかし、少なくともそのように問うことに、意義はあろう。それは誰にとっても他人事ではないはずである。

そして本稿では、特に「進歩」の観念に注目したい。

もっとも、「進歩」の観念は繰り返し破産を宣告されている。マルクス主義を含め、その「単線的」歴史観、そこに内在する西洋史を全人類史のモデルとみなす傲慢な（また、非西洋人においては卑屈な）「西洋中心主義」「欧米中心主義」は、声高に非難されている。「人類の進歩」への信仰告白は、知性の浅薄さの自白と受け取られかねないのが現状であろう。しかし、その実、反復して破産宣告されているということは、まだ破産していないことの徴《しるし》かもしれない。現に、「進歩」とはいわないとしても、「発展」は広く信じられている。その基準によって世界は「先進国」と「発展途上国」に大別されている。経済を不断に「成長」させることは、過去とは異なり、現代政治の重要な課題である（とされている)。「マイナス成長」は政治問題である。そして、「発展」のために、生産設備は「近代化」を際限なく繰り返している、あるいはそれが望まれている(「近代化」とは、「中世的」なものを「近代的」に変えることではない。少なくとも一面で、「近代」とは即ち無限の「近代化」なのであろう)。その意味で、人類はなお上昇するエスカレーターの各段に乗っているように、往々思い描かれているのではあるまいか。

「発展」や「成長」は「進歩」とは違う、それは数値的増大であって、もはや価値的改善ではない――そういう反論もあるかもしれない。しかし、本当にそうであろうか。「発展」「成長」は、やはり、幸福の重要な必要条件だと世界の多くの人が信じているのではないか。しかも、それが往々考えられているように(根本的には西洋モデルの)「政治発展」「民主化」「自由化」「人権の保障」等と連動するとすれば、それはかつてのような傲岸な自信は欠くとしても、結局のところ、「文明のより望ましい方向への移行」の信念(4)(J・B・ベリー氏の「進歩」の古典的な定義)にほかならないのではないか。

そうだとすれば、今、改めて「進歩」観について考えることにも意義はあろう。

「進歩」であれ「発展」であれ、それは全人類に同時にそして同様には生じない。むしろそれらは、人類を分類し、そのなかに自他を空間的に定位する尺度としての役割をも果たす。人類を空間的に分類する最も普通の単位は、これまでの近代では、「国民」「民族」「ネーション」である。「西洋近代における進歩観念の最大の効用は、世界の諸民族(the world's peoples)の分類法としてのそれであった(5)」

（R・ニスベット氏）とさえ、いえるかもしれない。現に「文明」civilized、「野蛮」barbarous、「未開」savage の分類は、（西洋人のいうところの）「国際法」の適用のしかたの差異とも、少なくともかつては関連していた[6]。空間的な差異が、時間軸上の先後に置き換えて理解されるのである。「遅れている」民族は、そもそも「進歩」の開始が遅かったのではないとすれば、「停滞」していることになる。即ち、「進歩史観」は、人類の一部についての「停滞史観」と表裏をなす。みずから「人類の進歩」を信じながら、他方で「停滞史観」（あるいは少なくとも）「遅滞史観」を排除しようとするのは、おそらく背理である。「進歩」「発展」のエスカレーターに人類が乗っているとしても、普通、「ネーション」別のエスカレーターがあり、それぞれの進行速度は違うのである。

　ところで、「今」を時間的に定位し、全世界の「ネーション」を空間的に定位する基準としての「進歩」の観念が、欧米において最強の確信をもって信じられていたのは、十九世紀後半である。そして正にその「進歩」信仰の絶頂期に、日本人は、西洋の「文明」との本格的な接触とその受容を意識的に始めたのである。そこでは、歴史的・空間的な自己定位に何が起きたのであろうか。中国については、「〈進歩〉の理念が、もっぱらこの進化論を通して供給された[7]」（佐藤慎一氏）という指摘がある。朝鮮（「大韓帝国」）についても、ほぼ同様の指摘がある[8]。しかし、日本では、明らかにそうではない。「優勝劣敗」「自然淘汰」を強調するダーウィニズムが日本人にもたらしたのは、「進歩」の理念ではなく、例えば「天賦人権」を「妄想」とする加藤弘之の『人権新説』（一八八二年）であり、人類の「退化」を指摘し、その滅亡を予言する丘浅次郎の「人類の将来」（一九一〇年）であった。日本では、むしろ進化論受容以前に、あの浮かれたような「文明開化」の社会的流行現象が発生したのである。「進歩」観に裏付けられた西洋の「文明」に出会ったとき、いったい日本人の精神に何が起きたのであろうか。
本稿は、それを、本格的な出会い以前に遡って、思想史の角度から、中国との比較も交えつつ、探ることを主な狙いとする。

二　「進歩」と「文明」——西洋において

まず、順序として、西洋における「進歩」の観念という強固な多面体のもつ重要な側面、ないしそれを構成する思想的な要素を三点にしぼって確認しておきたい。

第一は、不変にして普遍の価値基準の実在を信じることである。「進歩」が、人類のありようの何らかの意味でより良い状態への移行であるならば、何がより良いのかを測る不変の尺度があるはずである。(9) 何が人類にとって良いのかという基準自体が歴史のなかで反転するようであれば、人類が「進歩」しているのか「後退」しているのかも、判定できなくなってしまう。その意味で、「進歩」史観は、歴史のなかの当人達の意識にかかわりなく、何が人類にとってより良いことなのかを述べることができる、それを可能にするイデアのような超歴史的な基準あるいは目標があるという信念を伴うのである。しかも、その基準・目標は、まったくの主観的・個人的な信条ではありえない。近代は中世に比べて、より進歩しているという判断が、自明・当然と感じられなければならない。ある人にとっては全体として（部分的にではなく）「中世」のほうが「近代」より「進歩」している、そういう判断もその逆と同じ権威をもって成り立つ、要するに、ひとりひとりの立場によって歴史はいかなる方向に進んできたとも自由にいえる――そう考えるようでは「進歩」史観は成り立たない。「進歩」とは個人的評価ではなく、客観的な歴史の事実であるはずなのであるから。

同様に、まったくの文化相対主義と「進歩」観念とは、両立しない。その当人達の文化が尊ぶ生活様式も、単に他の文化と相違があるというのではなく、「劣っている」のだ、「遅れている」のだ、そういう判断ができるし、していいのだ――そう思うことができなければ「進歩」は信じられない。普遍的に妥当する価値を信ずればこそ、諸国民を序列化できるのである。例えば、「生まれ」によって身分が決まる社会、それは「業績」で社会的地位が決まる社会よりも「遅れている」のだ、その判断は文化を超えて妥当性をもつのだ――そう考えることができなければ、「進歩」観は成り立たない。[10]

そのような意味で、「進歩」の観念は、個々人の主観的信念を超えた不変にして普遍の価値尺度がある、人類にとって何が良いことかを客観的に述べることができるという確信を前提し、伴う。逆に、価値相対主義は「進歩」史観の敵である。[11]

「進歩」の観念の重要な側面として挙げるべき第二は、人間一般の能力への信頼である。「進歩」は、極く少数の選良（「立法者」にしろ「党」にしろ「テクノクラット」にしろ）の意識的計画のみでは実現しえない。それは永続しえないから。ときおり偶然的に出現する「英雄」や「天才」の力のみでも実現しえない。それだけでは持続的たりえないから。長期的な人類の「進歩」は、無数の人々の営為の蓄積が、結果としてもたらすものである。それ故に、それは無数の人々の能力への信頼を前提する。人類は全体として自らを限りなくより良いものにしていく「改良可能性」perfectibility を持っているはずなのである[12]（それは、保守主義の政治哲学における人間性についての悲観的な見方と対照をなす）。しかも、各人それぞれの思惑による無数の行為が相互に効果を帳消しにすることなく、全体的結果として歴史を良い方向へ向かわせると想定できなければならない。一種の「見えざる手」の信仰である（この人智人力への途方もなく楽天的な信仰が、現世的近代の合理主義・人間中心主義を嘆くローマ教皇をして、「進歩」観念自体を「謬説表」に入れしめた（一八六四年）一因であろう[13]）。

そして、その信頼は過去だけでなく、現在と未来の人類にも及ばなければならない。古典的な時代の偉大な賢人達への劣等意識にさいなまれていては、歴史叙述は「下降線」を描きがちである。「凡《すべ》ては言ひつくされた。人は余りにも遅く来た。人あつて以来、考へる人あつて以来、もう七千年以上たつてゐる。事人情世態に関しても、最も美しく最もすぐれたるものは、もうとうに刈り取られてゐる[14]」（ラ・ブリュイエール）というのでは、古代と近代の優劣は動かしえず、「進歩」は信じ難い。

「進歩」観念の主要な側面として、但ししばしば疑いをかけられた側面として、第三に、知識の増大・社会の複雑化・産業の発展が、人の人としての向上とともに進むという見方が挙げられよう。無論、「物質的ならびに知的な発展」と違い、「道徳的な進歩」には疑いがある（『ブリタニカ百科事典』一八七九年版)[15]という意見も強い。学問技芸の進展はむしろ倫理的浄化と逆比例するとし、「高貴な未開人」を称揚する声は、J＝J・ルソーひとりのものではない。倫理的感受性の鋭い人々が、「文明」の暗黒面を呪咀するのは常のことである。しかし、本当に「知的・物質的進歩」が「道徳的向上」と逆行するのであれば、いいかえれば、「文明」が人間的堕落というコインの裏面であるのならば、「進歩」がより良い方向への移行とは言えなくなってしまう。それは、「進歩」観念自体の否定である。また、つまりは善悪ともに巨大化し、複雑化するのが「進歩」なのだと認めてしまっても――ある意味で正直なのかもしれないが――同じである。総体として、善のほうがより大きくなっていくのだという信念を欠くならば、それはもう「進歩」ではあるまい。それ故、「文明の進歩」を人類にとっての「上昇」と観念する以上は、人自体もより善くなるのだという意識を捨て去ることは難しい。「人のありかたとしては、〈未開人〉より〈文明人〉のほうが、〈原始人〉や〈中世人〉より〈近代人〉のほうが、やはり高いよね」――「進歩」観は、そうささやきつづける。実際、「高貴な未開人」論も、所詮、通念への反逆や風刺に留まったのである。

例えば、F・ギゾーも、その『ヨーロッパ文明史』(一八二八年)において、「文明」が善か悪かについての論争に触れてはいる。しかし、彼自身は断乎として、「内面生活の発展」「人間自身の発展」と「外面的事実の改善」「社会の発展」とが緊密に結合していると認める。[16]同書の英訳本(一八六七年、ニューヨーク)の註において、C・S・ヘンリーも、「文明」が身体的安楽のみを意味するなら悪でもありうるが、より優れた知的・道徳的洗練の状態(a state of superior intellectual and moral culture)

をも意味するならば、悪ではありえないとし、結局、後者の立場をとっている[17]。J・S・ミルも同様である。論文「文明」（一八三六年、改訂版一八六七年）において彼も、「文明」に広狭二義があるという。第一は、改善一般、即ち、人と社会が最善の性質において際立ち、より幸福でより高貴でより賢明であることである。第二は、特に、富裕で、しかも人口稠密な populous（改訂版で、「強力な」powerful と改められる）国民（nation）を未開人や野蛮人から分つような改善のことである。そして、後者の意味においてのみ、文明の諸悪や悲惨、そして文明が全体として善か悪かを論じうるとする。もちろん、彼によれば、その意味でも文明は疑いなく善である。それは、結局、粗野や蛮行（rudeness or barbarism）の反対語なのだから[18]。

では、十九世紀後半、西洋人の歴史意識と頭の中の世界地図との双方を支配していた強固な多面体、「進歩」の観念にはじめて正面から向かいあった東アジアの側には、どのような思想的用意があったのであろうか。

三　反復と上昇――中国と日本の側で

1　中国

まず、中国の思想に注目したい。

中国の伝統思想においては、循環史観・往復史観が主流だったといわれる。確かに、孟子は、堯以来の歴史をふり返って「一たびは治まり、一たびは乱る」(『孟子』滕文公下)と述べた。そして朱熹は、これを「気化の盛衰、人事の得失、反覆して相尋《つ》ぐは理の常」と解説している(『孟子集注』)。「万物、対あらざるはなし」「天地の間、皆、対あり」(『程氏遺書』巻第一一、第一五)、即ち、森羅万象は種々の二極構造の多元的重層であるという自然像・世界像、そして大小様々の対概念によって一切を把握しようとする周知の思考様式が、「一治一乱」史観をがっしりと支えているわけである(19)(おそらくそれ故に、この史観の否定には、その自然像・世界像をも覆すダーウィニズムが有効だったのであろう)。

そこで、後世の独立的な思考で知られる人々でさえ、この史観をくりかえし肯定している。例えば、明の李贄《りし》である。彼も「一たびは治まり一たびは乱るること、循環のごとし」とし、「乱」には「野であらざるをえず」、「治」まれば「文」に趣《おもむ》かざるをえず、「文、極まりて天下の乱れ復《ま》た起こる」という(20)(『蔵書』世紀総論)。顧炎武も「一たびは治まり一たびは乱る、盛治極まりて乱、萌す」として例を挙げ、「ここに知る、邪説の作《おこ》りと世の升降とは聖人も除く能はざる所なることを」と述べる(21)(『日知録』)。そして、章学誠も次のように書いている。

天下に風気なきこと能はず、風気に循環なきこと能はず、一陰一陽の道の気数に見《あら》はるるもの、然るなり(22)。(『文史通義』原学下)

このような歴史解読のコードからすれば、政治・社会の大変革も歴史的段階の変化などではない。王朝は入れ替わり、交代するのであって、例えば唐段階、宋段階、明段階と、順に歴史が発展したわけではなかった。

十九世紀後半になり、中国の外に出ても、このコードは適用されている。例えば、一八七九年（光緒五・明治十二年）、東京を訪れた王韜《おうとう》は、徳川家の菩提寺、増上寺の衰えを見て、「盛極まれば則ち衰ふ、慨《なげ》くに勝ふ可《べ》けんや」と書いている(23)（『扶桑游記』）。清国初代駐日公使何如璋《かじょしょう》も、「蝦夷」の歴史を聞いて「いわゆる一盛一衰なるものは、物理の常か」と記している(24)（一八七七年、『使東述略』）。また彼は、その渡日の途次、上海租界に寄っている。「洋楼戯館」が並び、ガス燈が耀《かがや》く上海の「估客の奔波、游人の寄迹、百工技術の争競馳逐」に圧倒された彼の感想は、「盛極まりて衰ふは、天道もとより然り。人力のその後を善くすることなきを恐るるのみ」(25)（同）というものだった。

但し、もちろん、治乱・盛衰・文野の循環は、完全な反復ではない。人の世はただ一つの輪をぐるぐると回りつづけたわけではない。それでは、中国の人々が歴史叙述にあれだけの精力を傾注したはずもない。それぞれの循環には常に新しい個性があった。その意味で、中国において、歴史は循環であり、同時に一回的・不可逆的だった。つまり、おそらく中国では、歴史は、様々な振幅の往復運動と一方向に進む時間、この二つのベクトルの合成なのである。その結果、歴史は、あたかも大河のように、大波小波を抱き大きく蛇行しつつ、進んでいったのである。「司馬温公のいだいていた史観、それは人間の生活は、無限に持続する、一治一乱、無数の起伏の波をえがきつつも、しかしいつまでも持続するということであったと、わたくしは信ずる」と吉川幸次郎氏はいう(26)（「持続の感覚」）。それは、司馬光だけの史観ではあるまい(27)。

但し、中国思想の伝統のなかには、西洋の「進歩」の観念に通底する要素も、様々にあった。全人類に妥当し、各時代を評価しうる客観的な基準として、「道」や「理」があったというだけではない。それらの実現が、単に人々の生活の安定ではなく、道徳的向上を意味したというだけでもない。無論、結局は「進歩」観とは違うものの、とりわけ中国や日本が西洋の「進歩」観に出会ったときに、意味をもった思想はあったように思われる。

例えば第一に、上古の野蛮状態から文明状態への移行があったという通念である。『易』（繋辞下伝）によれば、「上古」の人々は「穴居野処」し、文字もなく、墓には標もなかった。韓愈によれば、かつては、衣食も貧しく、樹上土中に住み、礼楽もなく、政刑もなく、医薬もなく、葬埋祭祀もなされなかった（『原道』）。朱熹も、「上古の民は淳にして、未だ今の士人のごとく理義を識ること嶢崎に有らず、蠢然たるのみ、事々に都《すべ》て暁り得ず」（『朱子語類』巻第六六第三条）、「蓋し上古の時、民は淳、俗は樸、風気未開、天下の事に於て全く未だ知識せず」（同第五条）という。(28) 周知のように、儒家の常識では、社会制度・生活技術などは天地自然にあるものではない。中国にも、それなりに（但し、遠い過去に）「文明化の過程」（N・エリアス）はあり、それによって人類の前史は終わり、それ以降、「中華」における治乱の波動が始まったのである。そして、未だに「礼」に代表される「中華」の文明を学ぶことがないか、不充分なのが、「夷狄」だった。文明人らしい正しい髪型、正しい服装をせず、「被髪左衽」（『論語』憲問）しているのが、その証拠である。たぶん、「気」が濁り、「禽獣」に近いのである。

おそらく、実は「夷狄」との不断の対峙と交渉において統合を実現し、拡大し、確保してきたからこそ、こうして、「中華的」生活様式は、全人類に及ぶべき文明一般と等置され（無論、文化相対主義は拒絶され）、諸民族を「中華」と「夷狄」とに分類し、空間的に定位する。その面では、既述の西洋の「文明」と機能は同様である。それ故、「華夷」の観念は、西洋人の「未開」観にも容易に共鳴する。例えば、徐継畬の世界地理書によれば、アフリカは正に「坤位」（南西方向。中国から見るのであろう）にあたる。そのため、その「気」は「重濁」し、その「人類」は「顓愚《せんぐ》」である。それ故に「剖判よりすでに千万年を歴《へ》るも、淳悶なること上古のごとく、風気自から開くこと能はず」という状態であるという[29]（『瀛環志畧』巻之八、一八四九年）。

　ただ、問題はそもそも中国の文明化がいかにして実現したかであった。『易』によっても、韓愈によっても、そして朱熹によっても、それは、文化英雄（culture heroe）であり、教育者であり、統治者ともなった「聖人」の功績である。無数の「民」の力ではない。アテネのソロン、スパルタのリュクルゴスにも似た傑出した「立法者」達、彼等の意識的「作為」「制作」によるのである[30]（林毓生氏は、こうした聖人の意図的な作為による社会的・政治的・道徳的秩序の成立という考えを儒学の特徴的な思想であるとして、anthropogenic constructivism と呼んでいる。「人間起源社会構成観」あるいは端的に「体制作為説」とでも訳せようか[31]）。しかも、不幸なことに、「聖人」の出現は甚だしく稀である。実のところ、古代以来「聖人」は出現しなかったという。かくして、この「文明化」論は、「進歩」観と大きく分岐し、世界の中心と周辺の空間的分類基準にはなっても、「今」を時間的に定位する用は原則として果たさないのである。

そこで、光緒十六年（一八九〇）、「近百年中」に「勃焉興起」した西洋にじかに接し、「西人の商政、兵法、造船、制器及び農、漁、牧、鉱の諸務、実に精しからざるはな」いことに驚いた英仏伊白駐在大使薛《せつ》福成も、その事態を、「上古の世、制作は中華に萃《あつ》まり」、「神聖、迭《たが》ひに興りてより、耒耜《らいし》〔すき〕を造り、舟車を造り、弧矢を造り、罔罟《ぼうこ》〔あみ〕を造り、衣装を造り、書契〔文字〕を造」り、「鴻荒草昧」より「此の文明」に転じたことに類比している。ここで「産業革命」による急速な「進歩」を受けとめた手持ちの枠組みは、実に、遥かなる「上古」「聖人」の「制作」だったのである。それ故であろうか、彼が「華人、西人の学に因《よ》らず、再び造化の霊機を辟《ひら》」かないものでもないと期した将来は、何と「数千年の後」であった(32)。

しかし、事はそれでは終わらない。少なくとも、朱子学者、陽明学者らは、万人が「聖人」になりうると信じるからである。この思想を「進歩」観に通底する第二の要素として、挙げることができよう。朱子学者らはこう主張する。確かに孔子以降、「聖人」は現れていない。しかし、「聖人」も神ではない。人である。むしろ最も人らしい人である。そうである以上、人は誰しも努力次第で「聖人」即ち完璧な人間になれる。万人に改善可能性、否、文字通り完成可能性が生れつき存在する。あなたも聖人になれるのだ、間断なく「学問」に励めばよい、「まことに日に新たにせば、日日に新たに、また日に新たならん」（『大学』）――このように彼らは、万人の不断の向上を励ます。

無論、これは「人類の進歩」への励ましではない。ここでいう「聖人」は、「制作者」であるよりは完璧な人格者である。それ故、「学問」も何よりも個人の修身である。薛福成のいう「造化の霊機を辟く」ことは、少なくとも中心ではない。しかし、ともかく、やがては「天下」の全人類に正しく安らかな秩序をもたらすべく、個々人の「日新」の努力が呼びかけられるのである。

しかも、第三に、儒家は「文」を尊ぶ。儒家は、知的・技術的洗練への『老子』的憎悪には、与《くみ》しない。「民」を「愚」にし、「什伯の器」（いろいろな日用品）も「舟輿」（舟と車）も用いず、隣村と「往来」もしないようにさせたい（『老子』六五、八〇章）などとは考えない。しかも、「古《いにし》へ」の「三代」は、「忠」なる夏王朝、「質」なる殷王朝から、「郁郁乎として文」（『論語』八佾）なる周王朝へと替わっていった。そこには累積的な変化・洗練の像が描かれているようにも見える。

しかし、周王朝を絶頂とする「三代」は、単に「古典古代」である以上に、いわば「経典古代」だった。儒家の信じる万人に妥当する価値尺度からして、理想の世はそこにあった。それは、後代の倣うべくして倣いえぬ権威的時代だった。中国では、ヨーロッパ十七・十八世紀におけるような古代近代優劣論争は起きなかった。それ故、周以降の「文」には疑いがかかる。「質」なき「文」、浮華なる「文飾」に堕したという疑いである。「文明」の一方的昂進は、謳歌されにくい。「事しばしば変じて初めに復し、文飾窮まりて質に反《か》へるは、天下自然の理なり[33]」（章学誠『文史通義』）、「質文たがひに禅《ゆず》るは、勢ひの必ず変ずるところなり」「周以降、皆、文勝ち質存せざるに敝《やぶ》れ、今その厲《はげ》しきを加ふるものなり[34]」（譚嗣同「治言」）という具合である。

ただ、第四に、歴史の急速な発展の状況を表現する枠組も、元来なかったわけではない。例えば、黄百家は、周敦頤、程顥、程頤の学の出現を論じて「風気日びに開け、議論日びに精しく、濂洛の言は孔孟といへどもまた未だ発せざる所」と評している（『宋元学案』巻一六案語）[35]。厳復『天演論』（一八九六年成）によって進化論が紹介される以前にも、西洋の「進歩」を実感した人々はいる。例えば、張斯桂は、あの丁韙良の『万国公法』の序において、「西洋諸国。蒸蒸日上」と述べている（一八六三年）。あの駐英仏伊白大使（一八九〇年—一八九四年）、薛福成も、太古の「聖人」の「制作」との類比のみで満足はしなかった。彼によれば、西洋の医学等の諸学は「蒸蒸として日に上」っていた。英国の製鉄は「数百年来、研求経理、風気日に開」け、その「国勢」も「蒸蒸日上」だった。「西洋諸国の武備は日新、文教もまた蒸蒸日上」である。さらに、明治日本も「工芸益《ます》ます興り、商務益ます旺《さか》んにして、蒸蒸日上の勢」があった。日本の地は中国の一〇分の一以下である。しかし、「風気之開」は中国に一〇年以上先んじたためである[36]。

薛福成らにとって、「蒸蒸日上」「風気日開」は人類の常態ではないのかもしれない[37]。それは必ずしも、人の人としての向上でもないのであろう。しかし、「国」ごとに速度の差をもつ「風気」の「開」化と不断の上昇競争の像は、既にくっきりと彼らの脳中に描かれていたのである（こうした事情が、清末の社会進化論受容の一背景であろう）。

2　日本

「文明開化」以前の日本、儒学を中心とする中国思想が知識人によって積極的に摂取され、それを軸に思想史の展開した徳川時代の日本、そこでは、歴史の方向を測り、そのなかに「今」を定位するしかたにおいても、まずは中国式があった。儒学の厳しい批判者、安藤昌益や賀茂真淵・本居宣長ら国学者も、「道」に適った模範的な「世」が「古」に実在したとし、「今」をそこから堕ちた時とみなし、将来に「古」の再現を期するという点では、儒学の忠実な踏襲者にすぎない。ただ、「今」においても、とりわけ現在いうところの経済において、抗しがたい持続的変化の起きていることに、着目した人々は多い。しかし、それを歴史のなかでどう位置付ければよいのか、答えは一様ではなかった。

基本的に中国的枠組によって答えを出したのは、例えば、この時代を代表する儒学者、荻生徂徠である。

彼は、中国の伝統に倣い、まず「中華」古えの「聖人」達を特別な智恵をもった立法者 législateur とみなす。そして周知のように、「聖人」達が天下国家を平治するために「制作」した「利用厚生」の方式、倫理体系、そして何よりも「礼楽刑政」の具体的諸制度を、即ち「道」であるとする。そして、そういうものとして、「聖人の道」は普遍にして不変の有効性をもつと主張する。なぜ、そういえるのか。それは、「中華」古えの「三代」の王朝は、とびぬけて永く続いたという歴史的事実によってである。「聖人の道」が天下国家を平治することを目的とする以上、永くみごとに治まったという事実こそ、この有効性・妥当性の最善最強の証拠なのである。そして、漢・唐・宋・明がおおむね三〇〇年の世を保ったのは、「全体聖人ノ道ニ則《のっと》リタル験《しるし》」であり、日本でも、唐朝の仕方に本《もと》づいた律令格式による統治は三〇〇年を経た。しかし、とって代わった武家の世は、鎌倉・室町ともに一〇〇年で亡び、あるいは大いに乱れた。それは、「何《いづれ》モ不学ニテ、三代先王ノ治ニ則ルコトヲ不レ知ラ」りし故である。[38]

しかし、「三代」の世もいずれは滅んだ。それは、なぜか。徂徠によれば、それは、この世には「聖人」の制度すら結局はおし止めえぬ歴史法則があるからである。「古モ今モ、盛衰ノ勢、治乱ノ道ハ、符節ヲ合シタルガ如」く、「礼楽制度一タビ定マレバ、数百年ノ後ニハ、聖人ノ制作ニテモ、必弊生ジテ、コノ弊ヨリ世ハ乱」れる、「総ジテ治乱ノ道、治極リテ乱レ、乱極リテ又治ル。天運ノ循環ナレドモ、全ク人事ニヨル(39)」。

具体的には、こうである。いったん乱れた世が治まって、新王朝が始まり、太平が続くとしだいに風俗が奢侈になる。「文華」化が昂進する。不変の人間性（「華美ヲ好ムハ人情ノ常(40)」）の所為である。——この場合、近代社会で往々想定されているように、それに応じて生産力がどこまでも増強していくのならば、問題は永久に先送りできよう。永遠の「物質的進歩」が可能となろう。しかし、徂徠は、有限の天地において無限の生産増大が可能であるという超楽観論を信じたりはしない。彼によれば、消費しうる資源には限りがあるのである。そして、奢侈化した風俗に慣れた人々が、限られた物を得ようと競うとき、物価は上昇を続ける。人心も悪化し、上下関係も不健全となる。上下ともに窮乏感は深まる。それを切り抜けようと様々な悪事もなされる。道徳は乱れ、治安は悪化する。悪循環は昂進し、やがて乱世に至る。そして、行き着くところまで行ったとき、新王朝が起こり、再び、あの過程を歩みはじめる。——それが、徂徠の見た、歴史の逃れえぬパターンだった。

ところで、かつて荀子はこう述べている。人には欲がある、欲して得られなければ求め、求めて「度量分界」がなければ争い、争えば乱れる、先王は、それを避け、欲と物との均衡をはかるために礼を制した、礼によって人々は養われ、適切な差等もつけられる（『荀子』礼論篇）と。徂徠も、そう信じる。彼によれば、「上下ノ差別ヲ立、奢ヲ押へ、世界ヲ豊カニスルノ妙術」としての「制度」（「礼法ノ制度」）がなければならない。それは、衣食住から冠婚葬祭すべてについての、身分役職に応じた使用品などの具体的な規定である。生活様式を、身分別・役職別に詳細に公定し、固定しようというのである。なぜなら、「総ジテ天地ノ間ニ万物ヲ生《ズ》ルコト各其限リアリ」、しかも「其中ニ善モノハ少ク、悪モノハ多」い、そこで、「貴人」には「良物」を、「賤人」には「悪モノ」を用いさせるように「制度」を立てればよい。「少キモノヲバ少キ人用ヒ、多キモノヲバオ、キ人ガ用レバ、道理相応シ、無㆓行キ支㆒ヘ、日本国中ニ生《ズ》ル物ヲ日本国中ノ人ガ用ヒテ事足コト也」と彼はいう。(41)

資源は有限であり、したがって生産物も有限だ、それ故、その配分は身分に合わせてきちんと不平等にするのが合理的（「道理相応」）だ、そうしてこそ政治体は永く続きうるのだ——徂徠はそう主張する。収入に応じてきちんと不平等に配分するのが合理的だという資本主義経済の主張を、彼はとらない。無限の「経済成長」によって、不断に発生する不平等の不断の平等化が進められるなどとも信じない。それ故、都市化・貨幣経済化が進行し、商人の栄える当時の日本は、彼の眼には異常だった。「天地開闢以来異国ニモ日本ニモナキ」異常事態だった。(42) 彼にとって、商品経済化の無限進行は人類の当然歩むべき道などではない。彼にとって、歴史はそのようには進まない。日本の現状は、史上反復されてきたあの奢侈化の特に異常な昂進状態なのである。そのようなことが永続するはずはなかった。

荻生徂徠の提案する、武家土着論などの商品経済抑制の「反動的」諸政策は、一見、彼の鋭い現実感覚にふさわしくないほどに大胆である。しかし、彼の歴史観、歴史の方向感覚からすれば、それらこそ現実的だったのである。資源が有限で、人間性は一定である以上、所詮、歴史は循環する。「有限の地産を以て無窮の孳生《じせい》に供し、足らざれば則ち争ひ、干戈《かんか》又動く。周《めぐ》りて復《ま》た始む。循ること端なきがごとし。此れ天下の生、一たび治まりて一たび乱るる所以なり」(43)（厳復『天演論』一八九七年）、「孟子曰く、天下の生や久し、一たびは治まり、一たびは乱ると。夫れ治まりて乱るることあるは其のかならず大いに已むを得ざるの故有りて、保治の道未だ善からざればなり。大いに已むを得ざるの故は、人の満つるに過ぐるはなし。地球の面積は、展拓す可くもなし。しかうして人類の蕃衍は代ごとに必ず倍増し、産するところは用ふるところに敷かず。此れもとより必ず乱るるの道なり」(44)（譚嗣同「仁学」一八九七年）――孟子・荀子以後二〇〇〇年あまり、十九世紀末にも中国には、そういう警告があった。徂徠は、そのような恐れを彼なりに真剣に受けとめていたのである。

荻生徂徠の政策提案は、結局採用されなかった。これでは、早晩乱世になるはずであった。実際、彼は「国脈大ニチ、マリ程ナク甲冑ノ入〔要る〕コトナルベシ」と予言しつつ世を去ったという(45)。確かに、「昔」と比べると、「世」の「奢り」はすさまじいものだった。江戸時代以前、あるいは江戸時代中の過去と比較して、「今の世」の「奢侈」を慨嘆し、「節倹」の必要を訴える声は、江戸時代を通じて、絶えることがない。「倹」であることは、単に経済的に合理的なのではなく、それ自体として道徳的な善行だった。志賀理斎（忍）、その子原徳斎（義胤）にいたっては、古記録から衣食住がかつてはいかに

「質素」「質朴」「倹約」だったかを示すおびただしい数の例を蒐集し、世の戒めとしている[46]（『三省録』天保十四年刊、『三省録後編』文久三年刊）。

しかし、それは、奢侈化が長期間持続していることを改めて証明したということでもある。結局、「後世ほど段々諸国の通路ひらけ、産物、器物等迄も多くなれり」[47]（橘南谿『北窓瑣談』文政十二年刊）ということであるならば、徂徠のいう歴史の循環法則など、実は存在しないということになろう。奢侈化、「文華」化すなわち乱世への転落、その結果としての「質」への復帰という構図は、誤りだということになろう。現に、「世」はずっと「モチアガリ」続けているのだという指摘さえ登場したのである。そう指摘したのは、海保青陵である。

青陵の見るところ、歴史には、ある不可逆的変化が持続的に起きていた。それは、いくつかの側面をもっている。

第一に、生活様式における「世ノモチアガリ」[48]（『稽古談』）、「ノボリ〱シテ」いる「世ノ勢ヒ」[49]（『待豪談』）である。それは、将軍の「御威光」を耀かすことに始めは役立っていた。しかし、「今ニ成テミレバモハヤノボラズトモヨキ也。ヨケレドモ日々ニノボルハ調子ガノボリ調子ニ成テ、シヅメテモ〱自然ニノボル勢ニナル故ニ、留途モナフノボル様子也。此ノ様子ニテハ、中々ノボル勢ヒハトマルマジキ也。江戸ノノボルニ付テハ、諸国トモニノボル。谷間ノ水呑ム百姓ニテモ島国ノ船ノリモ、皆ソフ〱リッパ也」[50]（同）、青陵はそう指摘する。但し、全国的に暮らしが「リッパ」になったことは、必ずしも暮らしが「楽」になったことを意味しない。なぜなら、当然となった「楽」は、もはや「楽」ではないからである。

昔シハハダシデアルキタルトキハ、ハダシデアルクガ常也。ハダシデアルクガ常ナルニ、ハダシデアルケバ是《これ》苦ナルコトハナキ也。今ハウラツケ雪駄デアルク、ウラツケ雪駄デアルクガ常也。ウラツケ雪駄デアルクガ常ナレバ、是楽ナルコトハナキ也。……昔シハ常ニテクルシカラズニ、クラシタルモノ也。今ハ常ニテクルシフテ、ドフモコフモナラヌ日ニハ、是昔シハヨキ世ノ中也。ヨキ世ノ中トイフハ、ドノヨフナモノデゴザルトイヘバ、膝キリノ木綿衣服ヲキテ、芋ノ煮コロバシデ、ヒヤ飯ヲクフコト也。クルシイ世ノ中ノ、今ノヨフナセツナイ世ノ中ハナイトイフ世ノ中ハ、ドノヨフナモノデゴザルトイヘバ、釜ヲカケテチン〳〵トタギラセテ、ケツコウナ干菓子デ淡茶ヲノミテ、絹布ノ衣類デ立派ナ家ニイルコト也。(51)（『稽古談』）

さらに、期待の水準は、どこまでも上昇するからである。

今ノ民ハ生洲茶屋ヘユキテ料理ヲイ、ツケテ、高金ノ料理ヲ喰ヘドモ、兎角気ニ入ラズガチ也。今ノウナギハ一向ニアシキ鰻鱺《うなぎ》也。今ノ吸物ハアンバイアマリアシフテ、高瀬川ヘステ、シマフタユヘニ、コンドハズツトアンバイノヨイノヲ、セメテ一杯スフテカヘリタイトイフ。其クルシキコトイフバカリナシ。……サレバ宝永ノ民ノ酒池肉林ハ、享和・文化ノ民ハ喰ヘヌトイフテコヾトヲイフ。左レバ真ノ酒池肉林アレバ、コレ其トキノ民ハ、肉林酒池ヲコヾトヲイフニチガヒナキ也。(52)（同）

楽観的な論者にとっての「進歩」とは違い、「世ノモチアガリ」はより大いなる「幸福」をもたらしたりはしない（いったい、どちらがよりリアルな認識なのだろうか）。新たな苦しみを産み、新たな不満を醸成しつつ、日に日に世はのぼっていくのである。

第二に、青陵の見るところ、世の上昇につれて、もう一つの大きな変化が起きていた。それは、「智」の精密化である。「世ノノボルニ従フテ、智精フナル」のである。例えば、二〇年前に大いに感心した「浪華人」の「富利ノ才」は、今と比べれば「甚チヨロイ」「一向ニアラキ智恵」である。しかし、今は「精緻・密察此上ハアルマジ」と思っても、「又々二十年モ立テ、今日ノ浪華ヲ見タラバ、チヨロイコトニ見」えるであろう[53]（『陰陽談』）。「世ノ流行ノダン〳〵巧ミニナルハ、小児ノソダツヨフナルモノ」[54]（『洪範談』）、どんどん智恵がついていくのである。それは、人々が「活智」[55]、「活心」[56]にならなければやっていけないことを意味する。同時に、それは、統治が、極めて困難になったことをも意味する。

「太古ノ世ハ民皆愚也。此時ハ至リテヨク治マリシナリ。畢竟《ひっきょう》後世ニ至リ智ニナリタルユヘニ治マラヌ也」[57]と青陵はいう（『老子国字解』）。「今山ノ奥ノ民島ノ民ナド大アホフ也。大アホフニハ盗賊ハナキ也」[58]（同）、「今ニテモ此邦ノ木曽ノ山中ヤ、飛騨ノ山中ヤ、ハナレ島ナドハ公事訴訟モナク、ケンクワモセズ、盗モナク、人殺モナキハ、小民智ナキユヘナリ」[59]（『洪範談』）というわけである。しかし、今の民の多くには「智」がある。「天下一統智ヲミガキテ、人ヲ謀ル世ノ中ナレバ、智ヲミガ、ズニオレバ、人ニ欺カル、ユヘニ、漢唐以後ハ智ヲミガ、ネバナラヌ世ノ中トナ」ったのである[60]（同）。そして、そういう民は、「上」の批判も辞さない。「初ハウツカリトシタル民デアリシガ、ダン〳〵心ガカシコフナリテ、上ヲ批判スルヨリ侮ルヨフニマデス、ミタル也」[61]（『老子国字解』）。

青陵は、まとめて次のように述べている。

下々ノアマヘルコト、今ノ世ホド甚キハ開闢以来アルマジキ也。下々ノユルヤカニ奢侈ナルコト、今ノ世ホド甚キハ有マジ。下々ノコゴトヲ云コト、今ノ世程仰山ナルコトアルマジ。下々ノ権ノ有コト、今ノ世ホドツヨキコト有マジ。下々ノ智慧有テ計策ヲ働クコト、今ノ世程カシコキコトアルマジ。(62)（『稽古談』）

統治者の立場に身を置いて論じた青陵にとって、「民」の「智」の精密化は、好ましいことではない。道徳的にも、それはむしろ堕落である。その意味で、彼は、楽天的な「進歩」の福音史家ではない。むしろ、その福音の浅薄さを嘲笑する側である。しかし、「世ノモチアガリ」が広く知的活動の活潑化を伴い、政治過程における民の意向の比重の増大をもたらすという事実自体は、既にまことに明哲に見て取ったのである。

徂徠の循環の歴史像と対照的な、青陵の不可逆的な上昇の像、それは全く孤立した像ではない。上昇のイメージはないとしても、少なくとも奢侈化・文華化が歴史の基調であるとは、少なからぬ江戸時代人の認識だった。そして、それを表現するために、彼らがよく用いたのが、「開ける」という語である。それは漢語の「開拓」「開墾」の「開」であり、無論、あの「風気日開」の「開」でもある。田畑が開け、町が開け、そして世が開けてきているというわけである。その意味で、それは世の繁華化、即ち（開けぬ）田舎の状態から（開けた）都会の状態への変化でもあった。

例えば、貝原益軒は、「蓋《けだ》し天地の気運は、万古より以降、時を逐《お》ひて漸く変ず。故に人文の開くるも、またこれに随ひて息《や》まず。……今よりして後、百世に至るまで、またまさに時を逐ひ漸く開けて息《や》まざるべし」と書いている(63)(『大疑録』正徳三・一七一三年序)。本居宣長は、「文華早く開けたりとて、唐《タウ》土《ド》を勝《スグ》れたりと思ふも、ひがごとなり、早く文華の開けたるやうなるは、万《ツ》の事の早く変化したるにて、これ彼国《ノ》の風俗の悪く軽薄なるが故なり」とし、そうした「世」の「変化」を「鳥獣」(「唐土」について)や「人」(「皇国」について)の「成長」に喩えている(64)(『玉くしげ』寛政元・一七八九年刊)。太古を理想の世とするはずの宣長が、一方では「文華」の「開け」ていく事実自体は、必ずしも否定的でなく承認しているのである。さらに、山片蟠桃にいたっては、「事々物々ニシテ一日々々トヒラクハ天地ノ自然ナリ。伏羲、医薬・農耕ヲシラズ。神農、文字ヲシラズ。黄帝、暦日ヲシラズ。……今人ノスル処多クハ孔子ノ時ニセザルコトナリ。シカレバソレヲ一々ニクリ出シミレバ、ミナ孔子ニマサルモノナリ。ナンゾコレヲイマン(65)」(『夢ノ代』文化初年成)とまで、述べている。「スベテ天下ノ事、前世ハ粗ニシテ、後世ハ精」なのである(66)(同)。

　実際、江戸時代には様々なものが次々と「開け」ていたようである。例えば、『浮世風呂』(式亭三馬、文化六―十年)では、「本居信仰にていにしへぶりの物まなびなどする」「婦人」が、「あの頃(享保年間をさす)にはまだひらけぬ古言が今の如ひらけ」たと指摘している(意義や用法が明らかになったという意味であろう)。さらに、「江戸風の俳諧うたをよむ男(67)」によれば、狂歌が「近年ます〱ひらけて来たから、いよいよ高上になつて来やした」という話である。また、三浦梅園は、安永六年(一七七七)、

「西洋の学入りしより、これを実徴実測に試みて、次第に精密になれり。猶ゆく〳〵開くべく覚ゆ」と予測している[68]（「多賀墨卿君にこたふる書」）。この予測は的中した。三八年後、杉田玄白は、「かくも長命すれば、今の如くに（蘭学が）開くることを聞くなりと、一たびは喜び、一たびは驚きぬ」「この学の開けかゝりし初めより自ら知りて今の如くかく隆盛に至りしを見るは、これわが身に備はりし幸ひ」と述べたのである[69]（『蘭学事始』文化十二・一八一五年成）。人々は「文物開けし御代に生れ逢」っていた[70]（橘南谿『東西遊記』（『東遊記後編』）寛政九・一七九七年刊）。誇張していえば、物みな「開ける」江戸の世であった。

但し、一般に世が「開ける」ことへの評価は、都会化に対すると同様のアンビヴァレンスがある。質朴な田舎者に比べ、都会人は賢いかもしれないが狡猾でもあるという見方も（青陵にもあったように）強かったからである。例えば、天保十二年（一八四一）四月、佐渡奉行川路聖謨はその日記に「唐土にても、三代聖王・堯舜などの時はみなひらけぬよ也」「五、六十年の昔より却《かへつ》て人気開過ぎて、佐渡の人甚だわるく成りたり」と書いている[71]。いわば、佐渡さえ都会化したことの問題である。あの山片蟠桃は、「スベテ人ノ徳行性質ノコトニヲヒテハ、古聖賢ヲ主トシテコレヲ取ベシ。天文・地理・医術ニヲイテハイニシヘヲ主張シ、コレヲ取モノハ愚ナリト云ベシ」という折衷説であった[72]。智の開けと徳行とは、区別しなければならないというのである（その限りで、『人類精神進歩史』のコンドルセよりは、『学問芸術論』のルソーに、どちらかといえば近いと評すべきであろうか）。

なお、「開け」はさらに、「進歩」と同じく、各地・各国の「開け」の差の問題とも連関している。どこがより「開け」ているのか、それはなぜなのかという問題である。そうして、時間軸上の変化の尺度が、空間における差異の尺度と交錯する。例えば、「蝦夷島は文物いまだひらけず、物事質朴のみにして唐日本の大昔のごとし」と評される（橘南谿『東西遊記』[73]）。また、前記のように、本居宣長は「唐土」が先に「開け」たという事実は認めた。一方、司馬江漢によれば、「欧羅巴」の「妙工」は、「古ク久ク煉たる故」であろうという。即ち「彼諸国ニ比すれハ、唐も日本も甚タ新しく久しからす、未タ開けさるニ似タリ」というのが彼の判定である[74]（『おらんだ俗話』寛政十・一七九八年）。つまり、「開け」の速度ではなく、始期の差が、ヨーロッパと中・日との差異をもたらしたと解釈したのである。さらに、江漢は、ニューギニア等の各地を、「いまだひらけざるの地」「未開地」「未闢《イマダヒラケズ》」等と説明している[75]（『地球全図略説』寛政九年刊）。江漢の世界像において、日本は中国と並んで、ヨーロッパとニューギニアにはさまれた「開け」の「中進国」であった。そして、一方、渡辺崋山によれば、北アメリカの「レピュフレーキ」が（つまり、アメリカ合衆国が）、短期間に「世界第一ノ殷富ノ国」となったのは、「晩出ノ国ノ相開ケ候事、実ニ意料ノ外ニ出候義」だった（『外国事情書』天保十・一八三九年[76]）。

このような「開け」の意識を育んでいた江戸の世が、やがて、その西洋と正面から向かいあったのである。早くもペリー来航の翌月に、次のような主張をする大名が出現したのも、不思議ではなかった。

倩《つらつら》世上の模様を考候に、年々以万国相開け、武事心掛厚く候間、迚《とて》も日本永久鎖国の儀は不二相成一時節到来と奉存候[77]。（黒田斉溥上書）

一方、文久三年（一八六三）、浜田彦蔵（ジョセフ・ヒコ）は、次の提言を記している。

各国と交るに日本国内の人と交るにことならず、能《よ》く開けたる国の法度を参考にして古例古格に固着せず国法を改め、第一に艦を造り四海を巡脩すれば忽《たちま》ち開けむこと疑なし。(78)

アメリカ帰りのヒコと福岡の大名とが、ともに西洋諸国の「開け」を認め、追いつくための「開港」「開国」を主張しているのである。

そして、慶応三年（一八六七）、福沢諭吉は、「世の開け、月に進み日に新にして、諸国の産物次第に増し、交易の道益《ます〱》繁昌する中《なか》にも、亜米利加の合衆国は世に名高き大国にて……」と書いた(79)（『西洋旅案内』）。それは、同年の彼の『西洋事情外編』（「チャンブル氏所撰の経済書」の翻訳を主とする）における「世の開るに従て、……」という表現が、In the progress of civilisation…の訳であることからすれば、西洋の「進歩」観に基づいているように見える。しかし、少なくとも同時に、それは、既に永い伝統をもつ江戸時代人の「世の開け」の像の忠実な踏襲である。(80)

福沢がそう書いたとき、あの「文明開化」の時代は、もう目前であった。

四　「文明開化」と「中華」——日本において

1　「文明開化」

「文明開化」という語は、福沢諭吉が前記の『西洋事情外編』（慶応三・一八六七年）において、civilisation を「世の文明開化」などと訳したことに始まるというのが定説である。そして、明治に入ると、「文明」「開化」それぞれ単独でも同義に用いられ、流行語となったことも周知の通りである。「文明」

は、中国と日本で年号に用いられたこともある（六八四年、一四六九年—一四八七年）、古い、珍しくない漢語である。「開化」も漢語にあるが（例えば、日本の古代には「開化天皇」がいたことになっている）、少なくともそう普通の語ではない。これは、前節で見た事情からして、おそらく直接には「開ける」という常用の日本語の漢語化であろう。(81) そして、仮にそうでないとしても、「開化」という目新しい言葉に接した当時の日本人の多くが、それをまずは旧知の「開ける」の意味で受けとめたことは、間違いないであろう。

現に、例えば加藤弘之は、「此世界の開け始まり時分には、農業の道は勿論、衣服を製《こしら》へることもなし……おひ〳〵農業の道もひらけ……」「だん〳〵世の中が開るに従て、百姓の作り出す物や職人の製へ出す物も多くなり」「唯壱《ひと》り入用な物斗《ばかり》ですむといふのは誠に開けない国の事でござる」等と述べている(82)（『交易問答』明治二年刊）。これらは、civilisation の翻訳であろうか。それともかねてからの「開け」の語の踏襲であろうか。判定は難しい。そして、仮名垣魯文は、「当時の形勢はおひ〳〵ひらけてきやしたが……」「開化文明《よのひらける》にしたがツて、人も漸次《おひ〳〵》に怜悧《りかう》になり、りかうにすぎて、姦曲《わるぢゑ》をめぐらすものが、でるぢやから……」「牛《うし》鍋食はねば開化不進奴《ひらけぬやつ》」等と書いている(83)（『安愚楽鍋』明治四年刊）。明らかに、日本人の頭の中で、「開ける」と西洋モデルの civilisation が、交錯し、融合したのである。

明治初年、西周《あまね》も、「盛衰治乱互に継」ぐと信ずる「陰陽消長を主とせる輩」を批判して、「人の世は開け行きて、何もかも皆備はり行くは此人の性に備りたる所なり」「人の世は、彌《イ》ヤ盛リに彌ヤ茂リに末広の末開ケに開け行むこと疑ふべくもあらざるを……」と主張している(84)（「末広の寿」）。「開け」をもってする循環史観の否定である。

しかし、江戸時代の「世ノモチアガリ」論、「世の開け」感覚と西洋の「文明の進歩」の観念とは、無論、同一ではない。「西洋ノ日新進歩ノ説」は、「日本ニ伝播シ」た新奇な説である[85]（久米邦武『特命全権大使米欧回覧実記』明治十一年刊）。共通点もあるが、重大な相違もある。本稿二節で確認した「進歩」観念の特質と比較してみよう。

第一に、「世ノモチアガリ」や「開け」とは、何よりも繁華になることである。不変にして普遍の価値基準に照らして人類が徐々により良くなっていくのだ、歴史はより望ましい方向に不可逆的に変化していくのだという確信は必ずしも伴わない。それ故、妾を持つことへの非難に対し、「迂濶不開化」と反撥する人さえいたようである（阪谷素「妾説ノ疑[86]」）。繁華に贅沢になっていくことが「開化」であるなら、男達にとっては、一夫一婦であるよりも、妾を持っている方が「開化」なのである。

「江戸ッ子」が「田舎者」を馬鹿にしたように、都会的であることを誇る意識はあった。他方で、うらやむ意識もあった。現に、髪型や着物の柄の流行は常に都会から始まった。その意味では、「開ける」ことは好ましいことだった。風俗的流行現象としての「文明開化」は、そうした都会的新風俗の「開け」がお上によって公認され、推奨されるという驚くべき新事態に遇って、人心が浮かれ上ってしまったという面があろう（その意味では、「文明開化」が都会中心で、しかも都市から地方へと伝播する現象だったのは当然である）。しかし、前記のように、「開け」が本当によいことなのか、改善といえるのかは、かねて疑問にさらされていた。奢侈化は嘆かわしいことだというのが、むしろ通念だった。

奢侈は個人にとっては悪徳だが、公共には利益をもたらすのだ（“Private Vices, Publick Benefits”）と、マンデヴィルのように敢えて公然と言い切る人も（青陵を含め）無かったようである。中国における のと同様に太古と比べて、あるいは、「徳川の平和」のなかで比べて、文華化という事実に気付くことと、それに明確な価値的承認を与え、将来に向けて無限に追求すべき人類の道だとすることとは、同じではないはずである。

それと関連して、第二に、人間の努力によって「世の開け」を実現するという意識は弱い。事実、「開ける」は自動詞である。「開ける」とはいっても「開く」とはあまりいわない。「世の中が開けてきた」という感覚と、人間の能力を信頼し、その展開によって徐々に世を開いていくことが可能なのだ、歴史のなかで国を「文明化」していくのだという意識とは、相当異なるであろう。

そして第三に、「開け」は、人の人としての向上を必ずしも意味しないというのが、前記のように常識だった。歴史とともに人として改善し高尚化したとは、考えにくかったようである。後世ほど「君子」が多いなどと、誰が主張しただろうか。むしろ、「開け」とともにかえって人柄は悪くなってきたのだというほうが有力な理解であったろう。

しかし、そのような相違や重大な留保があったとすれば、なぜ、「文明開化」は単なる浮薄な社会的流行にとどまらなかったのであろうか。なぜ、多くの知識人や当局者において、望ましい、真剣に追求すべきこととすみやかに考えられ、唱導されるようになったのであろうか。さらに「開け」として受けとめられた西洋モデルの「文明開化」が、なぜ、真面目な人たちの広く強い反撥を受けなかったのであろうか。隣接する中国・朝鮮、そして多くの非西洋の民族の例と比べていただきたい。日本人は、これまでの疑念をそれほど簡単に放棄して、西洋風に「開ける」ことを謳歌し、内外の「開化不進奴《ひらけぬやつ》」を馬鹿にするように変わるほどに、こぞって軽薄だったのであろうか。それとも、日本人は他民族と違って、風俗をも含む西洋モデルの「文明開化」をしなければ、その西洋の進出に対抗できないことに即座に気付くほどに、例外的に明敏だったとでもいうのであろうか。

露骨にはいわないまでも、そのような見方もあるようである。しかし、もう少し歴史的な解釈も可能ではあるまいか。例えば、果てしなき文華化への警戒心を解き、西洋流の「世の開け」を人として国として追求すべき目標だと信じさせるような思想的回路が、実は、江戸時代の思想史のなかで用意されていたようにも思われる。それはおそらく、中国から受け取った「華夷」の観念と関連している。

2　「中華」としての西洋

三節1で述べたように、中国では、人としての正しい生活様式すなわち「礼」が、人類を「中華」と「夷狄」に区分する。この観念が、現実には往々脅威である他者に対して文化的同一性を確保し、政治的統合を実現するための思想的装置になっていたわけである（無論、清朝におけるように、征服者である「夷狄」がそれをも利用してしまうことにもなったのではあるが）。しかし、中国の「教え」を学びとろうとした「夷狄」においては、この思想は厄介な問題を惹起する。李氏朝鮮のように、我々は、「北狄」に征服されてしまった「中華」以上に中華的だという自信が持てるならば、自己の文化的・政治的統合の手段として「華夷」の観念も利用できよう（それだけ、自己の生活様式への執着は強固になろう）。しかし、「礼」に反する生活様式をもって生きている「夷狄」においては、この観念は、同じ機能を持ちえない。それが、日本の場合である。

一部の統治者と多くの知識人において真剣に儒学の摂取の試みられた江戸時代の日本では、「華夷」観念への対応は、困難な思想問題であった。何しろ、「聖賢」の国、中国の人々がこちらを「夷狄」とみなしていることは明らかであった。確かに、「文」ではなく「武」を誇る身分が統治し、男達は一部を剃りあげた典型的に「夷狄」風の髪型をし、冠婚葬祭すべて儒教式でない国は、なるほど「夷狄」なのかもしれなかった。そこで、「夷狄」であることを自認してしまうのか、何らかの論理で「華夷の弁」を相対化するのか、それとも思いきって日本も、あるいは日本こそが「中華」だと主張するのか、様々な解答が提起され、延々と議論が続いた（「皇国《ミクニ》」こそ「万国の元本大宗《ゲンホンタイソウ》たる御国《ミクニ》」[87]だとする国学も、また水戸学も――「小国」意識の強いなかでの思いきった主張だが――一面でその議論の落し子である）。その結果、少なくとも、世界の国々をある尺度で序列化した世界像と、その序列において上位を、できれば最上位を占めたいという願望は、多くの人に共有されるようになったようである。「中華」の人々は持たなかった、いわば「中華化」の願望である。儒学者のなかには、「礼」における「中華化」を望み、企てた人々も少なくはなかった。

そして、実はある意味で西洋こそが真の「中華」であると思われるようになり、そうなったことを背景として、「中華化」としての「文明開化」が起きたのではあるまいか。つまり、「開化」とは、ある意味で、それ自体は誰もが望ましいとする「夷狄」から「中華」への移行だったのではあるまいか。それは、こちらを見下しつづけてきた当の中国をだしぬいての「中華化」である。しかも、それは儒学者の永年の夢だった髪型・服装などの「礼」をも含む「中華化」である（孔子が「被髪左衽」を夷狄の徴としたことと、「ザンギリ頭」と洋服が「文明開化」の象徴だったこととは、関連がないであろうか）。仮に「文明開化」にそういう面があったとすれば、それは、西洋で、「文明の進歩」の歴史観が同時代の空間に存在する諸ネーションの序列化に応用されたのと、事情がちょうど逆である。日本では、諸国の格付けの意識とそのなかでの番付上昇の願望が、「進歩」観の代役を果したのではあるまいか、というのである。それが、時間意識や歴史観の革命をへて「文明の進歩」の観念を身につけたと解するにはあまりに素早かった、あの「文明開化」への支持と同調の一要因だったのではないか、というのである。

少し、具体的にみてみよう。

第一に、中国的教養が浸透し、中国趣味が流行した江戸時代、一方において、現実の中国に対する評価は、必ずしも高くないという事態が生じていた。儒学者も、中国の経典への深い尊敬をもちながら、同時に、往々特に「宋儒」以降の中国の学者を無遠慮に批判していた。少なからぬ儒学者と全ての国学者は、「百王一姓」の日本と比べて、中国の頻繁な王朝交代を嘲っていた。また、蘭学者は、杉田玄白の腑分見学の逸話の象徴するように、中国の書物は信用できない、蘭書から学ばなければならないと考えるようになっていた。それ故、彼らは、「中華」「中国」の語の使用を止め、オランダ語 China（シーナ）の訳語として意識的に「支那」の語を使いはじめたのである(88)。それは露骨な侮蔑語ではない。しかし、その国をもはや文明の中心と認めないという明確な意志の表明ではある。こうして、中国から深く学び、「華夷」の観念は受容しながら、一方で、様々な経緯をへて、その中国自体に対する古代以来の根深い劣等感は薄れていったように見える。いわば、中国の非「中華」化である。それは、一面で、ヨーロッパ十七・十八世紀における古代近代優劣論争とその結末としての近代派の「勝利」に対応する事態だったのかもしれない。日本人にとっての中国は、ヨーロッパ人にとっての文化と教養の典範である古典古代に相当するからである。ヨーロッパでの古代に対する近代の「勝利」といくらかは似た意義を、中国に対する日本あるいはオランダの「勝利」が持ったのではあるまいか。

第二に、中国に代わって、往々西洋が「中華」と見えるようになっていったという事態がある。それは、蘭学者にとって、中国に代わって西洋が学ぶべき対象、文明の中心になったというだけのことではない。中国より西洋のほうが真に「中華」的だという見方が育っていたということである。

それは、とりわけ「中華」的な政治の実現においてである。そのような評価は、実は、中国人もしていた。魏源の『海国図志』によれば、「彌利堅国」が大統領を「公挙」して世襲せず、「古今官家の局を一変して、人心翕然」たることは、まことに「公」であった。しかも、「議事聴訟、官を選び賢を挙げ、皆下より始む。衆可とすればこれを可とし、衆否とすればこれを否とし、衆好めばこれを好み、衆悪《にく》めばこれを悪む」、「公挙」した人々が「独を舍《す》てて同に狥《したが》」うという仕組みは、まことに「周」であった(89)（『墨利加洲総叙』）。徐継畬の『瀛環志畧』も同様である。「米利堅合衆国」の大統領制は、「公器これを公論に付す」ものであり、「天下を公と為《な》すに幾《ちか》く、駸駸乎として三代の遺意」（！）なのである。（巻之九「北亜墨利加米利堅合衆国」）。そして、「欧羅巴」の議会は「公会」「公所」「公会所」等と呼ばれる（同巻之六・七）(90)。儒学の西洋近代との接触は、「中体西用」「東道西器」「東洋道徳西洋芸術」といった使い分け論ばかりを産んだわけではない。実は、往々にして西洋近代の政治制度への共感をも産みだしたのである(91)。西洋の政治を論じて「殆《ほとんど》三代の治教に符合する」と評した横井小楠(92)（『国是三論』万延元年）や、西洋の政体を「仁義を旨とせる公明正大の政体」と評した加藤弘之(93)（『隣草』文久元年）のみならず、右のような中国の世界地理書に親しみ、あるいは何らかの別の回路で西洋の政治制度を知った日本人が、まさにその儒学的価値意識ゆえに、現実の中国より西洋のほうがより優れていると信じても、不思議はなかった。西洋は、ある意味で「中華」より「中華」的だったのである(94)。

現に、「五箇条の御誓文」は、「広ク会議ヲ興シ、万機公論ニ決」し、「上下心ヲ一ニシテ、盛ニ経綸ヲ行」ない、「官武一途庶民ニ至ル迄、各其志ヲ遂ゲ、人心ヲシテ倦《ウ》マザラシメ」ない政治体制を「国是」として宣言している。それは、明らかに儒学的価値基準に照らして理想化された西洋の像である。新政府は、その実現を目指すものとして維新を定義したのである。

そうだとすれば、あの「文明開化」を指導した『明六雑誌』に活発な論陣を張りながらしばしば無視されている阪谷素《しろし》も、奇妙な例外的存在ではなかったのであろう。『明六雑誌』への阪谷の執筆は二〇回にのぼる。それは、津田真道の二九回、西周の二五回に次ぎ、西村茂樹（一二回）・森有礼（一〇回）・福沢諭吉（三回）などを遥かに超える。その意味で、彼は明六社の極めて重要な一員である。この阪谷は、醇乎たる儒学者であった。朗盧の号を持ち、「洋学ニ於テ見聞スル所ナ」き儒学者であった。それでいて洋学者とともに「文明開化」を論じたのである。彼は「唯一ノ正理公道ニ依テ之ヲ推スノミ」であったが、「近来当社ノ末ニ加ハリ高論ヲ聞テ感悟スル所鮮《スク》ナカラズ益々正理公道ノ之ヲ以テ推セバ中《アタ》ラザルモ遠カラザルヲ知ル」に至ったという[95]。明治に入っても、「正理公道」への断乎として古臭い信念ゆえに、西洋文明の優位を認め、「文明開化」の進展を望むということが、(中江兆民だけでなく)確かにあったのである。そして、徂徠学派などと違い、個々人の努力によって「天理」の実現が可能であると信ずるならば、普遍的な「天理」のさらなる顕現としての「開化」は——単なる「開け」と異なり——万人が真剣に追求すべき目標となりうるのである。西洋は、単に、軍事的・経済的に強盛であるが故にそのための手立てを学び取るべき相手ではなかった。単に「富国強兵」の覇者ではなかった。西洋の社会は、往々、日本の知識人の信ずる価値基準に照らして、より善かったのである。遠い古えではなく、今において存在し、「日新」の努力によって学びうる「三代」、真の「中華」だったのである。少なくとも、そういう一面を持っていたのである。

しかも第三に、civilisation の概念自体が、「中華化」とそもそも親和的だった。例えば、福沢諭吉はあの「文明開化」の語をはじめて用いた『西洋事情外編』(慶応三年刊)において、「文明」化を次のように説明している[96]。

> 世の文明に赴くに従て……礼義を重んじて情欲を制し、小は大に助けられ弱は強に護られ、人々相信じて独其私を顧みず、世間一般の為めに便利を謀る者多し。

これは「チェンバース」のほぼ忠実な訳である。しかし、同時に「礼」と「公」の実現した「中華」の姿にも見えないであろうか。中村正直も、「開化文明というものは、他なし。その国の人民男女老少、各自に品行を正しくし、職業を勉め、芸事を修め善くするもの、合集して開化文明となることなり」という(97)（『西国立志編』第一編、明治四年）。西村茂樹も、「文明開化トハ英国ノ語ニテシヴィリゼーショント云ヘル語ノ訳ナリ、支那人ハ此ノ語ヲ訳シテ礼儀ニ進ムト為ス、我邦ノ俗語ニ訳スレバ人柄ノヨクナルト云フコトナリ」とし、さらにJ・S・ミルとギゾーを引いて「人民各個ノ身ト交際〔society の訳語である〕ノ全体ト並ンデ其ノ品位ヲ進メサレハシヴィリゼーショント名《ナツ》クルコト能ハズ」と説明する(98)（「文明開化ノ解」明治八年）。

いずれも、十九世紀の西洋人の civilisation の観念をそう歪めているわけではない。前記のように、civilisation は、二十世紀の社会科学者のいう modernization や development と異なり、道徳的な進歩、人の人としての向上を含意しているからである。そのため、彼等も多かれ少なかれ持っていた儒学的な価値観と共鳴しうるのである。必ずしも自己の価値意識の根本的転倒なしに、ある程度までは、共感しうるのである（それ故、かつての「夷狄」像と新たな「未開」像は内容においてほぼ同一である）。阪谷素も「文質彬々其誼ヲ得ル之ヲ開化ト謂《イ》フ」とする(99)。ある開化物も、「開化は蛮野凶暴《ゑびすてあら》の反対」であるとし、「文明開化の国々」では「礼儀を尊び、智を磨き、学術も能く出来、人々心正直にして、道理に迯《はっ》れぬ」という(100)（辻弘想『開化のは那《な》し』明治十二年刊）。一方、『郵便報知新聞』（明治七年六月八日）に投書した「東京浅草に住る頑固老人」も、「蓋《けだし》開明とは富国強兵の術に長したるを謂ふ乎……予常に之を疑ふ抑《そもそも》智識全く開け文明開化の国たらば其人民不善不良の性行ある可《べか》らず」と主張している。「文明開化」が殺伐蒙昧な状態を脱して「礼儀」「品行」「品位」の向上に赴くことであるのならば、確かにそれ自体は悪いことであるはずはなかった。具体的に何が「真の開化」かについては争いがあっても、「文明開化」自体を正面から否定することは、「頑固老人」にも困難だった。

実際、明治二年、福沢諭吉は、「欧羅巴洲」を「富国強兵天下一、文明開化の中心」とし、その内容を次のように説明している[101]（『世界国尽』）。

人の教の行届き徳誼を修め知を開き文学技芸美を尽くし都鄙《みやこゐなか》の差別《しゃべつ》なく諸方に建《たつ》る学問所、幾千万の数知らず。彼《か》の産業《スギハヒ》の安くして彼《かの》商売の繁昌し兵備整ひ武器足りて世界に誇る太平のその源を尋るに本《もと》を務《つとむ》る学問の枝に咲きたる花ならん。

いかなる「頑固老人」もけちはつけにくい「郁郁乎として文」なる「中心」としての西洋の描写である。当然、「学問」がその基礎である。その「すゝめ」が広い反響を呼んだのも、うなずけよう。

第四に、大きく言えば、明治維新とは、西洋化の始まりであると同時に、江戸時代以来の中国化の完成であったのかもしれない。知識人の言論の次元に蓄積していた様々の儒学的なものや中国的なものが、伝統的な武士の制度と慣習に抑えられていた実務の次元に堰《せき》を切ったように溢れ出たのが、維新の諸改革だったのかもしれない。

例えば、「学問」を万人の務めとし、「必ズ邑ニ不学ノ戸ナク家ニ不学ノ人ナカラシメン事ヲ期」し（「学制被仰出書」）、人の「志」を尊んで、「門閥」を問わず「賢」を挙げるとは、儒学の理想である。そのために公務員試験をするならば、科挙制度の採用ということになる。現に、洋学者神田孝平は、公議所に「古今万国士ヲ取ルノ法、品々有之趣ニハ候得共、最公正ナルハ、漢土ヲ第一ト致シ候……就テハ此度、御新政ノ折柄、漢土ノ法ニ倣ハセラレ、進士及第ノ法ヲ御用ニ相成」るよう建白している[102]（『公議所日誌』第八上、明治二年）。西洋の「幼院」「貧院」「病院」「盲院」「唖院」などへの関心も、なされるべくしてなされなかった「仁政」への思いゆえであろう。さらに、新政府は、実際に、直接に中国法にならって新しい刑法を定めた（新律綱領・改定律例）（裸体や立小便などを事細かに禁ずる「違式詿《かい》違条例」も儒学的な「礼」の感覚に後押しされていたのかもしれない）。そして、「理」に反する「虚誕」を説く仏教を圧迫した。公用文も、従来の候文《そうろうぶん》から（一般にはかえって難解で不満の的となった）漢文読み下し体にきりかえた。それも「世界の文明国と広く交る故、布告文も旧習を一洗し、躰格遠く漢唐に淵源す」と理解された[103]（岡繭平『今昔較』明治七年）。いかにも特殊日本的な候文を止め、外国に出して恥ずかしくないような漢文読み下しの文体に改めること、それは、かつて新井白石が、武家諸法度を改正して一度試み[104]、彼の失脚によって流産した儒学者の夢であった。それが、ついに実現したのである。それとともに、世間にも難解な漢語が氾濫した。芝居小屋を劇場と、役者を俳優と、見物人を観客と呼ぶような堅い漢学者的表現が、日常語にも浸透していった。一面で「中華化」した近代の日本語がそうして作られていった。

「文明開化」は西洋化である。また、浮かれた「開け」の流行である。しかし、同時にそれと重なって、ある程度「中華化」であった。「天理人道ヲ明ニ」(「三条ノ教則」明治五年)し、政治から風俗まで正しい「礼」を実現したい、名実ともに「中華」になりたいというかねてからの願望の、形を変えた実現という面を、おそらく「文明開化」は持っていたのである。そして、はじめから「中華」である国にはなかったそうした契機が、たぶん日本では「文明の進歩」の観念に代位したのである(105)。

かつて荻生徂徠の提起した歴史における文華化と資源の有限性の矛盾や、海保青陵の指摘した「世ノモチアガリ」に伴う不幸の問題が置き去りにされたことは、いうまでもなかった。

五　おわりに

聖人でも賢人でも、其始一度は必ず人に習うたものだ。今西欧《せいやう》〳〵といふも、道理は天地の道理、万国総持合《さうもちあひ》の者だから、全く西欧を学ぶといふでもなく、天地間の能《よい》道理を学ぶのだ。彼《かの》欧米国が第一博《ひろ》く万国に往来《ゆきゝ》して、万国の智術を集めてゐるから、其を学ぶといふもの。欧米は世界に学び、日本は欧米に学ぶ。譬へば知らぬ神社の開帳などへ参詣するに、己れは先の禿頭を目的にして往けば、後方よりは我が散髪を目的にして来る。そりゃ、とつと漸次第《せんおくり》だ。……是迄吾輩が、服《き》てゐるのも為《し》てゐるのも言ってゐるのも、実は皆支那のもので、とつと支那づくしでやつてゐたのを、今度今一等能《いちだんよい》のが有るから、其方に替へるのだ(106)。(松田敏足『文明田舎問答』明治十二年刊)

このように、あてにする先達を取り替えるだけなら、歴史の進行の様式と方向について、改めて深刻な反省をする必要はない。既成の歴史意識と対決し、「進歩」の観念を受け入れ、自らそれを追求する決断をする、などという苦労はない。逆に、あくまでそれを拒絶する意地も、ここにはない。そのような面倒なしで、結構うまくやっていけるのかもしれない。しかし、こうして先達の後を追って進んでいくとき、その先には何があるのであろうか。そもそも、そのまま進んでいけるのであろうか。たぶん、それは先頭が心配することなのであろう。しかし、もしも先頭が道をまちがっていたら、どうするのであろうか。あるいは、悲惨なことに、いつのまにか先頭にいる自分を見出したら、どうしたらいいのであろうか。

時間認識は空間認識と連動する。歴史の進行について自ら考えるためには、「万国総持合」の「天地間の能《よい》道理」があるのか、あるとすればそれは何なのかという始めの問題にたち返ることが、おそらく必要なのであろう。

＊　この論文は、もと、溝口雄三ほか編『アジアから考える5　近代化像』（東京大学出版会、一九九四年）に掲載された。今回、新たな引用を加えるなどの増補をほどこした。

（1）　M・ブロック『封建社会』一（新村猛ほか訳、みすず書房、一九七三年）、八二頁。十一―十二世紀のヨーロッパ人の意識についての記述である。

（2）　ちなみに、ル・ロワ・ラデュリ氏は、フランス農業について、こう述べている。「上部構造における多様な変化にもかかわらず、フロンドの乱における飢饉や、一六九三年の、あるいは一七〇九年の飢饉の直前の農村の生態系は、最終的にみて、三世紀半ないし四世紀前の、一三一五年の飢饉の直前のそれに非常に近い状態のままであった。この間、人口や環境、はては社会学上の主要な指数は間断なく揺れ動いているが、何ひとつとして変わったわけではない。いかに変動しようが、それらは常に同じものである。一三二〇年頃と一六八〇年頃の二つの時期、いずれの場合でも、全体として同じ範囲の土地にしがみついた、同じ程度の農業人口が、まったく変わるところのない技術によって、量的にみて何ら発展のない収穫をあげていた。しかもその量たるや、三十年ばかりの間隔で数十万人が、直接、間接に飢えの犠牲者となることを防ぎえない程度のものであった。じつのところ、農業は、この二つの時期、いずれの場合にも、その能力の限界に近いまでに活動しており、量的にみて食糧危機や細菌の進撃を蒙りやすい条件をなしていたのである。」エマニュエル・ル・ロワ・ラデュリ Emmanuel Le Roy Ladurie『新しい歴史——歴史人類学への道』（樺山紘一ほか訳、新評論、一九八〇年）、四六頁。「循環史観」「停滞史観」こそが妥当することが、確かにあるのであろう。

（3） 井筒俊彦『イスラーム文化——その根柢にあるもの』（岩波書店、一九八一年）、六六—七二頁。引用は、同七二頁、六七頁。マルブランシュについては、D・ヒューム『人性論』一（大槻春彦訳、岩波書店、一九四八年、三四七頁）が、「デカルト派の哲学者」においては、「神」が「啻《ただ》に物質を最初に創造して物質に根原の衝撃を与えたのみならず、全能の連続的発動によって物質の存在を支持し、物質に初め賦与したすべての運動・形象・性質を引続いて賦与する」という結論に至らざるをえないと指摘している。

（4） J. B. Bury, *The Idea of Progress: An Inquiry into its Origin and Growth* (New York : Dover Publications, [1932], 1987), 2.

（5） Robert Nisbet, "Progress," *The Blackwell Encyclopaedia of Political Thought*, David Miller *et al.* (eds.), (Oxford: Basil Blackwell, 1987), 402. また、同氏 *History of the Idea of Progress*, (New York:

Basic Books, 1980), 145-150. P・J・マーシャル、G・ウィリアムズ『野蛮の博物誌』（大久保桂子訳、平凡社、一九八九年）も参考になる。また、西川長夫「国家イデオロギーとしての文明と文化」（『思想』八二七号、一九九三年五月）は、文明と文化の概念について「近代国民国家の国民統合のためのイデオロギー」であると強調している（四頁）。

（6）　James Lorimer, *The Institutes of the Law of Nations*, Vol. 1, (Edinburgh : William Blackwood and Sons, 1883), 101-103, 216-219. 松井芳郎「伝統的国際法における国家責任の性格――国家責任法の転換(1)」（『国際法外交雑誌』八九巻一号、一九九〇年四月）二五頁にも、この点の指摘がある。「国際法」における「文明」の概念については、以下を参照。Georg Schwarzenberger, "The Standard of Civilisation in International Law," *Current Legal Problems*, Vol. 8, (1955). 筒井若水「非ヨーロッパ地域と国際法」（『政治経済論叢』一五巻三、一九六五年）、同「現代国際法における文明の地位」（『国際法外交雑誌』六六巻五号、一九六八年）、藤田久一「東洋諸国への国際法の適用――一九世紀国際法の性格」（『関西大学法学部百周年記念論文集 法と政治の理論と現実』上、有斐閣、一九八七年）。

（7）　佐藤慎一「〈文明〉と〈万国公法〉――近代中国における国際法受容の一側面」（祖川武夫編『国際政治思想と対外意識』創文社、一九七七年）、二七八頁（同論文は、同氏『近代中国の知識人と文明』、東京大学出版会、一九九六年に収録された）。また、小野川秀美『清末政治思想研究』（みすず書房、一九六八年）第七章「清末の思想と進化論」参照。

（8）　李光麟「舊韓末進化論의受容과그影響」（同氏『韓國開化思想研究』ソウル、一潮閣、一九七九年）。

（9）　Charles A. Beard, Introduction (J. B. Bury, *The Idea of Progress*), xxix-xxx. Sidney Pollard, *The Idea of Progress : History and Society*, (Harmondsworth : Penguin Books, 1971), 10, 184. E・R・

ドッズ「古典古代における進歩」（桜井万里子ほか訳『進歩とユートピア』、叢書ヒストリー・オヴ・アイディアズ14、平凡社、一九八七年）、一〇頁。

(10) 判断基準が、「各人（科学的にホモ・サピエンスと認めうる各人）が責任を問われる必要のないことから受ける苦痛を、可能なかぎり減らさねばならない」という、いわば消極的な自業自得主義の「倫理的価値理念」（市井三郎『歴史の進歩とはなにか』岩波書店、一九七一年、一四三頁）であっても、事は同じである。

(11) それ故、例えば「ある一元的な文明原理が他を否定するために貼りつけるラベルが〈未開〉であって、そうした一元的原理を自己主張する気のない私としては、そもそも未開を定義づけようという気も起きにくい。〈一部の特殊な一元論を除けば、人間社会は全体として未開ですよ〉と居直ってみたい気もする」（関本照夫氏の発言。川田順造編『「未開」概念の再検討』Ⅱ、リブロポート、一九九一年、三四五―三四六頁）ということにもなろう。

(12) 「進歩」観と perfectibility の関係については、註（4）前掲書、四、一六二、一六七、二六四頁参照。

(13) 同書、三三三頁。

(14) ラ・ブリュイエール『カラクテール――当世風俗誌』上（関根秀雄訳、岩波書店、一九五二年）、三五頁。

(15) M・ギンズバーグ「近代における進歩」、註（9）前掲『進歩とユートピア』所収、一〇八頁。

(16) François Guizot, *Histoire de la civilisation en Europe depuis la chute de l'empire romain jusqu'à la révolution française*, (Paris: Didier, 1860) (septième édition), 8, 18-25.

(17) François Guizot, *General History of Civilization in Europe from the Fall of the Roman Empire to the French Revolution*, (New York: D. Appleton, 1867), 17-18.

(18) John Stuart Mill, "Civilization," J. M. Robson, (ed.), *Collected Works of John Stuart Mill*, Vol.

18, (Toronto : University of Toronto Press,1977), 119-120.

(19)　大濱皓『中国的思惟の伝統――対立と統一の論理』(勁草書房、一九六九年、二一五頁)は、「対立するものとその統一についての思惟の型には、毛沢東にまでつながるものがある。しかし、毛沢東以前には、対立するものとその統一についての思惟が、歴史観とむすびつくことはなかった」とする。しかし、それは、歴史における「弁証法的な進歩の観念」は無かったという意味であり、本文と必ずしも矛盾しない。

(20)　李贄『蔵書』第一冊(北京、中華書局、一九五九年)、二頁。

(21)　顧炎武『原抄本顧亭林日知録』(台北、明倫出版社、一九七一年)、一二頁。

(22)　章学誠『文史通義校注』上(北京、中華書局、一九八五年)、一五四頁。

(23)　王韜『扶桑游記』(鍾叔河主編『走向世界叢書』、長沙、岳麓出版社、一九八五年)、四三六頁。

(24)　何如璋『使東述略』、同書、九六頁。

(25)　同、八九頁。

(26)　『吉川幸次郎全集』第二巻(筑摩書房、一九六八年)、三九三頁。

(27)　川勝義雄『中国人の歴史意識』(平凡社、一九九三年、九八頁)も、「一陰一陽しながら循環するわけでありますけれども、〈道〉そのものは、いっぺん歩いていけばもとへ戻るのは大変な、大変というよりももとへ戻れない、歩いた足あとは二度と消すわけにはいかない、その意味では回帰不能な、一方向的な時間観念が根底にあるのではないか」と指摘している。

(28)　『朱子語類』(北京、中華書局、一九八六年)第四冊、一六二〇、一六二一頁。

(29)　井上春洋ほか訓点、対嵋閣、一八六一年、巻之八、二四丁。

(30)　西洋古典古代の「立法者」と儒学の「聖人」との類比は、決して筆者の恣意ではない。中江兆民も、周公を、モーゼ、ヌマ、リュクルゴス、ソロンと並べて「制作家」と呼んでいる。「国会論」（松本三之介ほか編『中江兆民全集』10、岩波書店、一九八三年）、六三頁。原文の「姫且」は、無論「姫旦」の誤植であろう。

(31) Lin Yü-sheng, *The Crisis of Chinese Consciousness : Radical Antitraditionalism in the May Fourth Era* (Madison : The University of Wisconsin Press, 1979), 51. なお同書の邦訳『中国の思想的危機』（丸山松幸ほか訳、研文出版、一九八九年、六七頁）は、これを「人為構成説」と訳している。

(32) 薛福成『出使英法義比四国日記』（『走向世界叢書』、長沙、岳麓書社、一九八五年）、一三二―一三三頁。

(33) 註（22）前掲書、五一頁。

(34) 『譚嗣同全集』上冊（北京、中華書局、一九八一年）、二三三頁。

(35) 黄宗羲『宋元学案』（北京、中華書局、一九八六年）第一冊、六五三頁。

(36) 註（32）前掲書、一六一、二〇三、三九〇、七七五、三八七頁。

(37) 同書、一六八―一六九、五六二頁。

(38) 『政談』（『日本思想大系36　荻生徂徠』、吉川幸次郎ほか校注、岩波書店、一九七三年）、三〇五頁。

(39) 『太平策』。同書、四五八―四五九頁。

(40) 『政談』。同書、三一四頁。

(41) 同、三一一―三一三頁。

(42) 同、三〇七頁。

(43) 『厳訳名著叢刊　天演論』上（上海、商務印書館、一九三一年）、一二三―一二四頁。

(44) 註（34）前掲書、下冊、三六五頁。

(45) 松崎観海の言による。湯浅常山『文会雑記』（『日本随筆全集』第二巻、国民図書、一九二八年）、五七三頁。

(46)『日本随筆大成』第二期巻八（日本随筆大成刊行会、一九二八年）所収。
(47) 同書、一八七頁。
(48) 蔵並省自編『海保青陵全集』（八千代出版、一九七六年）、九七、九八、九九頁。
(49) 同書、九六四頁。
(50) 同書、九六五頁。
(51) 同書、九七—九八頁。
(52) 同書、八四頁。
(53) 同書、二七九頁。
(54) 同書、六一九頁。
(55) 同書、六二〇頁。
(56)『稽古談』。同書、六五頁。
(57) 同書、九三八頁。
(58) 同書、九二六頁。
(59) 同書、六三四頁。
(60) 同書、六三四頁。
(61) 同書、八五〇頁。
(62) 同書、一六頁。
(63)『日本思想大系34　貝原益軒・室鳩巣』（荒木見悟ほか校注、岩波書店、一九七〇年）、一二頁。植手通有「江戸時代の歴史意識」（丸山眞男編『日本の思想』6〈歴史思想集〉、筑摩書房、一九七二年）六五頁も、この一節に注目している。
(64)『本居宣長全集』第八巻（大久保正編、筑摩書房、一九七二年）、三一四頁。
(65)『日本思想大系43　富永仲基・山片蟠桃』（水田紀久ほか校注、岩波書店、一九七三年）、一五七頁。
(66)同書、三一七頁。
(67)『新日本古典文学大系86　浮世風呂・戯場粋言幕の外・大千世界楽屋探』（神保五弥校注、岩波書店、一九八九年）、一九七―一九八、二八九頁。
(68)『三浦梅園集』（三枝博音編、岩波書店、一九五三年）、二六頁。
(69)『蘭学事始』（緒方富雄校註、岩波書店、一九五九年）、五九頁。なお、謡曲「難波梅」には、「是はなにはの浦に年をへて、開くるよよの恵みをうくる、この花さくや姫のしんなり」との一節があるが、この「開くる」は、「この花」の縁語であり、かつ、同曲中の「御代もひらけし栄花」に対応した表現であるので十四、五世紀に「よよ」が次第に「開く」という意識があった証拠とみなすことは躊躇される。引用は、日本古典全書『謡曲集』上（田中允校註、朝日新聞社、一九四九年）、七六、七四頁。
(70)宗政五十緒校注『東西遊記』1（平凡社、一九七四年）、一八〇頁。
(71)『島根のすさみ――佐渡奉行在勤日記』（川田貞夫校注、平凡社、一九七三年）、三一五頁。
(72)『夢ノ代』。註(65)前掲書、二一三頁。
(73)註(70)前掲書、一九八頁。
(74)『司馬江漢全集』第三巻（朝倉治彦ほか編、八坂書房、一九九四年）、一三二頁。
(75)同書、一一五頁。
(76)『日本思想大系55　渡辺崋山・高野長英・佐久間象山・横井小楠・橋本左内』（佐藤昌介ほか校注、岩波書店、一九七一年)、二一、二二頁。

(77)『日本思想大系56　幕末政治論集』(吉田常吉ほか校注、岩波書店、一九七六年)、三三頁。

(78)『日本近代思想大系1　開国』(田中彰校注、岩波書店、一九九一年)、三二七頁。

(79)『福沢諭吉全集』第二巻(岩波書店、一九五九年)、一二三頁。

(80)『福沢諭吉全集』第一巻(一九五八年)、四一六頁。*Political Economy, for Use in Schools, and for Private Instruction*, (London: William and Robert Chambers, 1870), 21.

(81)「開化」の語は、『仏説無量寿経』に「一切の諸天人民を開化す」等として用いられ(巻上)、親鸞『教行信証』教巻にも引用されている。星野元豊ほか校注『日本思想大系11　親鸞』(岩波書店、一九七一年)、一六頁。福沢諭吉の家は浄土真宗であるので、彼は仏教書においてこの語に接したことがあったかもしれない。なお、時に誤解されているが、「開化」は、enlightenment の翻訳ではありえない。一般的な意味ではなく、ドイツ語 Aufklärung の訳語として enlightenment の語が初めて用いられたのは、一八六五年のあるヘーゲル研究書においてだからである。Cf. "enlightenment" in *The Oxford English Dictionary*, Second Edition (Oxford: Clarendon Press, 1989). また、実際の用法からみて、一般的意味での動詞 enlighten や、名詞 enlightenment の訳語でもありえない。

(82)『明治文化全集』第一二巻〈経済篇〉(日本評論新社、一九五七年)、六一、六二、六七頁。

(83)『安愚楽鍋』(小林智賀平校注、岩波書店、一九六七年)、五五、七一、二七頁。

(84)『明治文学全集3　明治啓蒙思想集』(大久保利謙編、筑摩書房、一九六七年)、三一—三二頁。

(85)『特命全権大使米欧回覧実記』三(田中彰校注、岩波書店、一九七九年)、七〇頁。

(86)『明六雑誌』第三二号、一八七五年三月、四丁。また、津田真道は、奥州街道の宿屋で「娼妓」を置くものが増えたことを指摘し、「世人漫ニ之ヲ以テ方今開化往昔ニ比スレバ更ニ一層進ミタリト思ヘリ」と述べている。「廃娼論」(『明六雑誌』第四二号、一八七五年十月)、七丁。同様に、『郵便報知新聞』第一三号(明治五年八月)所載の「岡山県より報知」の建白書は、「地方の弊害利を射るの農商等劇場を処々に設け酒楼に妓女を畜へ頻りに繁昌を装ひ以て開化の効となす」と指摘している。

(87)　本居宣長『玉くしげ』。註(64)前掲書、三一二頁。

(88)　前野良沢『管蠡秘言』(沼田次郎ほか校注、『日本思想大系64　洋学』上、岩波書店、一九七六年)、一四二頁、大槻玄沢『蘭学階梯』(同書)、三三七頁。

(89)　『海国図志墨利加洲部』巻一、塩谷宕陰ほか校、青藜閣、一丁。

(90)　註(29)前掲書、巻之九、二九―三〇、一〇丁。巻之六、二八丁、巻之七、九、三八丁。

(91)　溝口雄三『方法としての中国』(東京大学出版会、一九八九年)、四九頁。また、註(32)前掲書、五三七、五三八、八〇二―八〇三頁。

(92)　註(76)前掲書、四四九頁。

(93)　『明治文化全集』第三巻〈政治篇〉(日本評論新社、一九五五年)、五頁。

(94)　ちなみに、佐藤誠三郎氏は、つとに次のように指摘している。「李朝朝鮮の儒学者が、明朝の「正統」に固執することによって、清帝国を批判したのにたいして、徳川日本の儒学者は、儒教の理念を抽象化し非中国化することによって、清朝だけでなく中華帝国とその文明の全歴史を括弧の中に入れてしまったのである。中華文明を相対化すれば、西洋文明への偏見はそれだけ弱められる。幕末維新期の知識人の多くは、山鹿素行風の儒教的用語で構成されてはいるが、中華文明とは無関係なまでに抽象化された価値基準で、西洋列強を判断した。すぐれた技術を生みだした西洋の「知」に、また東洋まで進出してくる西洋人の「勇」に、さらに議会制によって圧政を抑制することに成功した西洋の「仁」に、感心する者が、幕末日本にすくなくなかったのは、不思議ではない。」「近代化への分岐――李朝朝鮮と徳川日本」（一九八〇年）、『「死の跳躍」を越えて――西洋の衝撃と日本』（都市出版、一九九二年）、五九―六〇頁。

(95) 阪谷素「尊王攘夷説」（『明六雑誌』第四三号、一八七五年十一月）、七丁。また、参照、同「民選議院変則論」（同、第二七号）。

(96) 註（80）前掲書、三九五頁。

(97) 講談社学術文庫、一九八一年、五八―五九頁。

(98) 『明六雑誌』第三六号、一八七五年五月、六―七丁。

(99) 「女飾ノ疑」（『明六雑誌』第二一号、一八七四年十一月）、六丁。

(100) 『明治文化全集』第二四巻〈文明開化篇〉（日本評論社、一九六七年）、七三頁。

(101) 註（79）前掲書、六一一―六一二頁。

(102) 『明治文化全集』第一巻〈憲政篇〉（日本評論新社、一九五五年）、四四頁。

(103) 『明治文化全集』第八巻〈風俗篇〉（日本評論新社、一九五五年）、一六一頁。

(104) 羽仁五郎校訂『折たく柴の記』（岩波書店、一九五五年）、一一三頁。

(105) 「開化の域に進む」という当時の慣用句も、時間軸上の上昇という以上に、その文字通り、空間的移行として観念されたのではあるまいか。

(106) 註（100）前掲書、二八九頁。

増補にあたって

本書は、拙著『近世日本社会と宋学』（東京大学出版会、一九八五年。増補新装版、二〇一〇年）につぐものである。同書において私は、朱子学あるいは儒学を、当初からの「徳川体制を支える正統思想」だったなどとする見方を否定し、朱子学を主とするいわゆる宋学と「近世日本社会」との関係について詳論した。そして、徳川日本の（少なくとも前半の）儒学史は、儒学が一面での必要から摂取される反面、当時の日本の政治・社会の制度と実態があまりに非儒学的・反儒学的であったために、それへの対応と適応を迫られ、儒学自身が変容した過程であることを改めて検証した（これは、「日本的なるもの」が歴史貫通的に存在し、それによって「外来思想」が変容させられたという説明とは異なる）。

本書は、右を前提に、いくつかの新しい方向に議論を広げたものである。

例えば、「では、何が徳川体制の正統思想だったのか」という問いがある。そのような問い自体が、ある意味で見当違いであることを示したのが第一論文である（そのような問いの前提となっている、歴史学者・政治学者の多くが今も抱いている、政治体制と思想との関係に関する思い込みも否定したつもりである）。

第Ⅱ部は、徳川儒学史の展開とその背景とを、東アジアの他の諸国と比較したものであり、第Ⅲ部は、徳川儒学史の展開から、いわゆる国学が出現してくる様相を描いたものである。そして、第Ⅳ部は、儒学者や儒学的教養を持った人々が、往々、西洋の諸制度に好意を抱いていたことを指摘し、日本で「文明開化」が速やかに受容された理由の説明を試みたものである。実際、福沢諭吉が、その『西洋事情』（慶応二年刊）の冒頭で特記した西洋の事物、二四項目の内、広義での教育と「仁」の施設（学校・新聞紙・文庫・博物館・博覧会、そして病院・貧院・唖院・盲院・癲院・痴児院）への着目は、明らかに儒学的であった。

ただ、そこに「宗教」は無い。岩倉使節団一行も目をみはった、当時の西洋における「宗教」の盛行については、福沢はここで触れないのである。そこで、この増補新装版では、本書第Ⅳ部でもやはり触れなかった、欧米における religion を儒学的教養を持つ人々がどう理解したのかという問題について、新たに書き下ろして補論とした。もしも、本稿が、当時の（そしてたぶん現代の）日本人の「宗教」理解のこれまであまり自覚されないできた一面を明らかにすることになれば幸いである。

補論　「宗教」とは何だったのか
——明治前期の日本人にとって——

一　Religion の不在？

徳川時代の末に日本を訪れた欧米人は、高い地位の日本人がいかなる religion も信じていないらしいことに気づき、口々にその驚きを語っている。

例えば、ペリーの使節団は、「高位のよく教育を受けた人々はいかなる religions にも無関心で the higher and better educated are indifferent to all religions、様々な空想的意見を抱いたり、広範な懐疑 a broad skepticism に逃げ込んだりしているようである」と報告している。(1)

ついで、アメリカの初代総領事、タウンゼンド・ハリスは、その日記で、日本人には「religious な事柄に関するまったくの無関心」great indifference on religious subjects があり、「実のところ、高い身分の人々はみな無神論者だと思う」I believe all the higher classes are in reality *atheists*. (May 27, 1857)(2) と断言している。

また、『ニューヨーク・トリビューン』紙の記者でもあったアメリカ人貿易商、フランシス・ホールは、日記にこう記している。

この国に上陸してから今に至るまで、日本人はその religion に何の尊敬も抱いていないという印象を私は受け続けている。（中略）教養ある上流の身分においては Among the learned and the better classes、中国の官僚と学者同様に儒教 the system of Confucius が受け入れられていることになっている。しかし、実のところ、これらすべてについて不信仰である in reality there is a disbelief in all these forms。現代ドイツにおいても、日本における実際上の無神論 practical atheism ほどに理性主義 rationalism が浸透しているとは、私には思えない。(March 25, 1860)(3)

同様に、イギリス初代公使、ラザフォード・オルコックによれば、教育のある階級 the educated classes は、霊魂の不滅やあの世での至福もしくは悲惨といった教義を蒙昧なる下層民にのみふさわしいものとしてあざけって scoff いた。(4)

そして、デンマークの海軍士官、エドゥアルド・スエンソンの回顧によれば、「日本人はこと宗教問題に関してはまったくの無関心で有名」であり、「聖職者には表面的な敬意を示すものの、日本人の宗教心は非常に生ぬるい。開けた日本人に何を信じているのかたずねても、説明を得るのはまず不可能だった。」という。(5)

武士たちも、法事・墓参をし、時には神社にも参ったであろう。しかし、その「信心」の内容を問われれば、自分でも明確ではなかったのであろう（今の多くの日本人と同様に）。例えば福沢諭吉も、「我国の士人は大概皆宗教を信ぜず、幼少の時より神を祈らず仏を拝せずして、よく其品行を維持せり。」(『通俗国権論』一八七八年)と証言している。(6)

それ故、西洋を訪れた教養ある日本人は、逆に、西洋における religion なるものの繁栄に衝撃を受けた(「文明国」では「世俗化」が進んでいることに衝撃を受けたのではない!)。

では、その religion なるものを、当時の指導的な日本人はどう理解したのだろうか。本稿では、その点に関し、従来見逃されてきた面の解明を目指したい。(7)

二　「宗旨」「宗門」

徳川の世には、「宗門」「宗旨」という語があった(ほぼ同義で用いられる)。これは、仏教の「諸宗」も、「きりしたん」も指す。現に、「宗門改」「宗旨改」はその両者にかかわる。そして、徳川政府作成の『御触書集成』「宗旨之部」には、「きりしたん宗旨」「きりしたん宗門」に関する触れも含まれている。その意味では、religion の訳語にふさわしいようにも見える。しかし、同『集成』には、別に「寺社之部」「祭礼之部」がある。その内容と比較すると、「宗旨」「宗門」には、明らかに治安取り締まりの対象としての視線が注がれている。

戦国の世の一向一揆を引照して、次のように指摘する儒者もいた。

近世、仏家に八宗をわかち、各々其主領〔註、本山を指す〕をたてられしは、良策なり。邦俗、ものにまよひやすき故に、此法なければ末々天下一宗となりて、国家の変をなさんことはかられず。元

亀・天正の事にてもしるし。(菅茶山『筆のすさび』文政年間成[8])

仏教が諸「宗」に分裂して相互牽制していることを、治安の観点から評価しているのである。この世の君を超えるものへの「信仰」の危険性を指摘して、こう述べる武士もいた(「きりしたん」への警戒と同じ発想である)。

とかく仏道は、下賤の者へ授けて、その身一ツその心一ツを治むるまでの者には可なり。中人以上の、世の義理を取り捌き、人の上を指揮するものには甚だ邪魔なり。殊に臣たる身の、仏道を信仰し後世を祈るは、かの婦女が密夫に淫するが如く、主君へ対して甚だ不忠なり。(武陽隠士『世事見聞録』文化一三年[9])

「宗旨」「宗門」の語は、儒教を含まない[10]。儒教は、普通、単に「学問」と呼ばれる。「武士道」も無論「宗旨」ではない。また、村の鎮守の祭りも、「宗門」の行事ではなかったであろう。それぞれの家の「宗旨」とは別個の何物かであった。

では、religion は、「宗旨」「宗門」なのであろうか。文久二年(一八六二)刊行の『英和対訳袖珍辞書』(堀達之助)は、religion を「宗旨、神教」としている。しかし、明治初年になると、様々の異なる訳語が工夫された。何故だろうか。

それは、「宗旨」や「宗門」(ごとき)では、「文明国」で尊ばれている religion の訳にはふさわしくないと、当時の指導的知識人が考えたからであろう。

三　「教」

明治初年に考案された religion の訳語は、例えば「法教」「教法」「教門」「神道」「教道」「神教」、そして「宗教」である。(11)

「法」は、サンスクリットの dharma（ダルマ）の漢訳である。「説法」「法師」の法であり、（仏教の説く）真理を意味する（現代ヒンドゥー語では、この dharma が religion の訳語である。(12)「あなたの信じる法は何ですか」と問うわけである）。しかし、右の訳語では、「法」よりも「教」が前面に出ている。religion とは、（ある「真理」ではなく）「教」の一種だという点で、訳者たちの理解はおおむね一致したのである。そして、あれは、単に「宗門」や「宗旨」ではなく、「教」なのだ、それならそれなりにわかる。そう思えたのであろう。

では、「教」とは何か。

何よりも、当時の多くの知識人の基礎教養、儒学での意味であろう。基本的な経書、『中庸』は、冒頭でこう述べている。(13)

天命之謂性、率性之謂道、脩道之謂教（天の命ずる、これを性といふ。性に率《したが》ふ、これを道といふ。道を脩むる、これを教といふ。）

代表的な注釈書、朱熹『中庸章句』によれば、これは、次のような意味である。

一切を生み出す「天」（大自然）が、人にも人らしい本性を賦与している。人なら、誰でもこの人らしさ、人としての本性を備えている。そして、この「天」の命じた人らしさに忠実に沿って生きれば、人の「道」に沿っているということになる。そうでなければ、禽獣に近い。そして、常にこの「道」に従ってふるまえるように、古代の聖人である天子は、各人の立場と場合にふさわしい具体的な行為の型(「礼」)を定め、指導し、統治した。つまり、人を万人共通の「道」に従わせるべく、それを具体化して導くことと、その仕組みが、「教」である。

すなわち、まず全人類に共通の人の「道」がある。そして、それに従わせるために「教」がある。それは、単に「教義」という意味ではない。「教育」(『孟子』尽心上)、「教訓」(『礼記』曲礼上)、「大教」(同、楽記)、「教化」(同、経解)の「教」でもある。そして、儀式をも含む。その実行は、本来、統治者の務めだ。これが、儒学的教養を持った人々の普通の理解である。そこには、「俗」に対する「聖」なるものという含意は無い。

そのような人々が「法教」「教法」「教門」「教道」「神教」、そして「宗教」という語に接すれば、当然、それも「道」に導くための「教」だと理解したであろう。「天理人道」への様々な誘導(手段)であり、指導(方法)である。当時の人々は価値相対主義者ではない。人の行いの善悪は人間性に即した客観的な道理で決まる。その「善」に導くのが「教」である。まず絶対的超越者への信仰があり、その超越者の命令への服従が即ち道徳だ、などというのでもない。

一方、「宗」は、日常語の「宗旨」「宗門」「宗派」「諸宗」「浄土宗」「法華宗」の「宗」と理解されたであろう。

そこで、結局、「宗教」とは、「宗旨」の形をとった「教」、あるいは様々の「宗」派の「教」という意味となる。そうならば腑に落ちたのであろう。それ故に訳語の生存競争において、この語が勝利したのであろう(稀に用いられた仏教語としての「宗教」、即ち根本の真理とそれを言葉にしたもの、という意味で受け取られたはずはない)。

このような理解は、従来説かれていた「三教一致」論とも、容易に接合する。例えば、石田梅岩に始まる「石門心学」の説教者の一人、中沢道二は、こう述べている。

万物一体、道の外に教もなく、教の外に道もなし。人には人の道が有つて、五倫五常の外に人はない。(中略)道とは何んぞ。心の事じや。神道と云ふも心の事、仏道といふも、儒道といふも、心の事じや。儒道では放心といふ。仏家では迷ひといふ。放心といふより、迷ひといふが子供衆や女中方の耳なれてござるゆへ、迷ひといふが知れよい。扨此教といふは、何んにも外の事ではない。此迷ひといふ事があるゆへに、聖人・仏が此教を御立てなされたものじや。(中沢道二『道二翁道話』寛政八年刊)[14]

同様の議論は「心学道話」に頻出する。徳川日本では、「教」や「宗」の多様性は現存したが、道徳の根元的多様性は普通想定されない。それ故、これは特異な見方ではない。この発想を拡大すれば、「百教一致」論となる。例えば、西周の『百一新論』(一八七四年)の「百一」とは「百教一致」を意味する。「神道」「孔子ノ教」「老荘ノ教」「婆羅門ノ教」「釈迦ノ教」「回々教」「羅馬教」「希臘教」等々の全てが、「其百教ノ趣キ極意ノ所ヲ考フレバ、同一ノ趣意ニ帰ス」る。結局、いずれも「専ラ人ノ人タル道ヲ教フル」のである。[15]

岩倉使節団の報告書も、人を善に赴かせるために「教」があるという前提に立っている。

米国ノ紳士ミナ熱心ニ宗教ヲ信シ、盛ンニ小学ヲ興シ、高尚ノ学ヲ後ニシテ、普通ノ教育ヲ務ム、是其故ヲ察スヘシ、流民傭奴ノ頑魯ナル、其明善ノ心ヲ啓誘スルハ、敬神ニアラサレハ不可ナリ、

（久米邦武編『特命全権大使　米欧回覧実記』第七巻）[16]

「文明国」での「宗教」（と「教育」）の盛行を、「神」を敬わせることによって愚民を善に導いているのだ、と理解したのである（欧米にも、religion をそう理解した人がいた）。

そして福沢諭吉は、最晩年の『福翁自伝』（一八九九年刊）において、できれば自分の生涯においてさらにしてみたいこととして、三ヶ条を挙げている。

全国男女の気品を次第々々に高尚に導いて真実文明の名に愧かしくないやうにする事と、仏法にても耶蘇教にても孰れにても宜しい、之を引立てゝ多数の民心を和らげるやうにする事と、大に金を投じて有形無形、高尚なる学理を研究させるやうにする事と、凡そ此三ヶ条です。[17]

「仏法」でも「耶蘇教」でもよいが、やはり一般人民には「教」が必要だ。彼もそう考えたのである。

四　選　択

「文明」（『易』文言伝）の国では（儒学の常識通り）「教」が盛んだ。ただ、それは「宗教」の形をとっている。では、「宗教」の微弱な日本ではどうすればよいのか。それが明治の知的・政治的指導者た

ちに突きつけられた課題であった。実は彼らの階層においてこそ微弱だったのだが、彼らはそれを庶民の問題だと考えた（彼ら自身は、立派な「士人」として、「教」が無くても邪悪なことはしないと感じていたのであろう）。しかも、明治三年以来の「大教宣布」は明らかに失敗だった。

そこで登場したのが、「文明国」はみなキリスト教国なのだから、日本もキリスト教を「国教」として採用すればよい、という素直な主張である。[18] 周知のように、中村正直は、天皇が率先して洗礼を受け、「教会之主」となって人民を導けと主張した（「擬泰西人上書」『新聞雑誌』五八号附録明治五年、『敬宇文集』巻之一、一九〇三年）。津田真道は、「人民一般ノ開化ヲ賛クル」ために、政府が「彼尤善尤新ノ法教師ヲ雇テ、公然我人民ヲ教導セシメバ奈何」と提案した（「開化ヲ進ル方法ヲ論ス」『明六雑誌』第三号、一八七四年）。矢野龍渓は、「然れば専ら政治上よりして考ふるも、我邦は「耶蘇ユニテリヤン」派の如き一派を以て我国教と定め、此純良なる教門の為めに我身をも慎しみ我国をも守ると云へる迄に人民を導くことも亦政治家に取て一の方便なるべし。」（「目下の急務は速かに国教を定むるに在り」『周遊雑記』下巻、一八八六年）と勧めた。[19]

そして、加藤弘之は、「富豪紳士に宗教心を鼓舞すべし」と説いた。

余の希望する所は、今日の紳士に宗教心を鼓舞して、少しく其志操を高尚優美に導かんとするにあるなり。余の宗教を信ぜざるは、従来の論説に於て、世人の熟知せらるゝ所なる可けれども、そは高尚なる学問社会に就て言ふことにして、俗社会の為めに言ふにあらず。此の如き賤劣紳士に向ては、宗教心は甚だ有益なるものと考ふるなり。此輩をして高尚なる学問界に向はしめんとするが如きは、到底望みなきことなれども、之を宗教に導くは、左迄困難にもあらざるべき歟。此輩をして宗教心を抱持せしむれば、決して単に此輩の利益に止まらず、又社会全般の利益となるべし。但し其宗教は如何なるものが然るべきやと云へば、余は基督教こそか可なるべしと思ふなり。（『天則百話』一八九九年）[20]

さらに、井上毅は、「蓋シ世ニ宗教ナキトキハ格別ナリ宗教已ニ行はるゝ時ハ政府たるもの幾分か此ノ宗教之力を仮て以て治安之器具となさざる事を得ず」「宗旨ヲ以テ治安之具トセントナラハ国民多数ノ信仰アル宗旨ヲ用フヘシ」として、仏教の利用を考えた（「教導職廃止意見案」一八八四年）[21]。

こうした議論は、信仰を侮蔑し、religion を愚弄するものと見えるかもしれない。確かに彼等自身は救済や浄土往生を求めたりしていない。矢野は「方便」と言い、井上は「治安之器具」と述べ、加藤に至っては自分の不信仰を公言している。しかし、それは、明治知識人の浅薄さやシニシズムの現れなどではない。彼らは真剣である。ただ、現在の我々には理解しにくい前提に彼等は立っていたのである。彼らは religion というより、民と国のための「教」について語っていたのである。

そして、この日本における「教」の選択の問題を体系的に論じたのが、西村茂樹の『日本道徳論』（一八八六年）である[22]。

西村によれば、「道徳を説くの教」は数多い。しかし、それらは「世教」と「世外教」に大別できる。「世教」とは、「道理を主と」して現世のことを説く「支那の儒道、欧州の哲学」等を言い、「世外教」

とは、「信仰を主と」して「未来の応報と死後魂魄の帰する所」を説く「印度の仏教」「西国の耶蘇教」等を言う。「皆以て人心を固結し、又人をして悪を去りて善に就かしむる」ものである。そして、「西洋諸国は多く世外教を以て中等以下の人心を固結し、世教（哲学）を以て中等以上の人智を開発」している。即ち「文明の本家なる欧米諸国」は「何れも宗教を以て其国民の道徳を維持」しているのである。

では、日本では、どうすればよいのか。

「今日世外教は下等社会の民のみ之を信じて上等社会の信を得ること能はず」、従って「世教」に拠る他はない。但し、「儒教に非ず、哲学に非ず、況して仏教と耶蘇教とに非ざるは勿論」、「然れども亦儒道を離れず、哲学を離れず、仏教耶蘇教の中よりも亦之を採ることあり」という折衷が、西村の答えである。そして、「皇室を尊戴」させることが重要である。

夫れ民心の向ふ所一定すれば、其国堅固にして、民心の向ふ所一定せざれば其国堅固ならず、西洋諸国の政府に於て宗教を尊崇するは、蓋し民心をして其向ふ所を一定せしむるに在り、本邦の如きは既に至貴至尊の皇室あり、民心をして悉く此皇室に帰向せしめば、国の鞏固安全求めずして自ら得べし、何ぞ宗教の力を仮ることを須ひん、

こうして、西村は、「宗教」の代用物としての「皇室尊戴」と、折衷的な「教」に期待したのである。

以上のような模索は結局、（「之ヲ古今ニ通シテ謬ラス之ヲ中外ニ施シテ悖ラ」ないはずの）道徳を「教育」の根幹として統治権者が宣明し（「教育勅語」一八九〇年）、その範囲内で「臣民」の「信教ノ自

由」を認める明治天皇制国家の構造に帰着した（大日本帝国憲法第二八条「日本臣民ハ安寧秩序ヲ妨ケス及臣民タルノ義務ニ背カサル限ニ於テ信教ノ自由ヲ有ス」一八八九年）。そこでは、民間の様々な「教」は、「神聖」なる天皇の下、まずは道徳（内実は「国民道徳」）の維持・振興のために存在した。いわば「道」を掲げる国「教」会内部における諸「宗」派と位置づけられたのである（そして、（戦後になって「国家神道」とも名付けられた）国直営の「教」は、当然、「宗教」ではないとされた）。

進んでそこに自己の存在意義を見いだす「宗教」家も少なくなかった（無論、そう考えない人もいたが）。例えば、一九一二年、原敬内務大臣の下に招集された教派神道、仏教、キリスト教の多数の代表者たちは、実際に、「吾等は各々其教義を発揮し、皇運を扶翼し、益々国民道徳の振興を図らん事を期す。」と決議した（「三教会同」）[23]。また、原敬は、総理大臣だった時の日記にも、次のように記している。

> 大谷光瑞来訪……余より我国宗教は殆んど滅亡せりと言ふも不可なし、故に天理教にても大本教にても何んにても忽ち人心を得るの情勢なり、故に耶蘇の如きも非常の勢を以て拡大せり、耶蘇教左まで憂ふべきにも非らざれども、儒教は我国に入りて我儒教に化し、仏教我国に入りて我仏教に化したる様に耶蘇教も我耶蘇教に化せんかとも思ひたるも、耶蘇教は外国人に因りて宣伝せらるゝ実況に徴しては如何あらんか、我國體と相容るゝ否とは茲に存する事なるが、憂慮に堪へず、而して人心の動きは実に容易ならざる現況なるが、教育の力のみに因りて此人心を穏健に導かん事固より至難なるのみならず、其教育家自身も宗教家と大同小異の様に思はる、政府の力には限りあり、人心の変化に対し刑罰のみを以て臨むことの不可なることは勿論なれば、此際人心感化の為めに尽力

しては如何と言ひたるに、光瑞極めて同感を表したるも……（『原敬日記』一九二〇年一〇月一四日）[24]

首相も「真宗」の「宗主」も、「宗教」は当然に「人心感化」のためにあると考えていたのであろう。

Atheistsと呼ばれた日本の知的・政治的指導者たちは、西洋「文明国」がreligionを重視し、往々「国教」さえ定め、それによって道徳を維持し、国民を統合しているらしいことに驚愕した。そして、日本の現状を憂慮した。その結果が、明治天皇制国家であった。[25] それは、「日本的」ではない。おそらく一面において、それは、中国的思考枠組みを持つ彼らが西洋をモデルに構築した、擬洋風の「教育」・「宗教」国家だったのである。

（1） Francis L. Hawks, comp., *Commodore Perry and the Opening of Japan, Narrative of the Expedition of an American Squadron to the China Seas and Japan 1852–54: The Official Report of the Expedition to Japan* (1856) (Stroud: Nonsuch, 2005), Ch.21, 400.

（2） *The Complete Journal of Townsend Harris, First American Consul and Minister to Japan* (Rutland, Vermont & Tokyo: Charles E. Tuttle, 1959), 366. Italics in the original.

（3） F. G. Notehelfer, ed., *Japan through American Eyes: The Journal of Francis Hall, 1859–1866* (Boulder: Westview Press, 2001), 90.

（4） Rutherford Alcock, *The Capital of the Tycoon : A Narrative of a Three Years' Residence in Japan* (1863), Vol. II, Chap.12 (New York: Greenwood Press, 1969), 258–259.

（5）　エドゥアルド・スエンソン Edouard Suenson『江戸幕末滞在記――若き海軍士官の見た日本』（長島要一訳、講談社、二〇〇三年）、五四、二〇六頁。筆者の日本滞在は、一八六六年八月から翌年七月である。
（6）『福沢諭吉全集』第四巻（岩波書店、一九五九年）、六二六頁。
（7）　先行研究は多い。例えば、鈴木範久『明治宗教思潮の研究――宗教学事始』（東京大学出版会、一九七九年）、磯前順一『近代日本の宗教言説とその系譜――宗教・国家・神道』（岩波書店、二〇〇三年）、林淳「宗門から宗教へ――「宗教と倫理」前史」（池上良正ほか編『宗教とはなにか（岩波講座宗教 第一巻）』岩波書店、二〇〇三年）、島薗進「近代日本における「宗教」概念の受容」（島薗進ほか編『〈宗教〉再考』ぺりかん社、二〇〇四年）、星野靖二『近代日本の宗教概念――宗教者の言葉と近代』（有志舎、二〇一二年）、津田雅夫「宗教」（石塚正英ほか監修『哲学・思想翻訳語事典』論創社、増補版、二〇一三年）、オリオン・クラウタウ「宗教概念と日本――Religion との出会いと土着思想の再編成」（島薗進ほか編『神・儒・仏の時代（シリーズ日本人と宗教――近世から近代へ 2）』春秋社、二〇一四年）。しかし、いずれにおいても、儒学の「教」概念との関連について踏み込んだ分析はされていない。それがなされれば、明治期の「宗教」をめぐる議論の理解に新たな展望が開けるのではないかというのが、本稿の見通しである。
（8）　日野龍夫ほか校注『仁斎日札・たはれ草・不盡言・無可有郷（新日本古典文学大系九九）』（岩波書店、二〇〇〇年）、三三〇―三三一頁。
（9）　武陽隠士『世事見聞録』（岩波文庫、一九九四年）、四〇一頁。
（10）『御触書集成』において、足利学校の「孔子堂」に関する触れは「寺社之部」に記載されている。高柳眞三ほか編『御触書天明集成』第二〇三〇号（岩波書店、一九三六年）、五四八頁。
（11）　一八七四年刊行の『明六雑誌』の論説を例にとれば、以上の訳語は次のように登場している。「法教」（津田

真道「開化ヲ進ル方法ヲ論ス」第三号、杉亨二「南北米利堅聯邦論」第七号、中村正直「西学一斑評」第一〇号、同「西学一斑」第一二号、杉亨二「人間公共ノ説」第一九号）、「教法」（西周「駁旧相公議一題」第三号、津田真道「拷問論ノ二」第一〇号、加藤弘之「米国政教」第一三号）、「教門」（西周「教門論」第四、第五、第六、第八、第九号）、「神道」（加藤弘之「米国政教」第五、第一三号）、「教道」（加藤弘之「米国政教」第六号）、「神教」（杉亨二「人間公共ノ説」第一九号）、「宗教」（森有礼「宗教」第六号、柴田昌吉「「ヒリモア」万国公法ノ内宗教ヲ論ズル章」第六号）。

(12) Rajeev Bhargava 氏、馬場紀寿氏のご教示による。

(13) この点については、拙稿「儒教と福沢諭吉」（福沢諭吉協会『福沢諭吉年鑑』三九、二〇一二年、一〇九頁）で、簡単に触れたことがある。

(14) 石川謙校訂『道二翁道話』（岩波文庫、一九三五年）、五四―五五頁。

(15) 山本覚馬（蔵版）、一八七四年、巻之上、一丁―二丁、三丁、四丁。

(16) 田中彰校注『特命全権大使 米欧回覧実記』第一冊（岩波文庫、一九八五年）、一六二頁。

(17) 『福沢諭吉全集』第七巻（岩波書店、一九五九年）、二六〇頁。

(18) しかし、キリスト教の教義は信じにくかった。そこで、様々な議論が展開した。その問題については、拙稿「「教」と陰謀――「国体」の一起源」（朴忠錫ほか編『韓国・日本・「西洋」――その交錯と思想変容』慶應義塾大学出版会、二〇〇五年）で述べた（この拙稿と本論文は一部、重複する）。また、「キリスト教公許構想」については、山口輝臣『明治国家と宗教』（東京大学出版会、一九九九年）第三章を参照。ちなみに、ロシア正教会宣教師ニコライは、その日記に、陸軍大臣大山巌が「軍隊にキリスト教を導入する必要がある。ドイツではそうだ。キリスト教なしでは軍隊を維持できないからだ」と主張していたと記している（一八八五年）。この時期には、宣教師にもそのようなことがありうると思えたのであろう。中村健之介（編訳）『ニコライの日記――ロシア人宣教師が生きた明治日本』（岩波文庫、上、二〇一一年）、二八三―二八四頁。

（19）大分県立先哲史料館編『矢野龍渓資料集』第三巻（大分県教育委員会、一九九六年）、四〇六頁。

（20）博文館、一八九九年、一九頁。

（21）井上毅伝記編纂委員会編『井上毅伝　史料篇』第一（國學院大學図書館、一九六六年）、三九〇―三九二頁。

（22）吉田熊次校『日本道徳論』（岩波文庫、一九三五年）。

（23）星野靖二「明治国家とキリスト教」（島薗進ほか編『将軍と天皇（シリーズ日本人と宗教――近世から近代へ1）』（春秋社、二〇一四年）参照。

（24）原奎一郎編『原敬日記』第五巻（福村出版、一九八一年）、二九七頁。

（25）つとに三谷太一郎氏も、「天皇制」はキリスト教の「機能的等価物」と観念されたと指摘している。同氏『近代日本の戦争と政治』（岩波書店、一九九七年）、二〇〇頁。

著者略歴

1946 年　横浜市に生れる

1969 年　東京大学法学部卒業

東京大学教授，法政大学教授を経て，現在，東京大学名誉教授・法政大学名誉教授，日本学士院会員

主要著書

『トクヴィルとデモクラシーの現在』（共著，東京大学出版会，2009 年）

『日本政治思想史——十七～十九世紀』（同，2010 年）

『近世日本社会と宋学　増補新装版』（同，2010 年）

『明治革命・性・文明——政治思想史の冒険』（同，2021 年）

東アジアの王権と思想　増補新装版

1997 年 10 月 20 日　初　版

2016 年 12 月 15 日　増補新装版第 1 刷

2022 年 6 月 15 日　増補新装版第 3 刷

［検印廃止］

著　者　渡辺《わたなべ》　浩《ひろし》

発行所　一般財団法人　東京大学出版会

代表者　吉見俊哉

153-0041 東京都目黒区駒場 4-5-29

http://www.utp.or.jp/

電話　03-6407-1069　Fax 03-6407-1991

振替　00160-6-59964

印刷所　株式会社理想社

製本所　牧製本印刷株式会社

ISBN 978-4-13-030162-6　Printed in Japan

人名索引

＊　本文中に現れた人名等を採録した。

サ 行

マ 行

ヤ 行

ラ　行

ワ　行

書名索引

＊　本文中に現れた書名等を採録した。

タ　行

ナ　行